새번역

시편 따라쓰기

PSALMS

AGAPE
(주)아가페출판사

새번역 시편 따라쓰기를 시작하시는 분들께

새번역 성경으로 쓰는 찬양의 말씀

“시편”은 삶의 모든 순간 하나님께 올려드리는 찬양과 간구의 고백입니다.

시편은 다윗, 아삽, 고라 자손, 솔로몬 등 여러 사람에 의해 오랜 세월에 걸쳐 기록되어 한 권의 성경으로 묶인 말씀입니다. 고난과 어려움 가운데 하나님께 도움을 구하며 부르짖는 간구의 시와, 베풀어주신 구원과 충만한 은혜에 감사하는 찬양의 시가 담겨 있습니다.

알아두기

1. 기도로 시작하세요.

한 글자 한 글자를 쓰는 동안, 살아있는 하나님의 말씀이 내 안에 들어올 수 있도록 기도해요.

2. 말씀의 의미를 마음에 새기면서 쓰세요.

단순히 한번 쓰는 것이 목적이 아닙니다. 말씀의 의미를 이해하면서 써나갈 수 있도록 주의를 기울이세요.

3. 다 쓰고 나면 꼭 말씀을 묵상하세요.

묵상은 말씀을 깊이 생각하면서 내 것으로 만드는 시간입니다. 쓰기를 마친 후에는 말씀이 주는 깨달음에 대해 묵상하세요.

4. 적당한 분량을 정해놓고 매일 꾸준히 쓰세요.

한꺼번에 많은 양을 쓰려고 하지 마세요. 적당한 분량을 매일 꾸준히 쓰는 것이 중요합니다.

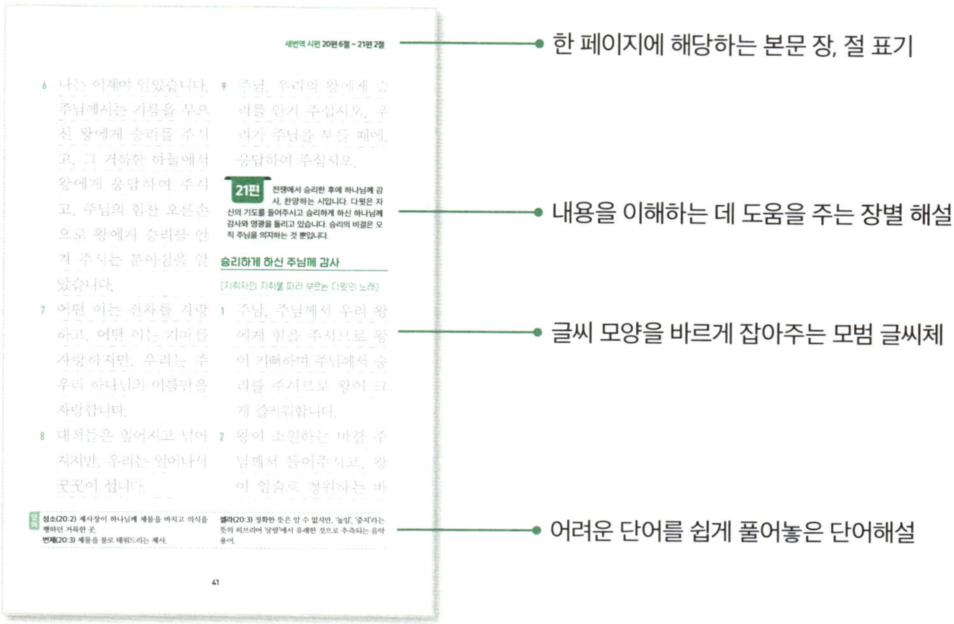

새번역

시편

Psalms

제 1 권

1편 의인과 악인의 서로 다른 삶과 그 끝을 비교하는 시입니다. 복 있는 사람은 하나님의 말씀을 즐거워하며 늘 가까이합니다. 그의 길은 하나님이 인정하시고 보살피시기 때문에 항상 복됩니다.

참된 행복

1 복 있는 사람은 악인의
꾀를 따르지 아니하며,
죄인의 길에 서지 아니하
며, 오만한 자의 자리에
앉지 아니하며,
2 오로지 주님의 율법을
즐거워하며, 밤낮으로 율
법을 묵상하는 사람이
다.
3 그는 시냇가에 심은 나무
가 철따라 열매를 맺으며
그 잎이 시들지 아니함
같으니, 하는 일마다 잘
될 것이다.
4 그러나 악인은 그렇지 않
으니, 한낱 바람에 흩날
리는 쭉정이와 같다.
5 그러므로 악인은 심판
받을 때에 몸을 가누지
못하며, 죄인은 의인의
모임에 참여하지 못한
다.
6 그렇다. 의인의 길은 주
님께서 인정하시지만,
악인의 길은 망할 것이
다.

단어

오만하다(1:1) 사람이나 태도가 방자하고 잘난 체하여 건방지다.
율법(1:2) 하나님이 정하신 법. 모세오경.
한낱(1:4) 기껏해야 하나의.
쭉정이(1:4) 껍질만 있고 속에 알맹이가 들어 있지 않은 곡식이나 과실 따위의 열매.

2편 왕(메시아)의 즉위식을 배경으로 한 시입니다. 하나님과 그분이 세운 왕들을 거역하는 세상의 왕과 권세자들은 망할 수밖에 없으며, 하나님과 그 아들을 경외하는 자들은 복이 있다고 노래하고 있습니다.

주님이 선택한 왕

1 어찌하여 뭇 나라가 술렁
거리며, 어찌하여 뭇 민
족이 헛된 일을 꾸미는
가?
2 어찌하여 세상의 임금들
이 전선을 펼치고, 어찌
하여 통치자들이 음모를
함께 꾸며 주님을 거역하
고, 주님과 그의 기름부
음 받은 이를 거역하면서
이르기를
3 "이 족쇄를 벗어 던지자.
이 사슬을 끊어 버리자"
하는가?
4 하늘 보좌에 앉으신 이
가 웃으신다. 내 주님께
서 그들을 비웃으신다.
5 마침내 주님께서 분을 내
고 진노하셔서, 그들에게
호령하시며 이르시기를
6 "내가 나의 거룩한 산 시
온 산에 '나의 왕'을 세웠
다" 하신다.
7 "나 이제 주님께서 내리
신 칙령을 선포한다. 주
님께서 나에게 이르시기
를 '너는 내 아들, 내가
오늘 너를 낳았다.
8 내게 청하여라. 뭇 나라
를 유산으로 주겠다. 땅
이 끝에서 저 끝까지 너
의 소유가 되게 하겠다.
9 네가 그들을 철퇴로 부
수며, 질그릇 부수듯이

부술 것이다' 하셨다."
10 그러므로 이제, 왕들아,
지혜롭게 행동하여라. 세
상의 통치자들아, 경고하
는 이 말을 받아들여라.
11 두려운 마음으로 주님을
섬기고, 떨리는 마음으로
주님을 찬양하여라.
12 그의 아들에게 입맞추어
라. 그렇지 않으면 그가
진노하실 것이니, 너희
가, 걸어가는 그 길에서
망할 것이다. 그의 진노
하심이 지체없이 너희에
게 이를 것이다.
주님께로 피신하는 사람은
모두 복을 받을 것이다.

3편 다윗이 자기 아들인 압살롬을 피해 도망가면서 느낀 슬프고 아픈 마음을 고백한 시입니다. 기막힌 상황과 큰 아픔 속에서 구원이 여호와께 있음을 고백하며 하나님이 자신을 구원해 주시기를 간절히 기도합니다.

이른 아침 기도

[다윗이 아들 압살롬에게 쫓길 때에 지은 시]

1 주님, 나를 대적하는 자
들이 어찌 이렇게도 많습
니까? 나를 치려고 일어
서는 자들이 어찌 이렇
게도 많습니까?
2 나를 빗대어 "하나님도
너를 돕지 않는다" 하고
빈정대는 자들이 어찌
이렇게도 많습니까? (셀
라)
3 그러나 주님, 주님은 나
를 에워싸주는 방패, 나

단어
뭇(2:1) 하나가 아닌 여러.
거역하다(2:2) 따르지 않고 거스르다.
호령하다(2:5) 부하나 동물을 지휘하여 명령하다.
칙령(2:7) 예전에, 임금의 명령을 이르던 말.
철퇴(2:9) 쇠로 만든 몽둥이.
빈정대다(3:2) 은근히 비웃는 태도로 자꾸 놀리다.

의 영광, 나의 머리를 들
게 하시는 분이시니,
4 내가 주님을 바라보며 소
리 높여 부르짖을 때에,
주님께서는 그 거룩한 산
에서 응답하여 주십니
다. (셀라)
5 내가 누워 곤하게 잠 들
어도 또다시 깨어나게 되
는 것은, 주님께서 나를
붙들어 주시기 때문입니
다.
6 나를 대적하여 사방에
진을 친 자들이 천만 대
군이라 하여도, 나는 두
려워하지 않으렵니다.
7 주님, 일어나십시오. 나
의 하나님, 이 몸을 구원
해 주십시오. 아, 주님께
서 내 모든 원수들의 뺨
을 치시고, 악인들의 이
를 부러뜨리셨습니다.
8 구원은 주님께만 있습니
다. 주님의 백성에게 복
을 내려 주십시오. (셀라)

4편

고난 가운데 탄식하며 드리는 기도인 동시에 구원하시는 하나님을 끝까지 신뢰하는 믿음의 기도입니다. 그는 하나님을 믿는 확고한 믿음으로 원수에게 떳떳이 맞서며 하나님께서 주시는 평안과 기쁨을 맛봅니다.

저녁 기도

[지휘자를 따라 현악기에 맞추어 부르는 다윗의 노래]

1 의로우신 나의 하나님,
내가 부르짖을 때에 응답
하여 주십시오. 내가 곤
궁에 빠졌을 때에, 나를
막다른 길목에서 벗어나
게 해주십시오. 나에게
은혜를 베푸시고, 나의

기도를 들어 주십시오.
2 너희 높은 자들아, 언제
까지 내 영광을 욕되게
하려느냐? 언제까지 헛
된 일을 좋아하며, 거짓
신을 섬기겠느냐? (셀라)
3 주님께서는 주님께 헌신
하는 사람을 각별히 돌
보심을 기억하여라. 주님
께서는 내가 부르짖을 때
에 들어 주신다.
4 너희는 분노하여도 죄짓
지 말아라. 잠자리에 누
워 마음 깊이 반성하면
서, 눈물을 흘려라. (셀라)
5 올바른 제사를 드리고,
주님을 의지하여라.
6 "주님, 우리에게 큰 복을
내려 주십시오." "누가 우
리에게 좋은 일을 보여
줄 수 있을까?" 하며 불
평하는 사람이 많이 있
습니다. 그러나 주님, 주
님의 환한 얼굴을 우리에
게 비춰 주십시오.
7 주님께서 내 마음에 안
겨 주신 기쁨은 햇 곡식
과 새 포도주가 풍성할
때에 누리는 기쁨보다 더
큽니다.
8 내가 편히 눕거나 잠드는
것도, 주님께서 나를 평
안히 쉬게 하여 주시기
때문입니다.

단어

셀라(3:4) 정확한 뜻은 알 수 없지만, '높임', '중지'라는 뜻의 히브리어 '살랄'에서 유래한 것으로 추측되는 음악 용어.

대적하다(3:6) 상대와 맞서 싸우다.

곤궁(4:1) 처지가 이러지도 저러지도 못하는 어렵고 딱한 상태.

5편 '아침 찬송시'인 5편은 다른 탄식시처럼 하나님을 부르는 간절한 호소로 시작합니다. 그러나 하나님께 대한 믿음을 표현하는 가운데 담대함을 얻은 기도자는 구원의 확신 속에서 기쁨을 노래하게 됩니다.

도움을 요청하는 기도

[지휘자를 따라 관악기에 맞추어 부르는 다윗의 노래]

1 주님, 나의 기도에 귀를 기울여 주십시오. 나의 신음 소리를 들어주십시오.

2 나의 탄식 소리를 귀 담아 들어 주십시오. 나의 임금님, 나의 하나님, 내가 주님께 기도드립니다.

3 주님, 새벽에 드리는 나의 기도를 들어 주십시오. 새벽에 내가 주님께 나의 사정을 아뢰고 주님의 뜻을 기다리겠습니다.

4 주님께서는 죄악을 좋아하시는 하나님이 아니십니다. 악인은 주님과 어울릴 수 없습니다.

5 교만한 자들 또한 감히 주님 앞에 나설 수 없습니다. 주님께서는 악한 일을 저지르는 자들을 누구든지 미워하시고,

6 거짓말쟁이들을 멸망시키시고, 싸움쟁이들과 사기꾼들을 몹시도 싫어하십니다.

7 그러나 나는 주님의 크신 은혜를 힘입어 주님의 집으로 나아갑니다. 경외하는 마음으로 주님의 성전 바라보며, 주님께 꿇

어 엎드립니다.
8 주님, 나를 대적하는 원
수를 보시고, 주님의 공
의로 나를 인도하여 주
십시오. 내 앞에 주님의
길을 환히 열어 주십시
오.
9 그들의 입은 믿을 만한
말을 담는 법이 없고,
마음에는 악한 생각뿐
입니다. 그들의 목구멍
은 열린 무덤 같고, 혀
는 언제나 아첨만 일삼
습니다.
10 하나님, 그들을 정죄하셔
서 제 꾀에 빠지게 하시
고, 그들이 저지른 많고
많은 허물을 보시고, 그
들을 주님 앞에서 쫓아
내십시오. 그들은 주님을
거역하는 자들입니다.
11 그러나 주님께로 피신하
는 사람은 누구나 기뻐
하고, 길이길이 즐거워할
것입니다. 주님을 사랑하
는 사람들이 주님 앞에
서 기쁨을 누리도록, 주
님께서 그들을 지켜 주
실 것입니다.
12 주님, 주님께서는 바르게
살아가는 사람에게 복을
베풀어 주시고, 큼직한
방패처럼, 그들을 은혜로
지켜 주십니다.

단어

탄식(5:2) 근심이나 원망으로 한탄하여 숨을 내쉼.
아뢰다(5:3) 윗사람에게 말씀드려 알리다.
힘입다(5:7) 어떤 배려나 도움을 남에게 받다.
아첨(5:9) 남의 마음에 들려고 비위를 맞추면서 알랑거림.
허물(5:10) 저지른 잘못. 모자란 점이나 결점.

6편 다윗은 오래 지속되는 몸과 마음의 고통 속에서 한없이 연약해져, 하나님이 자신을 버린 것 같은 두려움마저 느끼며 울부짖습니다. 그럼에도 그는 다시 믿음을 갖고 구원의 확신을 노래합니다.

환난 때의 기도

[지휘자를 따라 팔현금에 맞추어 부르는 다윗
의 노래]

1 주님, 분노하며 나를 책망
하지 마십시오. 진노하며
나를 꾸짖지 마십시오.
2 주님, 내 기력이 쇠하였
으니, 내게 은혜를 베풀
어 주십시오. 내 뼈가 마
디마다 떨립니다. 주님,
나를 고쳐 주십시오.
3 내 마음은 걷잡을 수 없
이 떨립니다. 주님께서는
언제까지 지체하시렵니
까?
4 돌아와 주십시오. 주님.
내 생명을 건져 주십시
오. 주님의 자비로우심으
로 나를 구원하여 주십
시오.
5 죽어서는, 아무도 주님을
찬양하지 못합니다. 스올
에서, 누가 주님께 감사
할 수 있겠습니까?
6 나는 탄식만 하다가 지치
고 말았습니다. 밤마다
짓는 눈물로 침상을 띄
우며, 내 잠자리를 적십
니다.
7 사무친 울화로, 내 눈은
시력까지 흐려지고, 대적
들 등쌀에 하도 울어서
눈이 침침합니다.
8 악한 일을 하는 자들아,
모두 다 내게서 물러가거

라. 주님께서 내 울부짖
는 소리를 들어 주셨다.
9 주님께서 내 탄원을 들
어 주셨다. 주님께서 내
기도를 받아 주셨다.
10 내 원수가 모두 수치를
당하고, 벌벌 떠는구나.
낙담하며, 황급히 물러
가는구나.

7편 다윗이 사울의 미움을 받아 억울하게 쫓겨 다니면서 지은 시로, 하나님께 자신의 깨끗함을 고백하며 도우심을 호소하고 있습니다. 공정한 재판장이신 하나님께 판결을 요청하며 하나님을 찬양합니다.

주님은 언제나 옳게 행하신다

[다윗의 식가욘, 베냐민 사람 구시가 한 말을
듣고 다윗이 주님 앞에서 부른 애가]
1 주 나의 하나님, 내가 주
님께로 피합니다. 나를
뒤쫓는 모든 사람에게서
나를 구원하여 주시고,
건져 주십시오.
2 그들이 사자처럼 나를 찢
어 발기어도, 나의 목숨
건져 줄 사람이 없을까
두렵습니다.
3 주 나의 하나님, 내가 만
일 이런 일을 저질렀다
면 벌을 내려 주십시오.
내가 손으로 폭력을 행
했거나
4 친구의 우정을 악으로
갚았거나, 나의 대적이라
고 하여 까닭 없이 그를
약탈했다면,
5 원수들이 나를 뒤쫓아와

단어
걷잡다(6:3) 잘못 진행되어 가는 기세를 거두어 바로 잡다.
울화(6:7) 분한 마음을 삭이지 못하여 일어나는 화.
등쌀(6:7) 몹시 귀찮게 구는 짓.
발기다(7:2) 찢거나 할퀴어서 훼손하다.
까닭(7:4) 어떤 일이나 현상의 원인 또는 조건.

서, 내 목숨을 덮쳐서 땅
에 짓밟고, 내 명예를 짓
밟아도, 나는 좋습니다.
(셀라)
6 주님, 진노하며 일어나시
고, 내 대적들의 기세를
꺾어 주십시오. 하나님,
깨어나셔서 판결을 내려
주십시오.
7 뭇 민족들을 주님 앞으
로 모으시고, 주님께서는
그 높은 법정으로 돌아
오십시오.
8 주님께서는 뭇 백성들을
판단하시는 분이시니, 내
의와 내 성실함을 따라
나를 변호해 주십시오.
9 악한 자의 악행을 뿌리
뽑아 주시고 의인은 굳게
세워 주십시오. 주님은
의로우신 하나님, 사람
의 마음 속 생각을 낱낱
이 살피시는 분이십니다.
10 하나님은 나를 지키시는
방패시요, 마음이 올바
른 사람에게 승리를 안
겨 주시는 분이시다.
11 하나님은 공정한 재판장
이시요, 언제라도 악인을
벌하는 분이시다.
12 뉘우치고 돌아오지 않으
면, 칼을 갈고 활을 겨누
어 심판을 준비하신다.
13 살상 무기를 준비하시
고, 화살 끝에 불을 붙
이신다.
14 악인은 악을 잉태하여
재앙과 거짓을 낳는구나.

15 함정을 깊이 파지만, 그
가 만든 구덩이에 그가
빠진다.
16 남에게 준 고통이 그에게
로 돌아가고, 남에게 휘
두른 폭력도 그의 정수
리로 돌아간다.
17 나는 주님의 의로우심을
찬송하고 가장 높으신 주
님의 이름을 노래하련다.

8편 다윗이 온 땅에 가득한 창조주 하나님의 위엄을 찬양하고, 그분의 은총에 감사하는 시입니다. 보잘것없는 사람들을 보배롭고 존귀하게 여기시는 하나님의 사랑을 깨닫고 찬양하고 있습니다.

주님의 놀라운 이름

[지휘자를 따라 깃딧에 맞추어 부르는 다윗의
노래]
1 주 우리 하나님, 주님의
이름이 온 땅에서 어찌
그리 위엄이 넘치는지요?
저 하늘 높이까지 주님
의 위엄 가득합니다.
2 어린이와 젖먹이들까지도
그 입술로 주님의 위엄을
찬양합니다. 주님께서는
원수와 복수하는 무리를
꺾으시고, 주님께 맞서는
자들을 막아 낼 튼튼한
요새를 세우셨습니다.
3 주님께서 손수 만드신 저
큰 하늘과 주님께서 친
히 달아 놓으신 저 달과
별들을 내가 봅니다.
4 사람이 무엇이기에 주님
께서 이렇게까지 생각하

단어
기세(7:6) 힘있고 기운차게 뻗는 형세.
뉘우치다(7:12) 스스로 깨달아 반성하는 마음을 갖다.
살상(7:13) 사람을 죽이거나 상처를 입힘.
잉태하다(7:14) 어떠한 일이 일어날 조건 등을 내부에 미리 갖추다.
위엄(8:1) 위세가 있어 의젓하고 엄숙한 태도나 기세.

여 주시며, 사람의 아들
이 무엇이기에 주님께서
이렇게까지 돌보아 주십
니까?
5 주님께서는 그를 하나님
보다 조금 못하게 하시
고, 그에게 존귀하고 영
화로운 왕관을 씌워 주
셨습니다.
6 주님께서 손수 지으신
만물을 다스리게 하시
고, 모든 것을 그의 발
아래에 두셨습니다.
7 크고 작은 온갖 집짐승
과 들짐승까지도,
8 하늘을 나는 새들과 바
다에서 놀고 있는 물고기
와 물길 따라 움직이는
모든 것을, 사람이 다스
리게 하셨습니다.
9 주 우리의 하나님, 주님의
이름이 온 땅에서 어찌
그리 위엄이 넘치는지요?

9편

다윗이 지난날을 돌아보면서, 원수들에게서 자신을 보호해 주신 하나님께 감사하며 지은 시입니다. 또한 다윗은 억울한 자들이 피할 요새이신 하나님께 악인을 심판하고 의인을 구원해 달라고 기도하고 있습니다.

주님 찬양

[지휘자를 따라 뭇랍벤에 맞추어 부르는 다윗
의 노래]

1 주님, 나의 마음을 다 바
쳐서, 감사를 드립니다.
주님의 놀라운 행적을 쉬
임 없이 전파하겠습니다.
2 가장 높으신 주님, 내가
주님 때문에 기뻐하고 즐
거워하며, 주님의 이름을
노래합니다.
3 주님 앞에서 내 원수들

은 뒤돌아서 도망쳤고,
비틀비틀 넘어져서 죽었
습니다.
4 주님은 공정하신 재판장
이시기에, 보좌에 앉으셔
서 공정하고 정직한 판결
을 나에게 내려 주셨습
니다.
5 주님께서 이방 나라들을
문책하시고, 악인들을 멸
하시며, 그들의 이름을 영
원히 지워 버리셨습니다.
6 원수들은 영원히 자취도
없이 사라졌습니다. 주님
께서 그 성읍들을 뿌리
째 뽑으셨으므로, 아무
도 그들을 기억조차 못하
게 되었습니다.
7 주님은 영원토록 다스리
시며 심판하실 보좌를
견고히 하신다.
8 그는 정의로 세계를 다스
리시며, 공정하게 만백성
을 판결하신다.
9 주님은 억울한 자들이
피할 요새이시며, 고난받
을 때에 피신할 견고한
성이십니다.
10 주님, 주님을 찾는 사람
을 주님께서는 결단코 버
리지 않으시므로, 주님의
이름을 아는 사람들이
주님만 의지합니다.
11 너희는 시온에서 친히 다

단어

만물(8:6) 세상에 있는 갖가지 모든 것.
행적(9:1) 행위의 확실한 흔적이나 자취.
문책하다(9:5) 책임을 캐묻고 꾸짖다.
견고하다(9:9) 모양이 쉽게 변하거나 부서지지 않을 만큼 단단하고 튼튼하다.
결단코(9:10) 어떤 경우에도 꼭.

스리시는 주님을 찬양하
여라. 그가 하신 일을 만
민에게 알려라.
12 살인자에게 보복하시는
분께서는 억울하게 죽어
간 사람들을 기억하시며,
고난받는 사람의 부르짖
음을 모르는 체하지 않
으신다.
13 주님, 나에게 은혜를 베
풀어 주십시오. 죽음의
문에서 나를 이끌어 내
신 주님, 나를 미워하는
자들에게서 받는 고통을
살펴 주십시오.
14 그렇게 하시면 주님께서
찬양 받으실 모든 일을
내가 전파하겠습니다. 주
님께서 베푸신 그 구원
을, 아름다운 시온의 성
문에서 기뻐하며 외치겠
습니다.
15 저 이방 나라들은 자기
가 판 함정에 스스로 빠
지고, 자기가 몰래 쳐 놓
은 덫에 자기 발이 먼저
걸리는구나.
16 주님은 공정한 심판으로
그 모습 드러내시고, 악
한 사람은 자기가 꾀한
일에 스스로 걸려 드는
구나. (힉가욘, 셀라)
17 악인들이 갈 곳은 스올,
하나님을 거역한 뭇 나
라들이 갈 곳도 그 곳뿐
이다.
18 그러나 가난한 사람이 끝
까지 잊혀지는 일은 없으

며, 억눌린 자의 꿈도 결
코 헛되지 않을 것이다.
19 주님, 일어나십시오. 사
람이 주님께 맞서지 못하
게 하십시오. 주님께서
저 이방 나라들을 심판
하십시오.
20 주님, 그들을 두려움에
떨게 하시며, 자신들이
한낱 사람에 지나지 않
음을 스스로 알게 하여
주십시오. (셀라)

10편 의인이 어려움을 당하는 모습을 보면서 슬픈 마음으로 쓴 시입니다. 그러나 의인은 신앙이 자라가는 귀한 시간을 보내는 것이며, 하나님이 없다고 말하는 악인은 곧 망할 것임을 깨닫게 됩니다.

도움을 구하는 기도

1 주님, 어찌하여 주님께서
는 그리도 멀리 계십니
까? 어찌하여 우리가 고
난을 받을 때에 숨어 계
십니까?
2 악인이 으스대며 약한
자를 괴롭힙니다. 악인은
스스로 쳐 놓은 올가미
에 스스로 걸려 들게 해
주십시오.
3 악한 자는 자기 야심을
자랑하고, 탐욕을 부리
는 자는 주님을 모독하
고 멸시합니다.
4 악인은 그 얼굴도 뻔뻔스
럽게 "벌주는 이가 어디
에 있느냐? 하나님이 어
디에 있느냐?"고 말합니

단어

보복하다(9:12) 자기가 받은 해만큼 되돌려 주다.
힉가욘(9:16) 정확한 뜻은 알 수 없지만, 수금의 정숙한 소리 또는 '묵상', '생각'과 관련된 음악 용어.
스올(9:17) 죽어서 가는 장소. 음부, 무덤, 지옥으로 번역되기도 한다.
야심(10:3) 무엇을 이루고자 마음에 품은 욕망.

다. 그들의 생각이란 늘
이러합니다.
5 그런데도 악인이 하는
일은 언제나 잘 되고, 주
님의 심판은 너무 멀어
서 그들에게 보이지 않으
니, 악인은 오히려 그의
대적을 보고 코웃음만
칩니다.
6 그는 마음 속으로, "내가
망하는가, 두고 봐라. 나
에게는 언제라도 불행과
저주란 없다" 하고 말합
니다.
7 그들의 입은 기만과 폭언
으로 가득 차 있고, 그들
의 혀 밑에는 욕설과 악
담이 가득합니다.
8 그들은 으슥한 길목에
숨어 있다가 은밀한 곳에
서 순진한 사람을 쳐죽
입니다.
그들의 두 눈은 언제나
가련한 사람을 노립니다.
9 굴 속에 웅크리고 있는
사자처럼, 은밀한 곳에서
기다리다가, 때만 만나
면, 연약한 사람을 그물
로 덮쳐서 끌고갑니다.
10 불쌍한 사람이 억눌림을
당하고, 가련한 사람이
폭력에 쓰러집니다.
11 악인은 마음 속으로 이
르기를 "하나님은 모든
것에 관심이 없으며, 얼
굴도 돌렸으니, 영원히
보지 않으실 것이다" 합
니다.

12 주님, 일어나십시오. 하
나님, 손을 들어 악인을
벌하여 주십시오. 고난받
는 사람을 잊지 말아 주
십시오.
13 어찌하여 악인이 하나님
을 경멸하고, 마음 속으
로 "하나님은 벌을 주지
않는다" 하고 말하게 내
버려 두십니까?
14 주님께서는 학대하는 자
의 포악함과 학대받는 자
의 억울함을 살피시고
손수 갚아 주려 하시니
가련한 사람이 주님께 의
지합니다. 주님께서는 일
찍부터 고아를 도우시는
분이셨습니다.
15 악하고 못된 자의 팔을
꺾어 주십시오. 그 악함
을 샅샅이 살펴 벌하여
주십시오.
16 주님은 영원무궁토록 왕
이십니다. 이방 나라들
은 주님의 땅에서 사라
질 것입니다.
17 주님, 주님께서는 불쌍한
사람의 소원을 들어주십
니다. 그들의 마음을 굳
게 하여 주시고, 그들의
부르짖음에 귀 기울여
주십니다.
18 고아와 억눌린 사람을
변호하여 주시고, 다시는

단어

코웃음(10:5) 비웃듯 콧김만으로 웃는 웃음.
기만(10:7) 남을 그럴듯하게 속임.
으슥하다(10:8) 깊숙하고 외지다. 조용하고 어둡다.
가련하다(10:8) 슬픈 마음이 들 정도로 가엾고 불쌍하다.
포악하다(10:14) 사납고 악독하다.

이 땅에 억압하는 자가
없게 하십니다.

11편 사울에게 쫓기며 어려운 상황에 처한 다윗에게 사람들은 여러 말로 충고를 했습니다. 하지만 다윗은 오직 의인과 악인을 모두 살피시며 정직한 자를 구원하실 하나님을 신뢰하고 의지하며 이겨내고자 합니다.

주님을 신뢰함

[지휘자를 따라 부르는 다윗의 노래]

1 내가 주님께 피하였거늘,
어찌하여 너희는 나에게
이렇게 말하느냐? "너는
새처럼 너의 산에서 피하
여라.
2 악인이 활을 당기고, 시
위에 화살을 메워서 마
음이 바른 사람을 어두
운 곳에서 쏘려 하지 않
느냐?
3 기초가 바닥부터 흔들리
는 이 마당에 의인인들
무엇을 할 수 있겠는가?"
4 주님께서 그의 성전에 계
신다. 주님은 그의 하늘
보좌에 앉아 계신다. 주
님은 그의 눈으로 사람
을 살피시고 눈동자로
꿰뚫어 보신다.
5 주님은 의인을 가려 내시
고, 악인과 폭력배를 진
심으로 미워하신다.
6 불과 유황을 악인들 위
에 비오듯이 쏟으시며,
태우는 바람을 그들 잔
의 몫으로 안겨 주신다.
7 주님은 의로우셔서, 정의
로운 일을 사랑하는 분
이시니, 정직한 사람은
그의 얼굴을 뵙게 될 것
이다.

12편 다윗은 악한 행동과 거짓말을 하는 악인들이 많음을 하나님께 호소합니다. 그런 가운데서도 하나님을 경외하는 것만이 살 길임을 확신하며 주님께서 지켜주실 것을 간절히 요청합니다.

도움을 구하는 기도

[지휘자를 따라 팔현금에 맞추어 부르는 다윗
의 노래]

1 주님, 도와주십시오. 신
실한 사람도 끊어지고,
진실한 사람도 사람 사
는 세상에서 사라지고
있습니다.

2 사람들이 서로서로 거짓
말을 해대며, 아첨하는
입술로 두 마음을 품고
서 말합니다.

3 주님은, 간사한 모든 입
술과 큰소리 치는 모든
혀를 끊으실 것이다.

4 비록 그들이 말하기를
"혀는 우리의 힘, 입술은
우리의 재산, 누가 우리
를 이기리요" 하여도,

5 주님은 말씀하신다. "가
련한 사람이 짓밟히고,
가난한 사람이 부르짖으
니, 이제 내가 일어나서
그들이 갈망하는 구원을
베풀겠다."

6 주님의 말씀은 순결한
말씀, 도가니에서 단련한
은이요, 일곱 번 걸러 낸
순은이다.

7 주님, 주님께서 우리를
지켜 주십시오. 지금부터

단어

마당(11:3) 어떠한 판국이나 환경을 나타내는 말.
아첨하다(12:2) 마음에 들려고 비위를 맞추면서 알랑거리다.
간사하다(12:3) 제 이익을 위해 남의 비위를 맞추며 알랑거리는 것이 교활하다.
도가니(12:6) 쇠붙이를 녹이는 데 쓰는 오목한 그릇.

영원까지, 우리를 지켜
주십시오.
8 주위에는 악인들이 우글
거리고, 비열한 자들이
사람들 사이에서 높임을
받습니다.

13편 다윗이 하나님께 자신을 죽이려고 하는 원수에게서 구원해 달라고 애타게 기도하는 시입니다. 그러나 슬픔의 탄식은 하나님의 한결같은 사랑을 의지하는 가운데 찬양의 노래로 변화되었습니다.

주님의 도움을 구하는 기도

[지휘자를 따라 부르는 다윗의 노래]

1 주님, 언제까지 나를 잊
으시렵니까? 영원히 잊
으시렵니까? 언제까지
나를 외면하시렵니까?
2 언제까지 나의 영혼이 아
픔을 견디어야 합니까?
언제까지 고통을 받으며
괴로워하여야 합니까?
언제까지 내 앞에서 의기
양양한 원수의 꼴을 보
고만 있어야 합니까?
3 나를 굽어살펴 주십시
오. 나에게 응답하여 주
십시오. 주, 나의 하나님,
내가 죽음의 잠에 빠지
지 않게 나의 눈을 뜨게
하여 주십시오.
4 나의 원수가 "내가 그를
이겼다" 하고 말할까 두
렵습니다. 내가 흔들릴
때에, 나의 대적들이 기
뻐할까 두렵습니다.
5 그러나 나는 주님의 한결
같은 사랑을 의지합니다.
주님께서 구원하여 주실
그 때에, 나의 마음은 기
쁨에 넘칠 것입니다.

6 주님께서 나를 너그럽게
대하여 주셔서, 내가 주님
께 찬송을 드리겠습니다.

14편 인간의 죄인됨을 고발하며, 악인들이 하나님을 찾지 않고 주님의 백성을 괴롭히고 있음을 말합니다. 하나님께서는 의인의 편에 서서 약한 자를 보호하시고, 주의 백성을 돌보심을 선포합니다.

아무도 주님을 무시하지 못한다

[지휘자를 따라 부르는 다윗의 노래]

1 어리석은 사람은 마음
속으로 "하나님이 없다"
하는구나. 그들은 한결
같이 썩어서 더러우니,
바른 일을 하는 사람이
아무도 없구나.
2 주님께서는 하늘에서 사
람을 굽어보시면서, 지혜
로운 사람이 있는지, 하
나님을 찾는 사람이 있
는지를, 살펴보신다.
3 너희 모두는 다른 길로
빗나가서 하나같이 썩었
으니, 착한 일을 하는 사
람이 하나도 없구나.
4 죄악을 행하는 자는 다
무지한 자냐? 그들이 밥
먹듯이 내 백성을 먹으면
서, 나 주를 부르지 않는
구나.
5 하나님이 의인의 편이시
니, 행악자가 크게 두려
워한다.
6 행악자는 가난한 사람의
계획을 늘 좌절시키지만,
주님은 가난한 사람을

단어

비열하다(12:8) 사람이나 그 태도가 천하고 너절하다.
의기양양하다(13:2) 기세가 등등하고 뽐내는 모양이 가득하다.
굽어살피다(13:3) 내려다보며 자세히 살피다.
빗나가다(14:3) 바른 데로 가지 않고 그릇된 방향으로 가다.

보호하신다.
7 하나님, 시온에서 나오셔
서, 이스라엘을 구원하여
주십시오!
주님께서 당신의 백성을
그들의 땅으로 되돌려 보
내실 때에, 야곱은 기뻐
하고, 이스라엘은 즐거워
할 것이다.

15편 함께 모여 예배할 때 부른 다윗의 찬양시입니다. 깨끗하고 정의로운 행실과 진실된 마음으로 사는 사람은 영원히 흔들리지 않고 주의 장막과 거룩한 산에 머무를 수 있음을 말합니다.

누가 주님께 예배할 수 있는가?

[다윗의 시]

1 주님, 누가 주님의 장막
에서 살 수 있겠습니까?
누가 주님의 거룩한 산에
머무를 수 있겠습니까?
2 깨끗한 삶을 사는 사람,
정의를 실천하는 사람,
마음으로 진실을 말하는
사람,
3 혀를 놀려 남의 허물을
들추지 않는 사람, 친구
에게 해를 끼치지 않는
사람, 이웃을 모욕하지
않는 사람,
4 하나님을 업신여기는 자
를 경멸하고 주님을 두려
워하는 사람을 존경하는
사람입니다. 맹세한 것은
해가 되더라도 깨뜨리지
않고 지키는 사람입니다.
5 높은 이자를 받으려고
돈을 꾸어 주지 않으며,
무죄한 사람을 해칠세라
뇌물을 받지 않는 사람
입니다.

이러한 사람은 영원히 흔들리지 않을 것입니다.

16편 고난의 길에 있으나 하나님과의 깊은 사랑의 관계와 구원의 확신을 고백하는 다윗의 시입니다. 더 깊은 의미를 찾아보면, 장차 부활하실 예수님을 예언하는 시이기도 합니다.

최선의 선택

[다윗의 믹담]

1 하나님, 나를 지켜 주십시오. 내가 주님께로 피합니다.

2 나더러 주님에 대해 말하라면 '하나님은 나의 주님, 주님을 떠나서는 내게 행복이 없다' 하겠습니다.

3 땅에 사는 성도들에 관해 말하라면 '성도들은 존귀한 사람들이요, 나의 기쁨이다' 하겠습니다.

4 다른 신들을 섬기는 자들은 더욱더 고통을 당할 것이다. 나는 그들처럼 피로 빚은 제삿술을 그 신들에게 바치지 않겠으며, 나의 입에 그 신들의 이름도 올리지 않겠다.

5 아, 주님, 주님이야말로 내가 받을 유산의 몫입니다. 주님께서는 나에게 필요한 모든 복을 내려주십니다. 나의 미래는 주님이 책임지십니다.

6 줄로 재어서 나에게 주신 그 땅은 기름진 곳입니

단어

놀리다(15:3) 신체의 일부를 이리저리 움직이다.
들추다(15:3) 끄집어내어 드러나게 하다.
해(15:3) 사람이나 사물에 끼치는 나쁜 영향.
모욕하다(15:3) 업신여겨 욕되게 하다.
이자(15:5) 남에게 돈을 빌려 쓴 대가로 치르는 일정한 비율의 돈.

다. 참으로 나는, 빛나는
유산을 물려받았습니다.
7 주님께서 날마다 좋은
생각을 주시며, 밤마다
나의 마음에 교훈을 주
시니, 내가 주님을 찬양
합니다.
8 주님은 언제나 나와 함께
계시는 분, 그가 나의 오
른쪽에 계시니, 나는 흔
들리지 않는다.
9 주님, 참 감사합니다. 이
마음은 기쁨으로 가득
차고, 이 몸도 아무 해를
두려워하지 않는 까닭은,
10 주님께서 나를 보호하셔
서 죽음의 세력이 나의
생명을 삼키지 못하게 하
실 것이며 주님의 거룩한
자를 죽음의 세계에 버
리지 않으실 것이기 때문
입니다.
11 주님께서 몸소 생명의 길
을 나에게 보여 주시니,
주님을 모시고 사는 삶
에 기쁨이 넘칩니다. 주
님께서 내 오른쪽에 계
시니, 이 큰 즐거움이 영
원토록 이어질 것입니다.

17편 신앙 때문에 악인에게 고난당하는 다윗이 자신의 무죄를 주장하며 하나님의 보호와 구원을 구하는 간절한 기도시입니다. 다윗은 악인의 심판과 함께 의인이 구원받음을 확신했습니다.

정직한 사람의 기도

[다윗의 기도]

1 주님, 나의 진실을 변호
하여 주십시오. 이 부르
짖는 소리를 들어주십시
오. 거짓 없이 드리는 나

의 기도에 귀를 기울여
주십시오.
2 주님, 친히 "너는 죄가 없
다"고 판결하여 주십시
오. 주님의 눈으로 공평
하게 살펴보아 주십시오.
3 주님께서는 나의 마음을
시험하여 보시고, 밤새도
록 심문하시며 샅샅이 캐
어 보셨지만 내 잘못을
찾지 못하셨습니다. 내
입에서 무슨 잘못을 발
견하셨습니까?
4 남들이야 어떠했든지, 나
만은 주님께서 하신 말
씀을 따랐기에, 약탈하
는 무리의 길로 가지 않
았습니다.
5 내 발걸음이 주님의 발자
취만을 따랐기에, 그 길
에서 벗어난 일이 없었습
니다.
6 하나님, 내가 주님을 부
르니, 내게 응답하여 주
십시오. 귀 기울이셔서,
내가 아뢰는 말을 들어
주십시오.
7 주님의 미쁘심을 크게
드러내 주십시오. 주님께
로 피하는 사람을 오른
손으로 구원하여 주시는
주님, 나를 치는 자들의
손에서 나를 건져 주십
시오.

단어

세력(16:10) 여러 요소들이 모여 기세를 뻗치는 힘.
몸소(16:11) 높은 사람이나 존경하는 사람이 자기 몸으로 직접.
샅샅이(17:3) 빈틈이 없이 모조리.
약탈하다(17:4) 폭력을 써서 억지로 빼앗다.
미쁘다(17:7) 믿음성이 있다.

8 주님의 눈동자처럼 나를
지켜 주시고, 주님의 날
개 그늘에 나를 숨겨 주
시고,
9 나를 공격하는 악인들로
부터 나를 지켜 주십시오.
나의 생명을 노리는 원수
들이 나를 둘러싸고 있
습니다.
10 그들의 몸뚱이는 기름기
가 번드르르 흐르고 그
들의 입은 오만으로 가
득 차 있습니다.
11 마침내 그들이 나를 뒤
따라와 에워싸고, 이 몸
을 땅바닥에 메어치려고
노려봅니다.
12 그들은 찢을 것을 찾는
사자와 같고, 숨어서 먹
이를 노리는, 기운 센 사
자와도 같습니다.
13 주님, 일어나십시오. 그
들을 대적하시고, 굴복
시키십시오. 주님께서 칼
을 드셔서, 악인에게서
나의 생명을 구하여 주
십시오.
14 주님, 이 세상에서 받을
몫을 다 받고 사는 자들
에게서 나를 구해 주십
시오. 주님께서 몸소 구
해 주십시오. 그들은 주
님께서 쌓아 두신 재물
로 자신들의 배를 채우
고 남은 것을 자녀에게
물려주고 그래도 남아서
자식의 자식들에게까지
물려줍니다.

15 나는 떳떳하게 주님의 얼
굴을 뵙겠습니다. 깨어나
서 주님의 모습 뵈올 때
에 주님과 함께 있는 것
만으로도 내게 기쁨이
넘칠 것입니다.

18편

다윗의 노래로, 사울을 비롯한 수많은 원수에게서 자신을 구원해 주신 하나님을 찬양하는 시입니다. 이스라엘의 왕이 된 다윗은 지난날을 돌아보며 하나님께 감사의 찬양을 드렸습니다.

다윗의 감사 찬송

[지휘자를 따라 부르는 주님의 종 다윗의 노래. 주님께서 다윗을 그의 모든 원수의 손과 사울의 손에서 건져 주셨을 때에, 다윗이 이 노래로 주님께 아뢰었다. 그는 이렇게 노래하였다]

1 나의 힘이신 주님, 내가
주님을 사랑합니다.
2 주님은 나의 반석, 나의
요새, 나를 건지시는 분,
나의 하나님은 내가 피
할 바위, 나의 방패, 나
의 구원의 뿔, 나의 산성
이십니다.
3 나의 찬양을 받으실 주
님, 내가 주님께 부르짖
습니다. 주님께서 나를
원수들에게서 건져 주실
것입니다.
4 죽음의 사슬이 나를 휘
감고 죽음의 물살이 나
를 덮쳤으며,
5 스올의 줄이 나를 동여
묶고, 죽음의 덫이 나를
덮쳤다.
6 내가 고통 가운데서 주

단어

번드르르(17:10) 윤이 나고 미끄러운 모양을 나타내는 말.
메어치다(17:11) 어깨 너머로 들어올렸다가 바닥에 힘껏 내리치다.
떳떳하다(17:15) 행동이나 생각이 정당하여 굽힐 것 없이 어엿하고 당당하다.

님께 부르짖고, 나의 하
나님을 바라보면서 살려
달라고 부르짖었더니, 주
님께서 그의 성전에서
나의 간구를 들으셨다.
주님께 부르짖은 나의 부
르짖음이 주님의 귀에
다다랐다.
7 주님께서 크게 노하시니,
땅이 꿈틀거리고, 흔들리
며, 산의 뿌리가 떨면서
뒤틀렸다.
8 그의 코에서 연기가 솟아
오르고, 그의 입에서 모
든 것을 삼키는 불을 뿜
어 내시니, 그에게서 숯
덩이들이 불꽃을 튕기면
서 달아올랐다.
9 주님께서 하늘을 가르고
내려오실 때에, 그 발 아
래에는 짙은 구름이 깔
려 있었다.
10 주님께서 그룹을 타고 날
아오셨다. 바람 날개를
타고 높이 솟으셨다.
11 어둠을 장막삼아 두르시
고 빗방울 머금은 먹구
름과 짙은 구름으로 둘
러서 장막을 만드셨다.
12 주님 앞에서는 광채가 빛
나고, 짙은 구름은 불꽃
이 되면서, 우박이 쏟아
지고, 벼락이 떨어졌다.
13 주님께서 하늘로부터 천
둥소리를 내시며, 가장
높으신 분께서 그 목소리
를 높이시며, 우박을 쏟
으시고, 벼락을 떨어뜨리

셨다.
14 주님께서 화살을 쏘아서
원수들을 흩으시고, 번
개를 번쩍이셔서, 그들을
혼란에 빠뜨리셨다.
15 주님께서 꾸짖으실 때에
바다의 밑바닥이 모두 드
러나고, 주님께서 진노하
셔서 콧김을 내뿜으실 때
에 땅의 기초도 모두 드
러났다.
16 주님께서 높은 곳에서
손을 내밀어 나를 움켜
잡아 주시고, 깊은 물에
서 나를 건져 주셨다.
17 주님께서 나보다 더 강한
원수들과 나를 미워하는
자들에게서 나를 건져주
셨다.
18 내가 재난을 당할 때에
원수들이 나에게 덤벼들
었으나, 주님께서는 오히
려 내가 의지할 분이 되
어 주셨다.
19 이렇게 나를 좋아하시는
분이시기에, 나를 넓고
안전한 곳으로 데리고
나오셔서, 나를 살려 주
셨다.
20 내가 의롭게 산다고 하
여, 주님께서 나에게 상
을 내려 주시고, 나의 손
이 깨끗하다고 하여 주님
께서 나에게 보상해 주

단어
간구(18:6) 간절히 바람.
그룹(18:10) 날개가 달린 천상의 피조물.
광채(18:12) 찬란한 빛.
진노(18:15) 존엄한 존재가 크게 노함.
재난(18:18) 뜻하지 않게 갑자기 일어난 좋지 않은 일. 천재지변으로 생긴 불행한 사고.

셨다.
21 진실로 나는, 주님께서
가라고 하시는 그 길에서
벗어나지 아니하고, 무슨
악한 일을 하여서 나의
하나님으로부터 떠나지
도 아니하였다.
22 주님의 모든 법규를 내
앞에 두고 지켰으며, 주
님의 모든 법령을 내가
버리지 아니하였다.
23 그 앞에서 나는 흠 없이
살면서 죄짓는 일이 없도
록 나 스스로를 지켰다.
24 그러므로 주님께서는 내
가 의롭게 산다고 하여
나에게 상을 주시며, 나
의 손이 깨끗하다고 하
여 나에게 상을 주셨다.
25 주님, 주님께서는 신실한
사람에게는 주님의 신실
하심으로 대하시고, 흠
없는 사람에게는 주님의
완전하심을 보이시며,
26 깨끗한 사람에게는 주
님의 깨끗하심을 보이시
며, 간교한 사람에게는
주님의 절묘하심을 보이
십니다.
27 주님께서는 연약한 백성
은 구하여 주시고, 교만
한 눈은 낮추십니다.
28 아, 주님, 진실로 주님은
내 등불을 밝히십니다.
주 나의 하나님은 나의
어둠을 밝히십니다.
29 참으로 주님께서 나와 함
께 계셔서 도와주시면,

나는 날쌔게 내달려서 적
군도 뒤쫓을 수 있으며,
높은 성벽이라도 뛰어넘
을 수 있습니다.
30 하나님께서 하시는 일은
흠도 없다. 주님께서 하
시는 말씀은 티도 없다.
주님께로 피하여 오는 사
람에게 방패가 되어 주
신다.
31 주님 밖에 그 어느 누가
하나님이며, 우리 하나님
밖에 그 어느 누가 구원
의 반석인가?
32 하나님께서 나에게 용기
를 북돋우어 주시며, 하
나님께서 나의 길을 안전
하게 지켜 주신다.
33 하나님께서는 나의 발을
암사슴의 발처럼 빠르게
만드시고, 나를 높은 곳
에 안전하게 세워 주신
다.
34 하나님께서 나에게 싸우
는 법을 가르쳐 주시니,
나의 팔이 놋쇠로 된 강
한 활을 당긴다.
35 주님께서는 나를 지키는
방패를 나의 손에 들려
주셨고, 주님께서는 오른
손으로 나를 강하게 붙
들어 주셨습니다. 주님께
서 이토록 보살펴 주시
니, 나는 큰 승리를 거둘

단어

법령(18:22) 법률과 명령을 아울러 이르는 말.
흠(18:23) 사람의 성격과 언행에 보이는 부족한 점.
신실하다(18:25) 믿음성이 있고 진실하다.
간교하다(18:26) 간사하고 교활하다.
반석(18:31) 어떠한 것을 지탱해 주는 견고하고 든든한 기반을 비유적으로 이르는 말.

것입니다.
36 내가 힘차게 걷도록 주님
께서 힘을 주시고, 발을
잘못 디디는 일이 없게
하셨습니다.
37 나는 원수를 뒤쫓아가서
다 죽였으며, 그들을 전
멸시키기까지 돌아서지
않았습니다.
38 그들이 나의 발 아래에
쓰러져서 다시는 일어서
지 못하도록, 그들을 내
가 무찔렀습니다.
39 주님께서 나에게 싸우러
나갈 용기를 북돋우어
주시고, 나를 치려고 일
어선 자들을 나의 발 아
래에서 무릎 꿇게 하셨
습니다.
40 주님께서는 나의 원수들
을 내 앞에서 등을 보이
고 도망가게 하시고, 나
를 미워하는 자들을 내
가 완전히 무찌르게 하
셨습니다.
41 그들이 아무리 둘러보아
도, 그들을 구해 줄 사람
은 하나도 없고, 주님께
부르짖었지만, 주님께서
는 끝내 응답하지 않으셨
습니다.
42 그래서 나는 그들을 산
산이 부수어서, 먼지처럼
바람에 날려 보냈고, 길
바닥의 진흙처럼 짓이겨
버렸습니다.
43 주님께서는 반역하는 백
성에게서 나를 구하여

주시고, 나를 지켜 주셔
서 뭇 민족을 다스리게
하시니, 내가 모르는 백
성들까지 나를 섬깁니다.
44 나에 대한 소문을 듣자
마자, 모두가 나에게 복
종합니다. 이방 사람들조
차도 나에게 와서 굴복
합니다.
45 이방 사람이 사기를 잃
고, 숨어 있던 요새에서
나옵니다.
46 주님은 살아 계신다! 나
의 반석이신 주님을 찬양
하여라. 나를 구원하신
하나님을 높여라.
47 하나님께서 나의 원수를
갚아 주시고, 뭇 백성을
나의 발 아래 굴복시켜
주셨습니다.
48 주님은 원수들에게서 나
를 구하여 주셨습니다.
나를 치려고 일어서는
자들보다 나를 더욱 높
이셔서, 포악한 자들에게
서도 나를 건지셨습니다.
49 그러므로 주님, 뭇 백성
이 보는 앞에서 내가 주
님께 감사를 드리며, 주
님의 이름을 찬양하겠습
니다.
50 주님은 손수 세우신 왕
에게 큰 승리를 안겨 주
시는 분이시다. 손수 기

단어

짓이기다(18:42) 함부로 몹시 잘게 이기다.
반역하다(18:43) 자신의 국가, 민족, 정의를 배반하다.
굴복하다(18:44) 머리를 숙이고 꿇어 엎드리다.
사기(18:45) 몸과 마음이 기운으로 충만하여 굽힐 줄 모르는 씩씩한 기세.
포악하다(18:48) 사납고 악독하다.

름을 부어 세우신 다윗
과 그 자손에게, 한결같
은 사랑을 영원무궁 하
도록 베푸시는 분이시다.

19편 하나님의 살아계심과 다스리심을 선포하고 있습니다. 앞부분은 자연을 보면서 창조주 하나님께 영광을 돌리고, 뒷부분은 하나님의 말씀을 지키고 싶으나 죄인인 자신의 한계를 고백하며 도움을 구하는 내용입니다.

창조에 나타난 하나님의 영광과 하나님의 선한 율법

[지휘자를 따라 부르는 다윗의 노래]

1 하늘은 하나님의 영광을
드러내고, 창공은 그의
솜씨를 알려 준다.
2 낮은 낮에게 말씀을 전
해 주고, 밤은 밤에게 지
식을 알려 준다.
3 그 이야기 그 말소리, 비
록 아무 소리가 들리지
않아도
4 그 소리 온 누리에 울려
퍼지고, 그 말씀 세상 끝
까지 번져 간다.
해에게는, 하나님께서 하
늘에 장막을 쳐 주시니,
5 해는 신방에서 나오는 신
랑처럼 기뻐하고, 제 길
을 달리는 용사처럼 즐거
워한다.
6 하늘 이 끝에서 나와서
하늘 저 끝으로 돌아가
니, 그 뜨거움을 피할 자
없다.
7 주님의 교훈은 완전하여
서 사람에게 생기를 북
돋우어 주고, 주님의 증
거는 참되어서 어리석은
자를 깨우쳐 준다.
8 주님의 교훈은 정직하여

서 마음에 기쁨을 안겨
주고, 주님의 계명은 순
수하여서 사람의 눈을
밝혀 준다.
9 주님의 말씀은 티 없이
맑아서 영원토록 견고히
서 있으며, 주님의 법규
는 참되어서 한결같이 바
르다.
10 주님의 교훈은 금보다,
순금보다 더 탐스럽고,
꿀보다, 송이꿀보다 더
달콤하다.
11 그러므로 주님의 종이
그 교훈으로 경고를 받
고, 그것을 지키면, 푸짐
한 상을 받을 것이다.
12 그러나 어느 누가 자기
잘못을 낱낱이 알겠습니
까? 미처 깨닫지 못한 죄
까지도 깨끗하게 씻어 주
십시오.
13 주님의 종이 죄인 줄 알
면서도 고의로 죄를 짓지
않도록 막아 주셔서 죄
의 손아귀에 다시는 잡히
지 않게 지켜 주십시오.
그 때에야 나는 온전하
게 되어서, 모든 끔찍한
죄악을 벗어 버릴 수 있
을 것입니다.
14 나의 반석이시요 구원자
이신 주님, 내 입의 말과
내 마음의 생각이 언제

단어

창공(19:1) 푸른 하늘.
신방(19:5) 신혼부부가 거처하도록 새로 꾸민 방.
송이꿀(19:10) 벌통에서 떠낸, 벌집에 들어 있는 상태의 꿀.
미처(19:12) 아직 거기까지 미치도록.
고의(19:13) 일부러 하는 행동이나 생각.

나 주님의 마음에 들기
를 바랍니다.

20편 전쟁에서의 승리를 기도하는 시입니다. 다윗은 전쟁의 승리와 패배가 하나님께 달려 있음을 알고 있었기에, 전차와 말을 의지하고 자랑할 때보다 하나님을 의지할 때 승리할 수 있음을 고백합니다.

승리를 위한 기도

[지휘자를 따라 부르는 다윗의 노래]

1 우리의 임금님께서 고난
가운데서 주님께 기도하
실 때에 주님께서 임금
님께 응답하여 주시기를
원합니다. 야곱의 하나님
께서 친히 임금님을 지켜
주시기를 바랍니다.
2 성소에서 임금님을 도우
시고, 시온에서 임금님
을 붙들어 주시기를 원
합니다.
3 임금님께서 바치는 모든
제물을 주님께서 기억하
여 주시고 임금님께서 올
리는 번제를 주님께서 기
쁘게 받아 주시기를 바
랍니다. (셀라)
4 임금님의 소원대로, 주님
께서 임금님께 모든 것을
허락하여 주시고, 임금
님의 계획대로, 주님께서
임금님께 모든 것을 이루
어 주시기를 원합니다.
5 우리는 임금님의 승리를
소리 높여 기뻐하고, 우
리 하나님의 이름으로 깃
발을 높이 세워 승리를
기뻐할 수 있도록, 주님
께서 임금님의 모든 소원
을 이루어 주시기를 원합
니다.

6 나는 이제야 알았습니다. 주님께서는 기름을 부으신 왕에게 승리를 주시고, 그 거룩한 하늘에서 왕에게 응답하여 주시고, 주님의 힘찬 오른손으로 왕에게 승리를 안겨 주시는 분이심을 알았습니다.
7 어떤 이는 전차를 자랑하고, 어떤 이는 기마를 자랑하지만, 우리는 주 우리 하나님의 이름만을 자랑합니다.
8 대적들은 엎어지고 넘어지지만, 우리는 일어나서 꿋꿋이 섭니다.
9 주님, 우리의 왕에게 승리를 안겨 주십시오. 우리가 주님을 부를 때에, 응답하여 주십시오.

21편 전쟁에서 승리한 후에 하나님께 감사, 찬양하는 시입니다. 다윗은 자신의 기도를 들어주시고 승리하게 하신 하나님께 감사와 영광을 돌리고 있습니다. 승리의 비결은 오직 주님을 의지하는 것 뿐입니다.

승리하게 하신 주님께 감사

[지휘자의 지휘를 따라 부르는 다윗의 노래]

1 주님, 주님께서 우리 왕에게 힘을 주시므로 왕이 기뻐하며 주님께서 승리를 주시므로 왕이 크게 즐거워합니다.
2 왕이 소원하는 바를 주님께서 들어주시고, 왕이 입술로 청원하는 바

단어
성소(20:2) 제사장이 하나님께 제물을 바치고 의식을 행하던 거룩한 곳.
번제(20:3) 제물을 불로 태워드리는 제사.
셀라(20:3) 정확한 뜻은 알 수 없지만, '높임', '중지'라는 뜻의 히브리어 '살랄'에서 유래한 것으로 추측되는 음악 용어.

를 주님께서 물리치지 않
으셨습니다. (셀라)
3 온갖 좋은 복을 왕에게
내려 주시고, 왕의 머리
에 순금 면류관을 씌워
주셨습니다.
4 왕이 주님께 생명을 구했
을 때, 주님께서는 그에
게 장수를 허락하셨습니
다. 오래오래 살도록 긴
긴날을 그에게 허락하셨
습니다.
5 주님께서 승리를 안겨 주
셔서 왕이 크게 영광을
받게 하셨으며, 위엄과
존귀를 그에게 입혀 주셨
습니다.
6 주님께서 영원한 복을 왕
에게 내려 주시고, 주님
께서 그와 함께 계시니,
왕의 기쁨이 넘칩니다.
7 왕이 오직 주님을 의지하
고, 가장 높으신 분의 사
랑에 잇닿아 있으므로,
그는 결코 흔들리지 않
을 것입니다.
8 임금님, 임금님의 손이
임금님의 모든 원수를
찾아내며, 임금님의 오른
손이 임금님을 미워하는
자를 사로잡을 것입니다.
9 임금님께서 나타나실 때
에, 원수들을 불구덩이
속에 던지실 것입니다.
주님께서도 진노하셔서
그들을 불태우시고 불이
그들을 삼키게 하실 것
입니다.

10 임금님께서는 원수의 자
손을 이 땅에서 끊어 버
리실 것이며, 그들의 자
손을 사람들 가운데서
씨를 말리실 것입니다.
11 그들이 임금님께 악한
손을 뻗쳐서 음모를 꾸민
다 해도, 결코 이루지 못
할 것입니다.
12 오히려, 임금님께서 그들
의 얼굴에 활을 겨누셔
서, 그들이 겁에 질려 달
아나게 하실 것입니다.
13 주님, 힘을 떨치시면서
일어나 주십시오. 우리가
주님의 힘을 기리며, 노
래하겠습니다.

22편 원수들에게 핍박당하여 하나님께 부르짖는 다윗의 심정이 담긴 탄식의 시입니다. 또한 자기 백성을 위해 고난당하실 예수님의 수난을 미리 보여주며, 고통 이후에 열릴 구원과 영광의 비전도 담고 있습니다.

고난과 찬양

[지휘자의 지휘를 따라 '새벽 암사슴'의 가락으로 부르는 다윗의 노래]

1 나의 하나님, 나의 하나
님, 어찌하여 나를 버리
십니까? 어찌하여 그리
멀리 계셔서, 살려 달라
고 울부짖는 나의 간구
를 듣지 아니하십니까?
2 나의 하나님, 온종일 불
러도 대답하지 않으시
고, 밤새도록 부르짖어도
모르는 체하십니다.
3 그러나 주님은 거룩하신

단어

면류관(21:3) 영예의 의미로 높은 위치의 성직자나 운동 경기의 승리자들에게 주었던 관을 가리킨다.
위엄(21:5) 위세가 있어 의젓하고 엄숙한 태도나 기세.
잇닿다(21:7) 서로 이어져서 접하다.
씨를 말리다(21:10) 어떤 종류의 생물이나 현상을 모조리 제거하여 더 이상 생겨날 수 없게 하다.

분, 이스라엘의 찬양을
받으실 분이십니다.
4 우리 조상이 주님을 믿었
습니다. 그들은 믿었고,
주님께서는 그들을 구해
주셨습니다.
5 주님께 부르짖었으므로,
그들은 구원을 받았습니
다. 주님을 믿었으므로,
그들은 수치를 당하지
않았습니다.
6 그러나 나는 사람도 아
닌 벌레요, 사람들의 비
방거리, 백성의 모욕거리
일 뿐입니다.
7 나를 보는 사람은 누구
나 나를 빗대어서 조롱
하며, 입술을 비쭉거리고
머리를 흔들면서 얄밉게
빈정댑니다.
8 "그가 주님께 그토록 의
지하였다면, 주님이 그를
구하여 주시겠지. 그의
주님이 그토록 그를 사
랑하신다니, 주님이 그를
건져 주시겠지" 합니다.
9 그러나 주님은 나를 모태
에서 이끌어 내신 분, 어
머니의 젖을 빨 때부터
주님을 의지하게 하신 분
이십니다.
10 나는 태어날 때부터 주님
께 맡긴 몸, 모태로부터
주님만이 나의 하나님이
었습니다.
11 나를 멀리하지 말아 주
십시오. 재난이 가까이
닥쳐왔으나, 나를 도와

줄 사람이 없습니다.
12 황소 떼가 나를 둘러쌌
습니다. 바산의 힘센 소
들이 이 몸을 에워쌌습
니다.
13 으르렁대며 찢어 발기는
사자처럼 입을 벌리고 나
에게 달려듭니다.
14 나는 쏟아진 물처럼 기
운이 빠져 버렸고 뼈마디
가 모두 어그러졌습니다.
나의 마음이 촛물처럼
녹아내려, 절망에 빠졌습
니다.
15 나의 입은 옹기처럼 말
라 버렸고, 나의 혀는 입
천장에 붙어 있으니, 주
님께서 나를 완전히 매장
되도록 내버려 두셨기 때
문입니다.
16 개들이 나를 둘러싸고,
악한 일을 저지르는 무리
가 나를 에워싸고 내 손
과 발을 묶었습니다.
17 뼈마디 하나하나가 다
셀 수 있을 만큼 앙상하
게 드러났으며, 원수들도
나를 보고 즐거워합니다.
18 나의 겉옷을 원수들이
나누어 가지고, 나의 속
옷도 제비를 뽑아서 나
누어 가집니다.
19 그러나 나의 주님, 멀리
하지 말아 주십시오. 나

단어

수치(22:5) 다른 사람들을 볼 낯이 없거나 스스로 떳떳하지 못함. 또는 그런 일.
빈정대다(22:7) 은근히 비웃는 태도로 자꾸 놀리다.
바산(22:12) 갈릴리 바다 동쪽인 요단 동부 지역으로 비옥한 평야와 울창한 참나무 숲이 있다.
앙상하다(22:17) 뼈만 남은 것처럼 몹시 말랐다.

의 힘이신 주님, 어서 빨
리 나를 도와주십시오.
20 내 생명을 원수의 칼에
서 건져 주십시오. 하나
뿐인 나의 목숨을 개의
입에서 빼내어 주십시오.
21 사자의 입에서 나를 구
하여 주십시오. 들소의
뿔에서 나를 구하여 주
십시오.
주님께서 나의 기도를 들
어주셨습니다.
22 주님의 이름을 나의 백성
에게 전하고, 예배 드리
는 회중 한가운데서, 주
님을 찬양하렵니다.
23 주님을 경외하는 사람들
아, 너희는 그를 찬양하
여라. 야곱 자손아, 그에
게 영광을 돌려라. 이스
라엘 자손아, 그를 경외
하여라.
24 그는 고통받는 사람의
아픔을 가볍게 여기지
않으신다. 그들을 외면하
지도 않으신다. 부르짖는
사람에게는 언제나 응답
하여 주신다.
25 주님께서 하신 이 모든
일을, 회중이 다 모인 자
리에서 찬양하겠습니다.
내가 서원한 희생제물을
주님을 경외하는 사람들
앞에서 바치겠습니다.
26 가난한 사람들도 "여러분
들의 마음이 늘 유쾌하
길 빕니다!" 하면서 축배
를 들고, 배불리 먹을 수

있을 것이다. 주님을 찾
는 사람은 누구나 주님
을 찬양할 것이다.
27 땅 끝에 사는 사람들도
생각을 돌이켜 주님께로
돌아올 것이며, 이 세상
모든 민족이 주님을 경배
할 것이다.
28 주권은 주님께 있으며,
주님은 만국을 다스리시
는 분이시다.
29 땅 속에서 잠자는 자가
어떻게 주님을 경배하겠
는가? 무덤으로 내려가
는 자가 어떻게 주님 앞
에 무릎 꿇겠는가? 그러
나 나는 주님의 능력으
로 살겠다.
30 내 자손이 주님을 섬기
고 후세의 자손도 주님
이 누구신지 들어 알고,
31 아직 태어나지 않은 세대
도 주님께서 하실 일을
말하면서 '주님께서 그의
백성을 구원하셨다' 하고
선포할 것이다.

23편 험한 세상을 살아가는 성도는 양처럼 무력한 존재이지만, 하나님은 그 양을 늘 지키시고 인도하시는 목자이십니다. 다윗은 목자이신 하나님만 의지하면 평안과 영원한 생명을 누릴 수 있다고 노래합니다.

선한 목자

[다윗의 노래]

1 주님은 나의 목자시니,
내게 부족함 없어라.
2 나를 푸른 풀밭에 누이

단어

회중(22:22) 많이 모인 사람들.
서원하다(22:25) 하나님께 은혜를 구하고, 그 보답으로 어떤 선행을 하겠다고 맹세하다.
축배(22:26) 축하하는 뜻으로 잔을 들어올리는 것.
주권(22:28) 국가의 중요한 사안을 최종적으로 결정하는 권력.

시며 쉴 만한 물 가로 인
도하신다.
3 나에게 다시 새 힘을 주
시고, 당신의 이름을 위
하여 바른 길로 나를 인
도하신다.
4 내가 비록 죽음의 그늘
골짜기로 다닐지라도, 주
님께서 나와 함께 계시
고, 주님의 막대기와 지
팡이로 나를 보살펴 주
시니, 내게는 두려움이
없습니다.
5 주님께서는, 내 원수들이
보는 앞에서 내게 잔칫
상을 차려 주시고, 내 머
리에 기름부으시어 나를
귀한 손님으로 맞아 주
시니, 내 잔이 넘칩니다.
6 진실로 주님의 선하심과
인자하심이 내가 사는
날 동안 나를 따르리니,
나는 주님의 집으로 돌
아가 영원히 그 곳에서
살겠습니다.

24편 다윗이 하나님의 법궤를 예루살렘으로 옮긴 사건을 기념하여 지은 시입니다. 세상 만물을 지으시고 다스리시는 만군의 주님이자 영광의 왕이신 하나님을 찬양하고 있습니다.

누가 주님의 성전에 들어갈 수 있는가?

[다윗의 시]

1 땅과 그 안에 가득 찬 것
이 모두 다 주님의 것,
온 누리와 그 안에 살고
있는 모든 것도 주님의
것이다.
2 분명히 주님께서 그 기초
를 바다를 정복하여 세
우셨고, 강을 정복하여

단단히 세우셨구나.
3 누가 주님의 산에 오를 수
있으며, 누가 그 거룩한
곳에 들어설 수 있느냐?
4 깨끗한 손과 해맑은 마
음을 가진 사람, 헛된 우
상에게 마음이 팔리지
않고, 거짓 맹세를 하지
않는 사람이다.
5 그런 사람은 주님께서 주
시는 복을 받고, 그를 구
원하시는 하나님께로부
터 의롭다고 인정받을 사
람이다.
6 그런 사람은 주님을 찾는
사람이요, 야곱의 하나님
의 얼굴을 사모하는 사
람이다. (셀라)
7 문들아, 너희 머리를 들
어라. 영원한 문들아, 활
짝 열려라. 영광의 왕께
서 들어가신다.
8 영광의 왕이 뉘시냐?
힘이 세고 용맹하신 주님
이시다. 전쟁의 용사이신
주님이시다.
9 문들아, 너희 머리를 들
어라. 영원한 문들아, 활
짝 열려라. 영광의 왕께
서 들어가신다.
10 영광의 왕이 뉘시냐?
만군의 주님, 그분이야말
로 영광의 왕이시다. (셀
라)

단어
인자하다(23:6) 어질고 자애롭다.
해맑다(24:4) 그늘이나 구김살이 없이 매우 맑다.
우상(24:4) 인위적으로 만들어 신처럼 떠받드는 신의 형상.
팔리다(24:4) 어느 한곳에 쏠리거나 돌려지다.
용맹하다(24:8) 씩씩하고 날래며 사납다.

25편 원수들의 공격과 자신의 죄로 인해 고통당하며 많은 어려움을 겪은 다윗의 탄식의 기도입니다. 그는 눈물로 회개하며 긍휼과 자비를 베푸시는 하나님께 도움을 구했습니다.

인도와 도움을 구하는 기도

[다윗의 시]

1 주님, 내 영혼이 주님을
기다립니다.
2 나의 하나님, 내가 주님
께 의지하였으니, 내가
부끄러움을 당하지 않게
하시고 내 원수가 나를
이기어 승전가를 부르지
못하게 해주십시오.
3 주님을 기다리는 사람은
수치를 당할 리 없지만,
함부로 속이는 자는 수치
를 당하고야 말 것입니다.
4 주님, 주님의 길을 나에
게 보여 주시고, 내가 마
땅히 가야 할 그 길을 가
르쳐 주십시오.
5 주님은 내 구원의 하나
님이시니, 주님의 진리로
나를 지도하시고 가르쳐
주십시오. 나는 종일 주
님만을 기다립니다.
6 주님, 먼 옛날부터 변함
없이 베푸셨던, 주님의
긍휼하심과 한결 같은 사
랑을 기억하여 주십시오.
7 내가 젊은 시절에 지은
죄와 반역을 기억하지 마
시고, 주님의 자비로우심
과 선하심으로 나를 기
억하여 주십시오.
8 주님은 선하시고 올바르
셔서, 죄인들이 돌이키고
걸어가야 할 올바른 길

을 가르쳐 주신다.
9 겸손한 사람을 공의로 인
도하시며, 겸비한 사람에
게는 당신의 뜻을 가르
쳐 주신다.
10 주님의 언약과 계명을 지
키는 사람을 진실한 사
랑으로 인도하신다.
11 주님, 주님의 이름을 생
각하셔서라도, 내가 저지
른 큰 죄악을 용서하여
주십시오.
12 주님을 경외하는 사람이
누굽니까? 그가 선택해야
할 길을 주님께서 그에게
가르쳐 주실 것입니다.
13 그가 한 생애를 편안히
살 것이니, 그 자손이 땅
을 유업으로 받을 것이다.
14 주님께서는, 주님을 경
외하는 사람과 의논하시
며, 그들에게서 주님의
언약이 진실함을 확인해
주신다.
15 주님만이 내 발을 원수
의 올무에서 건지는 분
이시기에, 내 눈은 언제
나 주님을 바라봅니다.
16 주님, 나를 돌보아 주시
고, 나에게 은혜를 베풀
어 주십시오. 나는 외롭
고 괴롭습니다.
17 내 마음의 고통에서 벗어
나게 해주시고, 나를 이

단어

승전가(25:2) 싸움이나 경기에 이기고 부르는 노래.
수치(25:3) 다른 사람들을 볼 낯이 없거나 스스로 떳떳하지 못함. 또는 그런 일.
겸비하다(25:9) 겸손하게 낮추다.
올무(25:15) 올가미나 덫 같은 사냥 기구. 여기서는 사람을 얽어매기 위해 꾸민 잔꾀를 말한다.

아픔에서 건져 주십시오.
18 내 괴로움과 근심을 살
펴 주십시오. 내 모든 죄
를 용서하여 주십시오.
19 내 원수들을 지켜 봐 주
십시오. 그들의 수는 많
기도 합니다. 그들은 불
타는 증오심을 품고, 나
를 미워합니다.
20 내 생명을 지켜 주십시오.
나를 건져 주십시오. 내가
수치를 당하지 않게 하여
주십시오. 나의 피난처는
오직 주님뿐입니다.
21 완전하고 올바르게 살아
가도록, 지켜 주십시오.
주님, 나는 주님만 기다
립니다.
22 하나님, 이스라엘을 그
모든 고난에서 건져 주
십시오.

26편 억울하게 고난당하는 다윗이 애타는 마음으로 하나님께 도움을 호소하는 시입니다. 늘 주님의 진리를 따라 살아온 자신을 삶을 고백하며 하나님의 위로와 은혜를 구하고 있습니다.

정직한 사람의 기도

[다윗의 시]

1 주님, 나를 변호해 주십
시오. 나는 올바르게 살
아왔습니다. 주님만을 의
지하고 흔들리지 않았습
니다.
2 주님, 나를 샅샅이 살펴
보시고, 시험하여 보십
시오. 나의 속 깊은 곳과
마음을 달구어 보십시오.
3 나는 주님의 한결같은 사
랑을 늘 바라보면서 주님
의 진리를 따라서 살았

습니다.
4 나는 헛된 것을 좋아하
는 자들과 한자리에 앉
지 않고, 음흉한 자들과
도 어울리지 않았습니다.
5 나는 악인들의 모임에서
그들과 어울리기를 싫어
하고, 한자리에 있지도
않았습니다.
6 주님, 내가 손을 씻어 내
무죄함을 드러내며 주님
의 제단을 두루 돌면서,
7 감사의 노래를 소리 높여
부르며, 주님께서 나에게
해주신 놀라운 일들을
모두 다 전하겠습니다.
8 주님, 주님께서 계시는 집
을 내가 사랑합니다. 주님
의 영광이 머무르는 그
곳을 내가 사랑합니다.
9 나의 이 목숨을 죄인의
목숨과 함께 거두지 말아
주십시오. 나의 이 생명을
살인자들의 생명과 함께
거두지 말아 주십시오.
10 그들의 왼손은 음란한
우상을 들고 있고, 그들
의 오른손은 뇌물로 가
득 차 있습니다.
11 그러나 나는 깨끗하게 살
려고 하오니, 이 몸을 구
하여 주시고, 은혜를 베
풀어 주십시오.
12 주님, 내가 선 자리가 든든

단어
증오심(25:19) 몹시 미워하거나 싫어하는 마음.
피난처(25:20) 위험이나 고통에서 피하거나 보호를 받을 수 있는 곳.
살살이(26:2) 빈틈이 없이 모조리.
음흉하다(26:4) 겉으로 보이는 행동이나 언행과 달리 마음속이 엉큼하고 흉악하다.

하오니, 예배하는 모임에
서 주님을 찬양하렵니다.

27편

고난을 당하고 있으나, 평생 주의 집에 살며 주님의 자비로우심을 바라보기 원하는 마음을 고백합니다. 참된 도움은 사람이 아닌 하나님만이 주실 수 있음을 믿으며 하나님을 기다리고 또 기다립니다.

찬양의 기도

[다윗의 시]

1 주님이 나의 빛, 나의 구
원이신데, 내가 누구를
두려워하랴? 주님이 내
생명의 피난처이신데, 내
가 누구를 무서워하랴?
2 나의 대적자들, 나의 원수
들, 저 악한 자들이, 나를
잡아먹으려고 다가왔다가
비틀거리며 넘어졌구나.
3 군대가 나를 치려고 에
워싸도, 나는 무섭지 않
네. 용사들이 나를 공격
하려고 일어날지라도, 나
는 하나님만 의지하려네.
4 주님, 나에게 단 하나
의 소원이 있습니다. 나
는 오직 그 하나만 구하
겠습니다. 그것은 한평생
주님의 집에 살면서 주
님의 자비로우신 모습을
보는 것과, 성전에서 주
님과 의논하면서 살아가
는 것입니다.
5 재난의 날이 오면, 주님
의 초막 속에 나를 숨겨
주시고, 주님의 장막 은
밀한 곳에 나를 감추시
며, 반석 위에 나를 올려
서 높여 주실 것이니,
6 그 때에 나는 나를 에워
싼 저 원수들을 내려다보

면서, 머리를 높이 치켜
들겠다. 주님의 장막에서
환성을 올리며 제물을
바치고, 노래하며 주님을
찬양하겠다.
7 내가 주님을 애타게 부를
때에, 들어 주십시오. 나
를 불쌍히 여기시고, 응
답하여 주십시오.
8 주님께서 나더러 "내게
와서 예배하여라" 하셨
을 때 "주님, 내가 가서
예배하겠습니다" 하고 대
답하였으니,
9 주님의 얼굴을 내게 숨기
지 말아 주십시오.
주님의 종에게 노하지 마
십시오. 나를 물리치지
말아 주십시오. 주님은
나의 도움이십니다. 나를
버리지 마시고, 외면하지
말아 주십시오. 주님은
나를 구원하신 하나님이
십니다.
10 나의 아버지와 나의 어머
니는 나를 버려도, 주님
은 나를 돌보아 주십니다.
11 주님, 주님의 길을 나에
게 가르쳐 주십시오. 내
원수들이 엿보고 있으니,
나를 안전한 길로 인도하
여 주십시오.
12 그들이 거짓으로 증언하
며, 폭력을 휘둘러서 나

단어

의논하다(27:4) 어떤 문제를 해결하기 위한 의견을 서로 주고받다.
초막(27:5) 짚이나 풀 따위로 지붕을 만들어 조그맣게 지은 막집.
에워싸다(27:6) 사방을 둘러서 싸다.
엿보다(27:11) 남몰래 가만히 보거나 살피다.

에게 대항해 오니, 내 목
숨을 내 원수의 뜻에 내
맡기지 마십시오.
13 이 세상에 머무는 내 한
생애에, 내가 주님의 은
덕을 입을 것을 나는 확
실히 믿는다.
14 너는 주님을 기다려라.
강하고 담대하게 주님을
기다려라.

28편 압살롬의 반역으로 도망갈 때 하나님의 도우심에 감사하며 구원을 찬양하는 다윗의 시입니다. 악을 행하는 자에게 그들의 악행대로 갚으시기를 기도하며 하나님의 선하심과 의로우심에 감사하고 있습니다.

도움을 구하는 기도

[다윗의 시]

1 반석이신 나의 주님, 내
가 주님께 부르짖으니,
귀를 막고 계시지 마십시
오. 주님께서 입을 다무
시면, 내가 무덤으로 내
려가는 사람같이 될까
두렵기만 합니다.
2 주님의 지성소를 바라보
며, 두 손을 치켜들고 주
님께 울부짖을 때에, 나
의 애원하는 소리를 들
어 주십시오.
3 악인들과 사악한 자들과
함께 나를 싸잡아 내동
댕이치지 마십시오. 그들
은 이웃에게 평화를 말
하지만 마음에는 악을
품고 있습니다.
4 그들의 행위와 그 악한
행실을 따라 그들에게
고스란히 갚아 주십시
오. 그들이 한 그대로 그
들에게 갚아 주십시오.

그들이 받을 벌을 그들
에게 되돌려주십시오.
5 주님께서 하신 놀라운
일들을 대수롭지 않게
여기고 손수 하신 일들
을 하찮게 여기는 그들.
그들이 다시는 일어서지
못하게 멸하십시오.
6 애원하는 나의 간구를
들어 주셨으니, 주님을
찬양하여라.
7 주님은 나의 힘, 나의 방
패이시다. 내 마음이 주
님을 굳게 의지하였기에,
주님께서 나를 건져 주셨
다. 내 마음 다하여 주님
을 기뻐하며 나의 노래로
주님께 감사하련다.
8 주님은 주님의 백성에게
힘이 되시며, 기름부어
세우신 왕에게 구원의
요새이십니다.
9 주님의 백성을 구원하여
주십시오. 주님의 소유인
이 백성에게 복을 내려
주십시오. 영원토록 그들
의 목자가 되시어, 그들
을 보살펴 주십시오.

29편 온 우주와 세상을 다스리시고 주관하시는 하나님의 위대하심과 능력을 '주님의 목소리'로 표현하면서 찬양하는 다윗의 시입니다. 영원토록 다스리시는 하나님께 모든 피조물이 영광을 돌려야 합니다.

폭풍 속 주님의 음성

[다윗의 시]

1 하나님을 모시는 권능

단어

지성소(28:2) 성막이나 성전의 가장 안쪽으로, 하나님의 언약궤가 있는 가장 거룩한 곳. 대제사장만이 일 년에 한 번 들어갈 수 있었다.

고스란히(28:4) 조금도 축나거나 변하지 않고 그대로 온전히.

대수롭다(28:5) 대단하거나 중요하게 여길 만하다.

있는 자들아, 영광과 권
능을 주님께 돌려드리고
또 돌려드려라.
2 그 이름에 어울리는 영
광을 주님께 돌려드려라.
거룩한 옷을 입고 주님
앞에 꿇어 엎드려라.
3 주님의 목소리가 물 위로
울려 퍼진다. 영광의 하
나님이 우렛소리로 말씀
하신다. 주님께서 큰 물
을 치신다.
4 주님의 목소리는 힘이 있
고, 주님의 목소리는 위
엄이 넘친다.
5 주님께서 목소리로 백향
목을 쩌개고, 레바논의
백향목을 쩌개신다.
6 레바논 산맥을 송아지처
럼 뛰놀게 하시고, 시룐
산을 들송아지처럼 날뛰
게 하신다.
7 주님의 목소리에 불꽃이
튀긴다.
8 주님의 목소리가 광야를
흔드시고, 주님께서 가데
스 광야를 뒤흔드신다.
9 주님의 목소리가, 암사슴
을 놀래켜 낙태하게 하
고, 우거진 숲조차 벌거
숭이로 만드시니, 그분의
성전에 모인 사람들이 하
나같이, "영광!" 하고 외
치는구나.
10 주님께서 범람하는 홍수
를 정복하신다. 주님께서
영원토록 왕으로 다스리
신다.

11 주님은 당신을 따르는
백성에게 힘을 주신다.
주님은 당신을 따르는
백성에게 평화의 복을
내리신다.

30편

다윗의 인생의 마지막 때 지난 삶을 돌아보며 지은 시로 추측합니다. 교만 때문에 심판을 받아 죽을 위기에까지 갔으나 회개했음을 고백하고, 회개하는 자를 구원하시고 통곡을 기쁨으로 바꾸시는 하나님을 찬양합니다.

감사의 기도

[성전 봉헌가, 다윗의 시]

1 주님, 주님께서 나를 수
렁에서 건져 주시고, 내
원수가 나를 비웃지 못
하게 해주셨으니, 내가
주님을 우러러 찬양하렵
니다.
2 주, 나의 하나님, 내가 주
님께 울부짖었더니, 주님
께서 나를 고쳐 주셨습
니다.
3 주님, 스올에서 이 몸을
끌어올리셨고, 무덤으로
내려간 사람들 가운데
서, 나를 회복시켜 주셨
습니다.
4 주님을 믿는 성도들아,
주님을 찬양하여라. 그
거룩한 이름을 찬양하
여라.
5 주님의 진노는 잠깐이요,
그의 은총은 영원하니,
밤새도록 눈물을 흘려
도, 새벽이 오면 기쁨이
넘친다.

단어

위엄(29:4) 위세가 있어 의젓하고 엄숙한 태도나 기세.
쪼개다(29:5) 두 쪽으로 벌려 쩍 갈라지게 하다.
범람하다(29:10) 계곡이나 하천 등에서 물이 밖으로 넘쳐흐르다.
수렁(30:1) 헤어나기 힘든 불행이나 곤욕 따위의 상황을 비유적으로 이르는 말.

6 내가 편히 지낼 때에는
"이제는 영원히 흔들리지
않겠지" 하였지만,
7 아, 태산보다 더 든든하
게 은총으로 나를 지켜
주시던 주님께서 나를 외
면하시자마자 나는 그만
두려움에 사로잡히고 말
았습니다.
8 주님, 내가 주님께 부르
짖었고, 주님께 은혜를
간구하였습니다.
9 내가 죽은들 주님께 무
슨 유익이 되겠습니까?
내가 죽어 구덩이에 던져
지는 것이 주님께 무슨
유익이 되겠습니까? 한
줌의 티끌이 주님을 찬
양할 수 있습니까? 한 줌
의 흙이 주님의 진리를
전파할 수 있습니까?
10 주님, 귀를 기울이시고
들어 주십시오. 나에게
은혜를 베풀어 주십시
오. 주님, 주님께서 나를
돕는 분이 되어 주십시
오.
11 주님께서는 내 통곡을
기쁨의 춤으로 바꾸어
주셨습니다. 나에게서 슬
픔의 상복을 벗기시고,
기쁨의 나들이옷을 갈아
입히셨기에
12 내 영혼이 잠잠할 수 없어
서, 주님을 찬양하렵니다.
주, 나의 하나님, 내가 영
원토록 주님께 감사를 드
리렵니다.

31편 다윗이 원수에게 쫓기면서 지은 시입니다. 자신에 대한 비방과 생명의 위협 속에서도 하나님을 믿고 바라보며 오히려 기뻐하며 즐거워하는 이유는 하나님이 자신의 고난을 보시고 아신다는 순전한 믿음 때문입니다.

보호를 구하는 기도

[성가대 지휘자를 따라 부르는 다윗의 노래]

1 주님, 내가 주님께 피하
오니, 내가 결코 부끄러
움을 당하지 않게 하여
주십시오. 주님의 구원의
능력으로 나를 건져 주
십시오.
2 나에게 귀를 기울이시고,
속히 건지시어, 내가 피
하여 숨을 수 있는 바위,
나를 구원하실 견고한
요새가 되어 주십시오.
3 주님은 진정 나의 바위,
나의 요새이시니, 주님의
이름을 위하여 나를 인
도해 주시고 이끌어 주
십시오.
4 그들이 몰래 쳐 놓은 그
물에서 나를 건져내어
주십시오. 주님은 나의
피난처입니다.
5 주님의 손에 나의 생명을
맡깁니다. 진리의 하나님
이신 주님, 나를 속량하
여 주실 줄 믿습니다.
6 썩어 없어질 우상을 믿
고 사는 사람들을 주님
께서는 미워하시니, 나는
오직 주님만 의지합니다.
7 주님의 한결같은 그 사랑

단어
태산(30:7) 퍽 높고 큰 산.
티끌(30:9) 공기 속에 섞여 날리거나 물체 위에 쌓이는 매우 잘고 가벼운 물질.
속량하다(31:5) 값을 대신 지불해 주는 일. 예수님께서 우리를 대신해 십자가에 못박혀 죽음으로 우리 죄를 대속하신 것을 생각할 수 있다.

을 생각할 때마다 나는
기쁘고 즐겁습니다. 주님
은 나의 고난을 돌아보
시며, 내 영혼의 아픔을
알고 계십니다.
8 주님은 나를 원수의 손
에 넘기지 않으시고, 내
발을 평탄한 곳에 세워
주셨습니다.
9 주님, 나를 긍휼히 여겨
주십시오. 나는 고통을 받
고 있습니다. 울다 지쳐,
내 눈이 시력조차 잃었습
니다. 내 몸과 마음도 활
력을 잃고 말았습니다.
10 나는 슬픔으로 힘이 소
진되었습니다. 햇수가 탄
식 속에서 흘러갔습니다.
근력은 고통 속에서 말
라 버렸고, 뼈마저 녹아
버렸습니다.
11 나를 대적하는 자들이
한결같이 나를 비난합니
다. 이웃 사람들도 나를
혐오하고, 친구들마저도
나를 끔찍한 것 보듯 합
니다. 거리에서 만나는
이마다 나를 피하여 지
나갑니다.
12 내가 죽은 사람이라도
된 것처럼, 나는 사람들
의 기억 속에서 잊혀졌으
며, 깨진 그릇과 같이 되
었습니다.
13 많은 사람이 나를 비난
하는 소리가 들려 옵니
다. 사방에서 협박하는
소리도 들립니다. 나를

대적하는 사람들이 함께
모여, 내 생명을 빼앗으
려고 음모를 꾸밉니다.
14 누가 뭐라고 해도 나는
주님만 의지하며, 주님이
나의 하나님이라고 말할
것입니다.
15 내 앞날은 주님의 손에
달렸으니, 내 원수에게
서, 내 원수와 나를 박해
하는 자들의 손에서, 나
를 건져 주십시오.
16 주님의 환한 얼굴로 주님
의 종을 비추어 주십시
오. 주님의 한결같은 사
랑으로 나를 구원하여
주십시오.
17 내가 주님께 부르짖으니,
주님, 내가 부끄러움을
당하지 않게 해주십시
오. 오히려 악인들이 부
끄러움을 당하고 죽음의
세계로 내려가서, 잠잠하
게 해주십시오.
18 오만한 자세로, 경멸하는
태도로, 의로운 사람을
거슬러서 함부로 말하는
거짓말쟁이들의 입을 막
아 주십시오.
19 주님을 경외하는 사람에
게 주시려고 주님께서 마
련해 두신 복이 어찌 그
리도 큰지요? 주님께서
는 주님께로 피하는 사

단어

소진되다(31:10) 모두 쓰여 없어지게 되다.
혐오하다(31:11) 싫어하고 미워하다.
박해하다(31:15) 약한 처지의 개인이나 세력을 억누르거나 괴롭혀 해를 끼치다.
거스르다(31:18) 따르지 않고 그에 반대되는 태도를 취하다.

람들에게 복을 베푸십니
다. 사람들이 보는 앞에
서 복을 베푸십니다.
20 주님은 그들을 주님의
날개 그늘에 숨기시어 거
짓말을 지어 헐뜯는 무
리에게서 그들을 지켜
주시고, 그들을 안전한
곳에 감추시어 말다툼하
는 자들에게서 건져 주
셨습니다.
21 주님, 내가 주님을 찬양
합니다. 내가 포위당했을
때에, 주님께서 나에게 놀
라운 은총을 베푸셨기에,
내가 주님을 찬양합니다.
22 내가 포위되었을 그 때,
나는 놀란 나머지 "내가
이제 주님의 눈 밖에 났구
나" 생각하며 좌절도 했지
만, 주님께서는 내가 주님
께 부르짖을 때에는, 내
간구를 들어주셨습니다.
23 주님을 믿는 성도들아,
너희 모두 주님을 사랑
하여라. 주님께서 신실한
사람은 지켜 주시나, 거
만한 사람은 가차없이 벌
하신다.
24 주님을 기다리는 사람들
아, 힘을 내어라. 용기를
내어라.

32편 밧세바 사건을 깊이 뉘우치며 기도하는 다윗의 시입니다. 죄와 허물이 있는 자라도 하나님께 고백하고 회개하면 용서를 받고 기쁨과 평안이 넘치게 됨을 잘 보여 주는 시입니다.

용서받은 기쁨

[다윗의 마스길]

1 복되어라! 거역한 죄 용

서받고 허물을 벗은 그
사람!
2 주님께서 죄 없는 자로 여
겨주시는 그 사람! 마음
에 속임수가 없는 그 사
람! 그는 복되고 복되다!
3 내가 입을 다물고 죄를
고백하지 않았을 때에는,
온종일 끊임없는 신음으
로 내 뼈가 녹아 내렸습
니다.
4 주님께서 밤낮 손으로
나를 짓누르셨기에, 나
의 혀가 여름 가뭄에 풀
마르듯 말라 버렸습니다.
(셀라)
5 드디어 나는 내 죄를 주
님께 아뢰며 내 잘못을
덮어두지 않고 털어놓았
습니다. "내가 주님께 거
역한 나의 죄를 고백합니
다" 하였더니, 주님께서
는 나의 죄악을 기꺼이
용서하셨습니다. (셀라)
6 경건한 사람이 고난을
받을 때에, 모두 주님께
기도하게 해주십시오. 고
난이 홍수처럼 밀어닥쳐
도, 그에게는 미치지 못
할 것입니다.
7 주님은 나의 피난처, 나
를 재난에서 지켜 주실
분! 주님께서 나를 보호
하시니, 나는 소리 높여

단어

포위(31:21) 둘레를 빙 둘러서 쌈.
가차없다(31:23) 사정을 보아주는 것이나 용서함이 없다.
허물(32:1) 저지른 잘못. 모자란 점이나 결점.
거역하다(32:5) 윗사람의 뜻이나 지시, 또는 초월적인 힘 등을 따르지 않다.

주님의 구원을 노래하렵
니다. (셀라)
8 주님께서 말씀하신다.
"네가 가야 할 길을 내가
너에게 지시하고 가르쳐
주마. 너를 눈여겨 보며
너의 조언자가 되어 주겠
다."
9 "너희는 재갈과 굴레를
씌워야만 잡아 둘 수 있
는 분별없는 노새나 말처
럼 되지 말아라."
10 악한 자에게는 고통이
많으나, 주님을 의지하는
사람에게는 한결같은 사
랑이 넘친다.
11 의인들아, 너희는 주님을
생각하며, 즐거워하고 기
뻐하여라. 정직한 사람들
아, 너희는 다 함께 기뻐
환호하여라.

33편 저자를 알 수 없는 이 시는 하나님의 도우심으로 재난을 면하게 된 것을 감사하는 찬양시입니다. 하늘에서 모든 것을 살펴보시며 백성들의 완전한 구원자이자 방패가 되시는 하나님을 찬양합니다.

주님을 찬양하는 노래

1 의인들아, 너희는 주님을
생각하며 기뻐하여라. 정
직한 사람들아, 찬양은,
너희가 마땅히 해야 할
일이다.
2 수금을 타면서, 주님을
찬양하여라. 열 줄 거문
고를 타면서, 주님께 노
래하여라.
3 새 노래로 주님을 찬양
하면서, 아름답게 연주
하여라.
4 주님의 말씀은 언제나 올

바르며, 그 하시는 일은
언제나 진실하다.
5 주님은 정의와 공의를 사
랑하시는 분, 주님의 한
결같은 사랑이 온 땅에
가득하구나.
6 주님은 말씀으로 하늘을
지으시고, 입김으로 모든
별을 만드셨다.
7 주님은 바닷물을 모아
독에 담으셨고 그 깊은
물을 모아 창고 속에 넣
어 두셨다.
8 온 땅아, 주님을 두려워
하여라. 세상 모든 사람
아, 주님을 경외하여라.
9 한 마디 주님의 말씀으로
모든 것이 생기고, 주님
의 명령 한 마디로 모든
것이 견고하게 제자리를
잡았다.
10 주님은, 뭇 나라의 도모
를 흩으시고, 뭇 민족의
계획을 무효로 돌리신다.
11 주님의 모략은 영원히 흔
들리지 않으며, 마음에
품으신 뜻은 대대로 끊
어지지 않는다.
12 주님이 그들의 하나님이
되시기로 한 나라 곧 주
하나님이 그의 기업으로
선택한 백성은 복이 있
다.
13 주님은 하늘에서 굽어보

단어

재갈(32:9) 말을 다루기 위해 말의 입에 가로 물리는, 쇠로 된 물건.
굴레(32:9) 소나 말을 다루기 위하여 목에서 고삐에 걸쳐 얽어매는 줄.
마땅히(33:1) 그렇게 하는 것이 당연하게.
도모(33:10) 어떤 일을 이루려고 대책과 방법을 꾀함.

시며, 사람들을 낱낱이
살펴보신다.
14 계시는 그 곳에서 땅 위
에 사는 사람을 지켜 보
신다.
15 주님은 사람의 마음을 지
으신 분, 사람의 행위를
모두 아시는 분이시다.
16 군대가 많다고 해서 왕
이 나라를 구하는 것은
아니며, 힘이 세다고 해
서 용사가 제 목숨을 건
지는 것은 아니다.
17 나라를 구하는 데 군마
가 필요한 것은 아니며,
목숨을 건지는 데 많은
군대가 필요한 것은 아
니다.
18 그렇다. 주님의 눈은 주
님을 경외하는 사람들을
살펴보시며, 한결같은 사
랑을 사모하는 사람들을
살펴보시고,
19 그들의 목숨을 죽을 자
리에서 건져내시고, 굶주
릴 때에 살려 주신다.
20 주님은 우리의 구원자이
시요, 우리의 방패이시
니, 우리가 주님을 기다
립니다.
21 우리가 그 거룩한 이름
을 의지하기에 우리 마
음이 그분 때문에 기쁩
니다.
22 우리는 주님을 기다립니
다. 주님, 우리에게 주님
의 한결같은 사랑을 베
풀어 주십시오.

34편 사울을 피해 블레셋으로 도망갔던 다윗이 가드 왕 아기스 앞에서 미친 체하고 유대 광야를 빠져나올 때 지은 시입니다. 하나님은 언제나 의인을 보호하십니다. 주님을 피난처로 삼은 사람은 구원을 얻습니다.

주님을 공경하라

[아비멜렉 앞에서 미친 체하다가, 쫓겨나서 지
은 다윗의 시]

1 내가 주님을 늘 찬양할
것이니, 주님을 찬양하는
노랫소리, 내 입에서 그
치지 않을 것이다.
2 나 오직 주님만을 자랑할
것이니, 비천한 사람들
아, 듣고서 기뻐하여라.
3 나와 함께 주님을 높이
자. 모두 함께 그 이름을
기리자.
4 내가 주님을 간절히 찾았
더니, 주님께서 나에게 응
답하시고, 내 모든 두려
움에서 나를 건져내셨다.
5 주님을 우러러보아라. 네
얼굴에 기쁨이 넘치고 너
는 수치를 당하지 않을
것이다.
6 이 비천한 몸도 부르짖
었더니, 주님께서 들으시
고, 온갖 재난에서 구원
해 주셨다.
7 주님의 천사가 주님을 경
외하는 사람을 둘러 진
을 치고, 그들을 건져 주
신다.
8 너희는 주님의 신실하심
을 깨달아라. 주님을 피

단어

사모하다(33:18) 마음에 두고 애틋하게 생각하며 그리워하다.
비천하다(34:2) 낮고 보잘것없다.
기리다(34:3) 다른 사람의 우수한 점이나 잘하는 일을 추어서 말하다.
진을 치다(34:7) 어떤 자리나 장소를 점령하거나 차지하다.

난처로 삼는 사람은 큰
복을 받는다.
9 주님을 믿는 성도들아,
그를 경외하여라. 그를
경외하는 사람에게는,
아무런 부족함이 없을
것이다.
10 젊은 사자들은 먹이를
잃고 굶주릴 수 있으나,
주님을 찾는 사람은 복
이 있어 아무런 부족함
이 없을 것이다.
11 젊은이들아, 와서 내 말
을 들어라. 주님을 경외
하는 길을 너희에게 가르
쳐 주겠다.
12 인생을 즐겁게 지내고자
하는 사람, 그 사람은 누
구냐? 좋은 일을 보면서
오래 살고 싶은 사람, 그
사람은 또 누구냐?
13 네 혀로 악한 말을 하지
말며, 네 입술로 거짓말
을 하지 말아라.
14 악한 일은 피하고, 선한
일만 하여라. 평화를 찾
기까지, 있는 힘을 다하
여라.
15 주님의 눈은 의로운 사
람을 살피시며, 주님의
귀는 그들이 부르짖는 소
리를 들으신다.
16 주님의 얼굴은 악한 일을
하는 자를 노려보시며,
그들에 대한 기억을 이
땅에서 지워 버리신다.
17 의인이 부르짖으면 주님
께서 반드시 들어 주시

고, 그 모든 재난에서 반
드시 건져 주신다.
18 주님은, 마음 상한 사람
에게 가까이 계시고, 낙
심한 사람을 구원해 주
신다.
19 의로운 사람에게는 고난
이 많지만, 주님께서는
그 모든 고난에서 그를
건져 주신다.
20 뼈마디 하나하나 모두 지
켜 주시니, 어느 것 하나
도 부러지지 않는다.
21 악인은 그 악함 때문에
끝내 죽음을 맞고, 의인
을 미워하는 사람은, 반
드시 마땅한 벌을 받을
것이다.
22 주님은 주님의 종들의 목
숨을 건져 주시니, 그를
피난처로 삼는 사람은, 정
죄를 받지 않을 것이다.

35편 사울과 그 일당들은 끈질기게 다윗을 죽이려고 했습니다. 다윗은 자신의 손으로 원수에게 복수하는 대신, 의로우신 하나님께서 그들을 물리쳐 주실 것을 간절히 기도했습니다.

원수에게서 보호해 주실 것을 구하는 기도

[다윗의 시]

1 주님, 나와 다투는 자와
다투시고, 나와 싸우는
자와 싸워 주십시오.
2 큰 방패와 작은 방패를
잡으시고, 일어나 나를
도와주십시오.

단어

노려보다(34:16) 미움이나 적대하는 마음이 담긴 눈초리로 쏘아보다.
낙심하다(34:18) 바라던 일이 이루어지지 않아 맥이 풀리고 마음이 상하다.
마땅하다(34:21) 그렇게 하는 것이 당연하다.
정죄(34:22) 죄가 있다고 단정함.

3 창과 단창을 뽑으셔서 나
를 추격하는 자들을 막
아 주시고, 나에게는 "내
가 너를 구원하겠다" 하
고 말씀하여 주십시오.
4 내 목숨 노리는 자들을
부끄러워 무색케 하시고,
나를 해치려는 자들도
뒤로 물러나 수치를 당하
게 하여 주십시오.
5 그들을 바람에 날리는
겨처럼 흩으시고, 주님의
천사에게서 쫓겨나게 하
여 주십시오.
6 그들이 가는 길을 어둡
고 미끄럽게 하시어, 주
님의 천사가 그들을 추격
하게 해주십시오.
7 몰래 그물을 치고 구덩
이를 파며, 이유 없이 내
생명을 빼앗으려는 저 사
람들,
8 저 사람들에게 멸망이
순식간에 닥치게 하시
고, 자기가 친 그물에 자
기가 걸려서 스스로 멸
망하게 해주십시오.
9 그 때에 내 영혼이 주님
을 기뻐하며, 주님의 구
원을 크게 즐거워할 것
이다.
10 "주님, 주님과 같은 분이
누굽니까? 주님은 약한
사람을 강한 자에게서
건지시며, 가난한 사람
과 억압을 받는 사람을
약탈하는 자들에게서 건
지십니다. 이것은 나의

뼈 속에서 나오는 고백
입니다."
11 거짓 증인들이 일어나서,
내가 알지도 못하는 일
을 캐묻는구나.
12 그들이 나에게 선을 악
으로 갚다니! 내 영혼을
이토록 외롭게 하다니!
13 그들이 병들었을 때에,
나는 굵은 베 옷을 걸치
고, 나를 낮추어 금식하
며 기도했건만! 오, 내 기
도가 응답되지 않았더라
면 더 좋았을 텐데!
14 친구나 친척에게 하듯이
나는 그들의 아픔을 함
께 아파하고, 모친상을
당한 사람처럼 상복을
입고 몸을 굽혀서 애도하
였다.
15 그러나 정작 내가 환난
을 당할 때에, 오히려 그
들은 모여서 기뻐 떠들
고, 폭력배들이 내 주위
에 모여서는 순식간에
나를 치고, 쉴새 없이 나
를 찢었다.
16 장애자를 조롱하는 망령
된 자와 같이 그들은 나
를 조롱하고 비웃으며,
나를 보고 이를 갈았다.
17 주님, 언제까지 보고만
계시렵니까? 내 목숨을
저 살인자들에게서 건져

단어

무색하다(35:4) 사람이 겸연쩍고 부끄럽다.
겨(35:5) 벼, 보리, 조 같은 곡식의 낟알을 찧어 벗겨 낸 껍질을 통틀어 이르는 말.
캐묻다(35:11) 끈질기고 자세하게 묻다.
망령되다(35:16) 이치에 맞지 않고 허황하거나 주책없다.

주십시오. 하나밖에 없
는 이 생명을 저 사자들
에게서 지켜 주십시오.
18 나는 큰 회중 가운데서
주님께 감사를 드리며,
나는 수많은 백성 가운데
서 주님을 찬송하렵니다.
19 거짓말쟁이 원수들이 나
를 이겼다면서 기뻐하지
못하게 해주십시오. 까
닭 없이 나를 미워하는
자들이 서로 눈짓을 주
고받으며 즐거워하지 못
하게 해주십시오.
20 그들은 평화에 대해 말
하는 법이 없습니다. 평
화롭게 사는 백성을 거
짓말로 모해합니다.
21 그들은 입을 크게 벌려
"하하!" 하고 웃으면서
"우리가 두 눈으로 그가
저지르는 잘못을 똑똑히
보았다" 하고 위증합니다.
22 주님, 주님께서 친히 보
셨으니, 가만히 계시지
마십시오. 주님, 나를 멀
리하지 마십시오.
23 나의 하나님, 나의 주님,
분발하여 일어나서서, 재
판을 여시고 시비를 가
려 주십시오.
24 주님, 나의 하나님, 주님
의 공의로 나에게 공정
한 판결을 내려 주십시
오. 그들이 나를 이겼다
고 하면서 기뻐하지 못하
게 해주십시오.
25 그들이 마음 속으로 "하

하. 우리의 소원이 이루
어졌구나" 하고 고소해하
지 못하게 해주십시오.
"드디어 우리가 그를 삼
켜 버렸지" 하고 말하지
도 못하게 해주십시오.
26 나의 불행을 기뻐하는
저 사람들은, 다 함께 수
치를 당하고 창피를 당하
고 말 것이다. 나를 보고
서 우쭐대는 저 사람들
은, 수치와 창피를 당할
것이다.
27 그러나 내가 받은 무죄
판결을 기뻐하는 자들
은 즐거이 노래하면서 기
뻐할 것이다. 그들은 쉬
지 않고, "주님은 위대하
시다. 그를 섬기는 사람
에게 기꺼이 평화를 주시
는 분이시다" 하고 말할
것이다.
28 내 혀로 주님의 의를 선
포하겠습니다. 온종일 주
님을 찬양하겠습니다.

36편 하나님을 향한 사랑과 믿음이 개인의 삶과 운명을 결정한다는 것을 교훈하는 다윗의 시입니다. 악인은 하나님을 두려워하지 않고 교만하지만, 의인은 하나님의 사랑을 깨닫고 늘 겸손하게 살아갑니다.

인간의 사악함과 하나님의 선하심

[지휘자를 따라 부르는 주님의 종 다윗의 노래]

1 악인의 마음 깊은 곳에
는 반역의 충동만 있어,
그의 눈에는 하나님을
두려워하는 기색이 조금

단어
회중(35:18) 많이 모인 사람들.
모해하다(35:20) 나쁜 꾀로 남을 어려움에 빠뜨리다.
위증하다(35:21) 거짓으로 증언하다.
분발하다(35:23) 마음을 돋우어 기운을 내다.
우쭐대다(35:26) 의기양양하여 자꾸 뽐내다.
기색(36:1) 어떤 마음의 작용으로 드러나는 얼굴빛.

도 없습니다.
2 그의 눈빛은 지나치게 의
기양양하고, 제 잘못을
찾아내 버릴 생각은 전
혀 없습니다.
3 그의 입에서 나오는 말
이란 사기와 속임수뿐이
니, 슬기를 짜내어서 좋
은 일을 하기는 이미 틀
렸습니다.
4 잠자리에 들어서도 남 속
일 궁리나 하고, 범죄의
길을 고집하며, 한사코
악을 버리려고 하지 않습
니다.
5 주님, 주님의 한결같은
사랑은 하늘에 가득 차
있고, 주님의 미쁘심은
궁창에 사무쳐 있습니다.
6 주님의 의로우심은 우람
한 산줄기와 같고, 주님
의 공평하심은 깊고 깊
은 심연과도 같습니다.
주님, 주님은 사람과 짐
승을 똑같이 돌보십니다.
7 하나님, 주님의 한결같은
사랑이 어찌 그리 값집니
까? 사람들이 주님의 날
개 그늘 아래로 피하여
숨습니다.
8 주님의 집에 있는 기름진
것으로 그들이 배불리
먹고, 주님이 그들에게
주님의 시내에서 단물을
마시게 합니다.
9 생명의 샘이 주님께 있습
니다. 우리는 주님의 빛
을 받아 환히 열린 미래

를 봅니다.

10 주님을 사랑하는 사람들에게는, 주님께서 친히 한결같은 사랑을 베풀어 주십시오. 마음이 정직한 사람에게는, 주님의 의를 변함없이 베풀어 주십시오.

11 오만한 자들이 발로 나를 짓밟지 못하게 하시고, 악한 자들이 손으로 나를 휘두르지 못하게 하여 주십시오.

12 그 때에 악을 일삼는 자들은 넘어지고, 넘어져서, 다시는 일어나지 못한다.

37편 노인이 된 다윗은 악한 자들이 잘 되는 것을 보고 속상해하는 젊은이들에게 자신의 신앙과 삶을 통해 교훈하며 위로합니다. 하나님의 공의가 선포될 것을 믿고 기다리며 하나님의 법도를 지키라고 교훈합니다.

주님을 신뢰하라

[다윗의 시]

1 악한 자들이 잘 된다고 해서 속상해하지 말며, 불의한 자들이 잘 산다고 해서 시새워하지 말아라.

2 그들은 풀처럼 빨리 시들고, 푸성귀처럼 사그라지고 만다.

3 주님만 의지하고, 선을 행하여라. 이 땅에서 사는 동안 성실히 살아라.

4 기쁨은 오직 주님에게서

단어

슬기(36:3) 사물의 이치를 바르게 분별하고 일을 정확하게 처리할 방도를 생각해 내는 재능.

한사코(36:4) 상대방의 의견 또는 의지에 반하여 몹시 자기의 고집을 세워.

시새우다(37:1) 공연히 미워하고 싫어하다.

푸성귀(37:2) 심어 가꾼 채소나 저절로 난 나물.

찾아라. 주님께서 네 마
음의 소원을 들어주신다.
5 네 갈 길을 주님께 맡기
고, 주님만 의지하여라.
주님께서 이루어 주실 것
이다.
6 너의 의를 빛과 같이, 너
의 공의를 한낮의 햇살처
럼 빛나게 하실 것이다.
7 잠잠히 주님을 바라고,
주님만을 애타게 찾아
라. 가는 길이 언제나 평
탄하다고 자랑하는 자들
과, 악한 계획도 언제나
이룰 수 있다는 자들 때
문에 마음 상해 하지 말
아라.
8 노여움을 버려라. 격분을
가라앉혀라. 불평하지 말
아라. 이런 것들은 오히
려 악으로 기울어질 뿐
이다.
9 진실로 악한 자들은 뿌
리째 뽑히고 말 것이다.
그러나 주님을 기다리는
사람들은 반드시 땅을
물려받을 것이다.
10 조금만 더 참아라. 악인
은 멸망하고야 만다. 아
무리 그 있던 자취를 찾
아보아도 그는 이미 없을
것이다.
11 겸손한 사람들이 오히려
땅을 차지할 것이며, 그
들이 크게 기뻐하면서 평
화를 누릴 것이다.
12 악인이 의인을 모해하며,
그를 보고 이를 갈지라도,

13 주님은 오히려 악인을 비웃으실 것이니, 악인의 끝날이 다가옴을 이미 아시기 때문이다.

14 악인들은 칼을 뽑아 치켜들고, 또 활을 당겨서, 비천하고 가난한 사람들을 쓰러뜨리며, 자기 길을 똑바로 걷는 사람을 죽이려고 하지만,

15 그 칼에 오히려 자기 가슴만 뚫릴 것이니, 그 활도 꺾이고야 말 것이다.

16 의인의 하찮은 소유가 악인의 많은 재산보다 나으니,

17 악인의 팔은 부러지지만, 의인은 주님께서 붙들어 주신다.

18 흠 없는 사람의 나날은 주님께서 보살펴 주시니, 그 유산은 대대로 이어지고,

19 재난을 당할 때에도 부끄러움을 당하지 않고, 기근이 들 때에도 굶주리지 않는다.

20 그러나 악인들은 패망할 것이니, 주님의 원수들은 기름진 풀밭이 시들어 불타듯이, 불타 없어질 것이니, 연기처럼 사라질 것이다.

21 악인은 빌리기만 하고 갚

단어

공의(37:6) 공평하고 의로운 도의.
애타다(37:7) 너무 근심스럽거나 안타까워서 창자가 타는 것처럼 마음이 죄이다.
모해하다(37:12) 나쁜 꾀로 남을 어려움에 빠뜨리다.
하찮다(37:16) 그다지 훌륭하지 않다.
패망하다(37:20) 싸움에 져서 망하다.

지 않으나, 의인은 은혜
를 베풀고 거저 준다.
22 주님께서 베푸시는 복을
받은 사람은 땅을 차지하
게 되지만, 주님의 저주
를 받은 자들은 땅에서
끊어질 것이다.
23 우리가 걷는 길이 주님께
서 기뻐하시는 길이면,
우리의 발걸음을 주님께
서 지켜 주시고,
24 어쩌다 비틀거려도 주님
께서 우리의 손을 잡아
주시니, 넘어지지 않는다.
25 나는 젊어서나 늙어서나,
의인이 버림받는 것과 그
의 자손이 구걸하는 것
을 보지 못하였다.
26 그런 사람은 언제나 은혜
를 베풀고, 꾸어 주면서
살아가니, 그의 자손은
큰 복을 받는다.
27 악한 일 피하고, 선한 일
힘쓰면, 이 땅에서 길이
길이 살 것이니,
28 주님께서는 공의를 사랑
하시고, 그의 성도들을
돌보시기 때문이다. 그들
은 영원토록 보호를 받으
나, 악인의 자손은 끊어
질 것이다.
29 의인은 땅을 차지하고, 언
제나 거기에서 살 것이다.
30 의인의 입은 지혜를 말하
고, 그의 혀는 공의를 말
한다.
31 그의 마음 속에 하나님
의 법이 있으니, 그의 발

걸음이 흔들리지 않는다.
32 악인이 의인을 엿보며 그
를 죽일 기회를 노리지만,
33 주님은 의인을 악인의 손
아귀에 버려 두지 않으시
며, 판결을 내리실 때에
의인에게 유죄를 선고하
지 않으실 것이다.
34 주님을 기다리며, 주님의
법도를 지켜라. 주님께서
너를 높여 주시어 땅을
차지하게 하실 것이니,
악인들이 뿌리째 뽑히는
모습을 네가 보게 될 것
이다.
35 악인의 큰 세력을 내가
보니, 본고장에서 자란
나무가 그 무성한 잎을
뽐내듯 하지만,
36 한순간이 지나고 다시 보
니, 흔적조차 사라져, 아
무리 찾아도 그 모습 찾
아볼 길 없더라.
37 흠 없는 사람을 지켜 보
고, 정직한 사람을 눈여
겨 보아라. 평화를 사랑
하는 사람에게는 미래가
있으나,
38 범죄자들은 함께 멸망할
것이니, 악한 자들은 미
래가 없을 것이다.
39 의인의 구원은 주님께로
부터 오며, 재난을 받을
때에, 주님은 그들의 피

단어

구걸하다(37:25) 남에게 돈이나 먹을 것을 거저 달라고 하다.
선고하다(37:33) 재판장이 판결의 결과를 공개하여 널리 알리다.
본고장(37:35) 어떤 활동이나 생산이 이뤄지는 본래의 중심지.

난처가 되신다.
40 주님이 그들을 도우셔서
구원하여 주신다. 그들
이 주님을 피난처로 삼았
기에, 그들을 악한 자들
에게서 건져내셔서 구원
하여 주신다.

38편 죄는 심판하시지만 사랑으로 자신의 백성을 용서하시는 하나님을 기념하기 위해 지은 시입니다. 밧세바를 범한 죄를 깨닫고 회개한 다윗이 죄로 인한 몸과 마음의 고통을 묘사하며, 하나님의 도우심을 구합니다.

환난을 당할 때의 기도

[기념 예배에서 읊는 다윗의 시]

1 주님, 주님의 분노로 나
를 책망하지 마시고, 주
님의 진노로 나를 벌하
지 말아 주십시오.
2 아, 주님의 화살이 나를
꿰뚫으며, 주님의 손이
나를 짓누릅니다.
3 주님께서 노하시므로, 나
의 살에는 성한 곳이 없
습니다. 내가 지은 죄 때
문에, 나의 뼈에도 성한
데가 없습니다.
4 내 죄의 벌이 나를 짓누르
니, 이 무거운 짐을 내가
더는 견딜 수 없습니다.
5 내 몸의 상처가 곪아터
져 악취를 내니 이 모두
가 나의 어리석음 때문입
니다.
6 더 떨어질 데 없이 무너
져 내린 이 몸, 온종일
슬픔에 잠겨 있습니다.
7 허리에 열기가 가득하니,
이 몸에 성한 데라고는
하나도 없습니다.
8 이 몸이 이토록 쇠약하

여 이지러졌기에, 가슴이
미어지도록 신음하며 울
부짖습니다.
9 아, 주님, 나의 모든 탄
원, 주님께서 다 아십니
다. 나의 모든 탄식, 주님
앞에 숨길 수 없습니다.
10 심장은 거칠게 뛰고, 기
력은 다 빠지고, 눈조차
빛을 잃고 말았습니다.
11 나의 사랑하는 자와 친
구들이 내 상처를 바라
보고 비켜섭니다. 가족들
마저 나를 멀리합니다.
12 내 목숨을 노리는 자들
이 올무를 놓고, 내 불행
을 바라는 자들이 악담
을 퍼부으며, 온종일 해
칠 일을 모의합니다.
13 그러나 나는 아예 귀머거
리가 되어 듣지 않았고,
벙어리가 되어 입을 열지
않았습니다.
14 참으로 나는 듣지 못하는
사람처럼 되었고, 입은 있
어도, 항변할 말이 없는
사람처럼 되었습니다.
15 주님, 내가 기다린 분은
오직 주님이십니다. 나의
주, 나의 하나님, 나에게
친히 대답하여 주실 분
도 오직 주님이십니다.
16 내가 재난에 빠져 있을
때에 주님께 기도하였습

단어

- **성하다(38:3)** 손상되지 않고 처음 그대로 온전하다.
- **쇠약하다(38:8)** 힘이나 세력이 줄어서 약하다.
- **탄원(38:9)** 억울하거나 딱한 사정을 하소연하여 도와주기를 바람.
- **항변하다(38:14)** 어떤 일을 부당하다고 여겨 따지거나 반대하는 뜻을 주장하다.

니다. "내 원수들이 나
를 비웃지 못하게 하시
고, 나의 발이 힘을 잃고
비틀거릴 때에도, 그들이
나를 보고 우쭐거리지
못하게 해주십시오."
17 나는 곧 쓰러질 것 같으
며, 고통은 잠시도 나를
떠나지 않습니다.
18 진정으로 나는 나의 잘
못을 털어놓고, 나의 죄
때문에 괴로워하지만,
19 강력한 나의 원수들은
점점 많아지기만 하고,
나를 까닭 없이 미워하
는 자들도 점점 불어나기
만 합니다.
20 나의 선을 악으로 갚는
저 사람들은, 내가 그들
의 유익을 도모할 때, 오
히려 나를 대적합니다.
21 주님, 나를 버리지 말아
주십시오. 나의 하나님,
나를 멀리하지 말아 주
십시오.
22 빨리 나를 구원하여 주
십시오. 나를 구원하시
는 주님!

39편 노인이 되어 지난날을 돌이켜본 다윗이 잘못을 뉘우치며 지은 시입니다. 다윗은 인간은 나그네처럼 머물다 가는 존재임을 고백하며 오직 하나님 안에만 참 희망이 있음을 말합니다.

용서를 비는 기도

[여두둔의 지휘를 따라 부르는 다윗의 노래]

1 내가 속으로 다짐하였다.
"나의 길을 내가 지켜서,
내 혀로는 죄를 짓지 말
아야지. 악한 자가 내 앞
에 있는 동안에는, 나의

입에 재갈을 물려야지."
2 그래서 나는 입을 다물
고, 아무 말도 하지 않았
다. 심지어 좋은 말도 하
지 않았더니, 걱정 근심
만 더욱더 깊어 갔다.
3 가슴 속 깊은 데서 뜨거
운 열기가 치솟고 생각
하면 할수록 울화가 치
밀어 올라서 주님께 아
뢰지 않고는 견딜 수 없
었다.
4 "주님 알려 주십시오. 내
인생의 끝이 언제입니
까? 내가 얼마나 더 살
수 있습니까? 나의 일생
이 얼마나 덧없이 지나가
는 것인지를 말씀해 주십
시오."
5 주님께서 나에게 한 뼘
길이밖에 안 되는 날을
주셨으니, 내 일생이 주
님 앞에서는 없는 것이
나 같습니다. 진실로 모
든 것은 헛되고, 인생의
전성기조차도 한낱 입김
에 지나지 않습니다. (셀
라)
6 걸어다닌다고는 하지만,
그 한평생이 실로 한 오
라기 그림자일 뿐, 재산
을 늘리는 일조차도 다
허사입니다. 장차 그것을
거두어들일 사람이 누구

단어

도모하다(38:20) 어떤 일을 이루려고 대책과 방법을 꾀하다.
재갈(39:1) 소리내지 못하게 사람의 입에 물리는 물건.
전성기(39:5) 형세나 세력이 가장 좋고 왕성한 시기.
오라기(39:5) 실, 헝겊 등의 가늘고 긴 조각.
허사(39:6) 소용없는 일.

일지는 아무도 모르는 일
입니다.
7 그러므로 주님, 이제, 내
가 무엇을 바라겠습니
까? 내 희망은 오직 주님
뿐입니다.
8 내가 지은 그 모든 죄악
에서 나를 건져 주십시
오. 나로 어리석은 자들
의 조롱거리가 되지 않게
해주십시오.
9 내가 잠자코 있으면서 입
을 열지 않음은, 이 모두
가 주님께서 하신 일이기
때문입니다.
10 주님의 채찍을 나에게서
거두어 주십시오. 주님의
손으로 나를 치시면, 내
목숨은 끊어지고 맙니다.

11 주님께서 인간의 잘못을
벌하시고, 그 아름다움
을 좀이 먹은 옷같이 삭
게 하시니, 인생이란 참
으로 허무할 뿐입니다.
(셀라)
12 주님, 내 기도를 들어 주
십시오. 내 부르짖음에
귀를 기울여 주십시오.
내 눈물을 보시고, 잠잠
히 계시지 말아 주십시
오. 나 또한 나의 모든
조상처럼 떠돌면서 주님
과 더불어 살아가는 길
손과 나그네이기 때문입
니다.
13 내가 떠나 없어지기 전에
다시 미소지을 수 있도
록 나에게서 눈길을 단

한 번만이라도 돌려주십
시오.

40편 다윗은 가장 힘든 상황 중에도 하나님이 자신을 구원해 주셨음에 감사했습니다. 다윗을 통해 언제나 구원의 은혜에 감사하고 믿음을 지켜나가는 신앙인의 자세를 배울 수 있습니다.

도움을 구하는 기도

[지휘자를 따라 부르는 노래, 다윗의 시]

1 내가 간절히 주님을 기
다렸더니, 주님께서 나를
굽어보시고, 나의 울부
짖음을 들어 주셨네.
2 주님께서 나를 멸망의 구
덩이에서 건져 주시고,
진흙탕에서 나를 건져
주셨네. 내가 반석을 딛
고 서게 해주시고 내 걸
음을 안전하게 해주셨네.
3 주님께서 나의 입에 새
노래를, 우리 하나님께
드릴 찬송을 담아 주셨
기에, 수많은 사람들이
나를 보고 두려운 마음
으로 주님을 의지하네.
4 주님을 신뢰하여 우상들
과 거짓 신들을 섬기지
않는 사람은 복되어라.
5 주, 나의 하나님, 주님께
서는 놀라운 일을 많이
하시며, 우리 위한 계획
을 많이도 세우셨으니,
아무도 주님 앞에 이것
들을 열거할 수 없습니
다. 내가 널리 알리고 전
파하려 해도 이루 헤아

단어
잠자코(39:9) 아무 말도 하지 않고 조용히.
좀(39:11) 모피, 누에고치, 곡류 등을 파먹는 해충.
허무하다(39:11) 공허하고 무의미하다.
길손(39:12) 집을 떠나서 여행 중인 사람.
열거하다(40:5) 사람이 예나 어떤 사실들을 낱낱이 들어서 말하다.

릴 수도 없이 많습니다.
6 주님께서는 내 두 귀를
열어 주셨습니다. 주님은
제사나 예물도 기뻐하지
아니합니다. 번제나 속죄
제도 원하지 않습니다.
7 그 때에 나는 주님께 아
뢰었습니다. "나에 관하
여 기록한 두루마리 책
에 따라 내가 지금 왔습
니다.
8 나의 하나님, 내가 주님
의 뜻 행하기를 즐거워합
니다. 주님의 법을 제 마
음 속에 간직하고 있습
니다."
9 나는 많은 회중 앞에서,
주님께서 나를 구원하신
기쁜 소식을 전합니다.
주님께서 아시듯이, 내가
입을 다물고 있지 않을
것입니다.
10 나를 구원하신 주님의
의를 나의 가슴 속에 묻
어 두지 않았고, 주님의
성실하심과 구원을 말합
니다. 주님의 한결같은
사랑과 그 미쁘심을 많
은 회중 앞에서 감추지
않을 것입니다.
11 하나님은 나의 주님이시
니, 주님의 긍휼하심을
나에게서 거두지 말아
주십시오. 주님은 한결같
은 사랑과 미쁘심으로,
언제나 나를 지켜 주십
시오.
12 이루 다 헤아릴 수도 없

이 많은 재앙이 나를 에
워쌌고, 나의 죄가 나의
덜미를 잡았습니다. 눈
앞이 캄캄합니다. 나의
죄가 내 머리털보다도 더
많기에, 나는 희망을 잃
었습니다.
13 주님, 너그럽게 보시고
나를 건져 주십시오. 주
님, 빨리 나를 도와주십
시오.
14 나의 목숨을 앗아가려
는 자들이 모두 다 부끄
러워하게 하시고, 수치를
당하게 해주십시오. 내가
재난받는 것을 기뻐하는
자들이, 모두 뒤로 물러
나서, 수모를 당하게 해
주십시오.
15 깔깔대며 나를 조소하는
자들이, 오히려 자기들이
받는 수치 때문에, 놀라
게 해주십시오.
16 그러나 주님을 찾는 모
든 사람은, 주님 때문에
기뻐하고 즐거워할 것입
니다. 주님께서 구원하여
주시기를 바라는 사람은
쉬지 않고 이르기를 "주
님은 위대하시다" 할 것
입니다.
17 나는 불쌍하고 가난하지
만, 주님, 나를 생각하여
주십시오. 주님은 나를

단어

속죄제(40:6) 지은 죄를 용서받기 위해 하나님께 드리는 제사.
미쁘다(40:10) 믿음성이 있다.
수치(40:14) 다른 사람들을 볼 낯이 없거나 스스로 떳떳하지 못함. 또는 그런 일.
수모(40:14) 남에게 모욕을 당함.

돕는 분이시요, 나를 건
져 주는 분이시니, 나의
하나님, 지체하지 말아
주십시오.

41편 병들고 약해진 동안 고통을 경험한 다윗의 시입니다. 가난하고 힘없는 사람들을 돌보던 의인이 병상에 누워 원수들에게 조롱을 당할 지라도, 하나님께서 은혜를 베풀어 회복시키실 것을 믿고 간구하는 내용입니다.

질병 가운데서 부르짖는 기도

[지휘자를 따라 부르는 노래, 다윗의 시]

1 가난하고 힘없는 사람을
돌보는 사람은 복이 있다.
재난이 닥칠 때에 주님께
서 그를 구해 주신다.

2 주님께서 그를 지키시며
살게 하신다. 그는 이 세
상에서 복 있는 사람으
로 여겨질 것이다. 주님
께서 그를 원수의 뜻에
맡기지 않을 것이다.

3 주님께서는, 그가 병상에
누워 있을 때에도 돌보
시며 어떤 병이든 떨치고
일어나게 하실 것이다.

4 내가 드릴 말씀은 이것입
니다. "주님, 나에게 은혜
를 베풀어 주셔서, 나를
고쳐 주십시오. 내가 주
님께 죄를 지었습니다."

5 나의 원수들은 나쁜 말
을 지어서 "저 자가 언제
죽어서, 그 후손이 끊어
질까?" 하고 나에게 말합
니다.

6 나를 만나러 와서는 빈
말이나 늘어놓고, 음해
할 말을 모아 두었다가,
거리로 나가면 곧 떠들어
댑니다.

7 나를 미워하는 자들이
모두 나를 두고 험담을
꾸미고, 나를 해칠 궁리
를 하면서
8 "몹쓸 병마가 그를 사로
잡았구나. 그가 병들어
누웠으니, 다시는 일어나
지 못한다" 하고 수군댑
니다.
9 내가 믿는 나의 소꿉동
무, 나와 한 상에서 밥을
먹던 친구조차도, 내게
발길질을 하려고 뒤꿈치
를 들었습니다.
10 그러나 주님은 나의 주님
이시니, 나에게 은혜를
베풀어 주십시오. 나도
그들에게 되갚을 수 있도
록 나를 일으켜 세워 주
십시오.
11 내 원수들이 내 앞에서
환호를 외치지 못하게 하
여 주십시오. 이로써, 주
님이 나를 사랑하심을
나는 알게 될 것입니다.
12 주님께서 나를 온전하게
지켜주시고 나를 주님
앞에 길이 세워 주십시
오.
13 이스라엘의 하나님이신
주님, 찬양을 받으십시
오. 영원에서 영원까지
찬양을 받으십시오. 아
멘, 아멘.

단어

빈말(41:6) 실질적인 뜻을 담지 않고 실속없이 그냥 해 본 말.
음해하다(41:6) 몸을 드러내지 아니한 채 옳지 못한 방법으로 남을 해하다.
수군대다(41:8) 남이 알아듣지 못하도록 낮은 목소리로 자꾸 조용히 이야기하다.

제 2 권

42편

사람들에게 박해를 받으며, 하나님께 버림받았다고 느끼는 시인이 하나님을 간절히 찾는 시입니다. 그는 성전에서 봉사하며 하나님께 경배하던 때를 그리워하며 낙심하지 않고 하나님께 소망을 둡니다.

하나님을 사모함

[지휘자를 따라 부르는 마스길, 고라 자손의 노래]

1 하나님, 사슴이 시냇물
바닥에서 물을 찾아 헐
떡이듯이, 내 영혼이 주
님을 찾아 헐떡입니다.
2 내 영혼이 하나님, 곧 살
아계신 하나님을 갈망하
니, 내가 언제 하나님께
로 나아가 그 얼굴을 뵈
올 수 있을까?
3 사람들은 날이면 날마다
나를 보고 "너의 하나님
이 어디 있느냐?" 하고
비웃으니, 밤낮으로 흘리
는 눈물이 나의 음식이
되었구나.
4 기쁜 감사의 노래 소리와
축제의 함성과 함께 내
가 무리들을 하나님의 집
으로 인도하면서 그 장막
으로 들어가곤 했던 일
들을 지금 내가 기억하고
내 가슴이 미어지는구나.
5 내 영혼아, 네가 어찌하
여 그렇게 낙심하며, 어
찌하여 그렇게 괴로워하
느냐? 너는 하나님을 기
다려라. 이제 내가, 나의
구원자, 나의 하나님을,

또다시 찬양하련다.
6 내 영혼이 너무 낙심하였
지만, 요단 땅과 헤르몬
과 미살 산에서, 주님만
을 그래도 생각할 뿐입
니다.
7 주님께서 일으키시는 저
큰 폭포 소리를 따라 깊
음은 깊음을 부르며, 주
님께서 일으키시는 저 파
도의 물결은 모두가 한
덩이 되어 이 몸을 휩쓸
고 지나갑니다.
8 낮에는 주님께서 사랑을
베푸시고, 밤에는 찬송
으로 나를 채우시니, 나
는 다만 살아 계시는 내
하나님께 기도합니다.
9 나의 반석이신 하나님께
호소한다. "어찌하여 하나
님께서는 나를 잊으셨습
니까? 어찌하여 이 몸이
원수에게 짓눌려 슬픈 나
날을 보내야만 합니까?"
10 원수들이 날마다 나를
보고 "네 하나님이 어디
에 있느냐?" 하고 빈정대
니, 그 조롱 소리가 나의
뼈를 부수는구나.
11 내 영혼아, 네가 어찌하
여 그렇게 낙심하며, 어
찌하여 그렇게 괴로워하
느냐? 너는 하나님을 기
다려라. 이제 내가 나의

단어

헐떡이다(42:1) 숨을 자꾸 몹시 가쁘고 급하게 쉬다.
미어지다(42:4) 찢어질 듯한 아픔이나 슬픔을 느끼다.
낙심하다(42:5) 바라던 일이 이루어지지 않아 맥이 풀리고 마음이 상하다.
호소하다(42:9) 억울하고 원통한 사정을 남에게 강한 주장이나 표현으로 하소연하다.

구원자, 나의 하나님을
또다시 찬양하련다.

43편 42편과 연결되는 시로, 후렴구인 5절이 42편의 후렴구(5절, 11절)와 문자적으로 일치합니다. 하나님이 자신을 원수의 손에서 구원해 주셔서 하나님 앞으로 나아가게 되기를 간절히 기도하고 있습니다.

환난을 당할 때의 기도

1 하나님, 나를 변호하여
주십시오. 비정한 무리를
고발하는 내 송사를 변
호하여 주십시오. 거짓을
일삼는 저 악한 사람들
에게서 나를 구해 주십
시오.
2 나의 요새이신 나의 하
나님, 어찌하여 나를 버
리셨습니까? 어찌하여
나는 원수에게 짓눌려
슬픔에 잠겨 있어야만
합니까?
3 주님의 빛과 주님의 진리
를 나에게 보내 주시어,
나의 길잡이가 되게 하시
고, 주님의 거룩한 산, 주
님이 계시는 그 장막으
로, 나를 데려가게 해주
십시오.
4 하나님, 그 때에, 나는
하나님의 제단으로 나아
가렵니다. 나를 크게 기
쁘게 하시는 하나님께로
나아가렵니다. 하나님,
나의 하나님, 내가 기뻐
하면서, 수금가락에 맞추
어 주님께 감사하렵니다.
5 내 영혼아, 어찌하여 그
렇게도 낙심하며, 어찌하
여 그렇게도 괴로워하느
냐? 하나님을 기다려라.

이제 내가, 나의 구원자,
나의 하나님을, 또다시
찬양하련다.

44편 민족의 탄식시로, 전쟁이나 기근처럼 나라가 어려움에 처했을 때 금식하며 기도하는 의식과 관련이 있습니다. 시인은 영광스러웠던 이스라엘의 과거를 돌이켜보며, 부끄러움과 어려움에 처한 현실을 안타까워합니다.

도움을 비는 기도

[지휘자를 따라 부르는 고라 자손의 노래, 마스길]

1 하나님, 우리는 두 귀로
들었습니다. 그 옛날 우
리 조상이 살던 그 때에,
하나님께서 하신 그 일
들을, 우리의 조상이 우
리에게 낱낱이 일러주었
습니다.
2 하나님께서 뭇 나라들을
손수 몰아내시고, 우리
조상을 이 땅에 뿌리 박
게 하셨습니다. 뭇 민족
을 재앙으로 치시고, 우
리 조상을 번창하게 하
셨습니다.
3 우리 조상이 이 땅을 차
지한 것은 그들의 칼로
차지한 것이 아니었습니
다. 조상이 얻은 승리도
그들의 힘으로 얻은 것이
아니었습니다. 오직, 하
나님의 오른손과 오른팔
과 하나님의 빛나는 얼
굴이 이루어 주셨으니,
참으로 이것은 하나님께
서 그들을 사랑하셨기

단어
변호하다(43:1) 남을 위해 변명하고 감싸서 돕다.
비정하다(43:1) 사람으로서의 따뜻한 정이 없다.
일삼다(43:1) 오로지 계속하여 저지르다.
뭇(44:2) 하나가 아닌 여러.
번창하다(44:2) 일이나 집안, 나라 등이 한참 잘되어 성하게 되다.

때문입니다.
4 주님이야말로 나의 왕, 나
의 하나님. 야곱에게 승
리를 주시는 분이십니다.
5 주님의 능력으로 우리는
우리의 적을 쳐부수었으
며, 우리를 공격하여 오
는 자들을 주님의 이름
으로 짓밟았습니다.
6 내가 의지한 것은 내 활
이 아닙니다. 나에게 승
리를 안겨 준 것은 내 칼
이 아닙니다.
7 오직 주님만이 우리로 하
여금 적에게서 승리를 얻
게 하셨으며, 우리를 미
워하는 자들이 수치를
당하게 하셨기에,
8 우리는 언제나 우리 하나
님만 자랑합니다. 주님의
이름만 끊임없이 찬양하
렵니다. (셀라)
9 그러나 이제는 주님께서
우리를 버려, 치욕을 당
하게 하시며, 우리 군대
와 함께 출전하지 않으셨
습니다.
10 주님께서 우리를 적에게
서 밀려나게 하시니, 우
리를 미워하는 자들이
마음껏 우리를 약탈하였
습니다.
11 주님께서 우리를 잡아먹
힐 양처럼 그들에게 넘겨
주시고, 여러 나라에 흩
으셨습니다.
12 주님께서 주님의 백성을
헐값으로 파시니, 그들을

팔아 이익을 얻은 것이
아무것도 없습니다.
13 주님께서 우리를 이웃의
조롱거리로 만드시고, 주
위 사람들의 조롱거리와
웃음거리로 만드십니다.
14 주님께서 우리를 여러 나
라의 이야기거리가 되게
하시고, 여러 민족의 조
소거리가 되게 하십니다.
15 내가 받은 치욕이 온종
일 나를 따라다니고, 부
끄러워서 얼굴을 들 수
조차 없습니다.
16 이것은 나를 조롱하는
자와 모독하는 자의 독
한 욕설과 나의 원수와
복수자의 무서운 눈길
때문입니다.
17 우리는 주님을 잊지 않았
고, 주님의 언약을 깨뜨
리지 않았습니다. 그러나
이 모든 일이 우리에게
닥쳤습니다.
18 우리가 마음으로 주님을
배반한 적이 없고, 우리
의 발이 주님의 길에서
벗어난 적도 없습니다.
19 그러나 주님께서는 우리
를 승냥이의 소굴에다 밀
어 넣으시고, 깊고 깊은
어둠으로 덮으셨습니다.
20 우리가 우리 하나님의 이
름을 잊었거나, 우리의

단어

셀라(44:8) 정확한 뜻은 알 수 없지만, '높임', '중지'라는 뜻의 히브리어 '살랄'에서 유래한 것으로 추측되는 음악 용어.

약탈하다(44:10) 폭력을 써서 억지로 빼앗다.

헐값(44:12) 그 물건이 가지고 있는 원래 값어치보다 훨씬 저렴한 값.

두 손을 다른 신을 향하
여 펴 들고서 기도를 드
렸다면,
21 마음의 비밀을 다 아시
는 하나님께서 어찌 이런
일을 찾아내지 못하셨겠
습니까?
22 우리가 날마다 죽임을
당하며, 잡아먹힐 양과
같은 처지가 된 것은, 주
님 때문입니다.
23 주님, 깨어나십시오. 어
찌하여 주무시고 계십니
까? 깨어나셔서, 영원히
나를 버리지 말아 주십
시오.
24 어찌하여 얼굴을 돌리십
니까? 우리가 고난과 억
압을 당하고 있음을, 어
찌하여 잊으십니까?
25 아, 우리는 흙 속에 파묻
혀 있고, 우리의 몸은 내
동댕이쳐졌습니다.
26 일어나십시오. 우리를 어
서 도와주십시오. 주님의
한결같은 사랑으로, 우리
를 구하여 주십시오.

45편 이스라엘 왕의 결혼식을 축하하기 위해 지은 고라 자손의 시입니다. 앞부분은 왕의 위대함과 영광을, 뒷부분은 왕후의 아름다움을 노래하는 이 시는 왕이신 그리스도와 신부인 교회를 암시하기도 합니다.

왕실 혼인 잔치를 위하여

[지휘자를 따라 소산님에 맞추어 부르는 고라 자손의 노래, 마스길, 사랑의 노래]

1 마음이 흥겨워서 읊으니,
노래 한 가락이라네. 내
가 왕께 드리는 노래를
지어 바치려네. 나의 혀
는 글솜씨가 뛰어난 서기

관의 붓끝과 같다네.
2 사람이 낳은 아들 가운
데서 임금님은 가장 아름
다운 분, 하나님께서 임
금님에게 영원한 복을 주
셨으니, 임금님의 입술에
서는 은혜가 쏟아집니다.
3 용사이신 임금님, 칼을
허리에 차고, 임금님의
위엄과 영광을 보여 주십
시오.
4 진리를 위하여, 정의를
위하여 전차에 오르시고
영광스러운 승리를 거두
어 주십시오. 임금님의
오른손이 무섭게 위세를
떨칠 것입니다.
5 임금님의 화살이 날카로
워서, 원수들의 심장을
꿰뚫으니, 만민이 임금님
의 발 아래에 쓰러집니다.
6 오 하나님, 하나님의 보
좌는 영원무궁토록 견고
할 것입니다. 주님의 통
치는 정의의 통치입니다.
7 임금님은 정의를 사랑하
고, 악을 미워하시니, 그
러므로 하나님, 곧 임금
님의 하나님께서 기름부
어 주셨습니다. 임금님의
벗들을 제치시고 임금님
께 기쁨의 기름을 부어
주셨습니다.
8 임금님이 입은 모든 옷에

단어

처지(44:22) 당하고 있는 사정이나 형편.
억압(44:24) 기를 펴지 못하도록 인간의 행동이나 자유 등을 강제로 억누름.
내동댕이치다(44:25) 힘껏 마구 내던져 팽개치다.
한결같다(44:26) 처음부터 끝까지 변함이 없이 같다.
위엄(45:3) 위세가 있어 의젓하고 엄숙한 태도나 기세.

서는 몰약과 침향과 육
계 향기가 풍겨 나고, 상
아궁에서 들리는 현악기
소리가 임금님을 흥겹게
합니다.
9 임금님이 존귀히 여기는
여인들 가운데는 여러 왕
의 딸들이 있고, 임금님
의 오른쪽에 서 있는 왕
후는 오빌의 금으로 단장
하였습니다.
10 왕후님! 듣고 생각하고
귀를 기울이십시오. 왕후
님의 겨레와 아버지의 집
을 잊으십시오.
11 그리하면 임금님께서 그
대의 아름다움에 사로
잡힐 것입니다. 임금님이
그대의 주인이시니, 그대
는 임금님을 높이십시오.
12 두로의 사신들이 선물을
가져오고, 가장 부유한
백성들이 그대의 총애를
구합니다.
13 왕후님은 금실로 수놓은
옷을 입고, 구중궁궐에
서 온갖 영화를 누리니,
14 오색찬란한 옷을 차려입
고 임금님을 뵈러 갈 때
에, 그 뒤엔 들러리로 따
르는 처녀들이 줄을 지
을 것이다.
15 그들이 기뻐하고 즐거워
하면서 안내를 받아, 왕
궁으로 들어갈 것이다.
16 임금님, 임금님의 아드님
들은 조상의 뒤를 이을
것입니다. 임금님께서는,

그들을 온 세상의 통치자
들이 되게 하실 것입니다.
17 내가 사람들로 하여금
임금님의 이름을 대대로
기억하게 하겠사오니, 그
들이 임금님을 길이길이
찬양할 것입니다.

46편 히스기야 왕이 다스릴 당시 유다가 앗시리아의 침략을 받은 사건을 이야기하고 있습니다. 시인은 전쟁의 소용돌이 속에서 적들에게 포위를 당할 때도 하나님이 지켜 주실 것을 확신하고 있습니다.

하나님은 우리의 피난처

[지휘자를 따라 알라못에 맞추어 부르는 노래,
고라 자손의 시]

1 하나님은 우리의 피난처
이시며, 우리의 힘이시며,
어려운 고비마다 우리 곁
에 계시는 구원자이시니,
2 땅이 흔들리고 산이 무
너져 바다 속으로 빠져
들어도, 우리는 두려워하
지 않는다.
3 물이 소리를 내면서 거
품을 내뿜고 산들이 노
하여서 뒤흔들려도, 우
리는 두려워하지 않는다.
(셀라)
4 오, 강이여! 그대의 줄기
들이 하나님의 성을 즐겁
게 하며, 가장 높으신 분
의 거룩한 처소를 즐겁
게 하는구나.
5 하나님이 그 성 안에 계
시니, 그 성이 흔들리지
않는다. 동틀녘에 하나님

단어
몰약(45:8) 아라비아, 아프리카 지방에서 자라는 감람과 나무. 즙을 내 향료나 의료품으로 쓴다.
침향(45:8) 향료의 일종으로 침향목에서 뽑아낸 물질. 방부제로도 사용하는 고급 향료에 속한다.
총애(45:12) 유난히 귀여워하고 사랑함.
구중궁궐(45:13) 문으로 겹겹이 막은 깊은 궁궐.

이 도와주신다.
6 민족들이 으르렁거리고
왕국들이 흔들리는데,
주님이 한 번 호령하시면
땅이 녹는다.
7 만군의 주님이 우리와 함
께 계신다. 야곱의 하나
님이 우리의 피난처시다.
(셀라)
8 땅을 황무지로 만드신 주
님의 놀라운 능력을 와
서 보아라.
9 땅 끝까지 전쟁을 그치게
하시고, 활을 부러뜨리고
창을 꺾고 방패를 불사르
신다.
10 너희는 잠깐 손을 멈추고,
내가 하나님인 줄 알아
라. 내가 뭇 나라로부터
높임을 받는다. 내가 이
땅에서 높임을 받는다.
11 만군의 주님이 우리와 함
께 계신다. 야곱의 하나
님이 우리의 피난처시다.
(셀라)

47편 하나님의 왕권을 찬양하는 내용으로, 매년 첫날 하나님께 예배드릴 때 불렀던 찬송시입니다. 하나님의 백성이 되었음에 감사하고 하나님께 영광을 돌릴 것을 권하고 있습니다.

하나님이 만민을 다스리신다

[지휘자를 따라 부르는 노래, 고라 자손의 시]

1 만백성아, 손뼉을 쳐라.
하나님께 기쁨의 함성을
외쳐라.
2 주님은 두려워할 지존자
이시며, 온 땅을 다스리
는 크고도 큰 왕이시다.
3 주님은 만백성을 우리에
게 복종케 하시고, 뭇 나

라를 우리 발 아래 무릎
꿇게 하신다.
4 주님은 우리에게 땅을 선
택해 주셨다. 이 땅은 주
님께서 사랑하시는 야곱
의 자랑거리였다. (셀라)
5 환호 소리 크게 울려 퍼
진다. 하나님이 보좌에
오르신다. 나팔 소리 크
게 울려 퍼진다. 주님이
보좌에 오르신다.
6 시로 하나님을 찬양하여
라. 시로 찬양하여라. 시
로 우리의 왕을 찬양하
여라. 시로 찬양하여라.
7 하나님은 온 땅의 왕이시
니, 정성을 다하여 찬양
하여라.
8 하나님은 뭇 나라를 다
스리는 왕이시다. 하나님
이 그의 거룩한 보좌에
앉으셨다.
9 온 백성의 통치자들이 아
브라함의 하나님의 백성
이 되어 다 함께 모였다.
열강의 군왕들은 모두
주님께 속하였다. 하나님
은 지존하시다.

48편 하나님의 거룩한 성인 '시온 성'을 노래한 시입니다. 하나님이 지키시기에 안전한 성인 시온은 예루살렘 성읍을 가리키지만, 넓은 뜻으로 보면 '하나님이 다스리시는 모든 세계'를 말합니다.

하나님의 성, 시온

[고라 자손의 시 곧 노래]
1 주님은 위대하시니, 우리

단어
황무지(46:8) 사람이 손을 대지 않고 그냥 내버려둔 거칠고 쓸모없는 땅.
지존자(47:2) 다른 사람이 대적할 수 없을 정도로 어떤 분야에서 뛰어난 사람.
열강(47:9) 국제 관계에서 강력한 권한을 행사하는 여러 강국.

하나님의 성에서 그의
거룩한 산에서 그지없이
찬양을 받으실 분이시
다.
2 우뚝 솟은 아름다운 봉
우리, 온 누리의 기쁨이
로구나. 자폰 산의 봉우
리 같은 시온 산은, 위대
한 왕의 도성,
3 하나님은 그 성의 여러
요새에서, 자신이 피난처
이심을 스스로 알리셨다.
4 보아라, 이방 왕들이 함
께 모여 맹렬히 쳐들어
왔다가
5 시온 산을 보자 마자 넋
을 잃고, 혼비백산하여
도망쳤다.
6 거기에서 그들이 큰 두
려움에 사로잡혔으니, 고
통당하는 그들의 모습이
해산하는 여인과 같고
7 동풍에 파산되는 다시스
의 배와도 같았다.
8 우리가 들은 바 그대로,
우리는 만군의 주님께서
계신 성, 우리 하나님의
성에서 보았다. 하나님께
서 이 성을 영원히 견고
하게 하신다. (셀라)
9 하나님, 하나님의 성전
안에서 우리가 하나님의
한결같은 사랑을 되새겨
보았습니다.
10 하나님, 주님의 명성에
어울리게, 주님을 찬양
하는 소리도 땅 끝까지
퍼졌습니다. 하나님의 오

큰손에는 구원의 선물이
가득 차 있습니다.
11 주님, 주님의 구원의 능
력으로 시온 산이 즐거워
하고, 유다의 딸들이 기
뻐서 외칩니다.
12 너희는 시온 성을 돌면
서, 그 성을 둘러보고,
그 망대를 세어 보아라.
13 너희는 그 성벽을 자세히
보고, 그 궁궐을 찾아가
살펴보고, 그 영광을 전
해 주어라.
14 "하나님께서 영원토록 우
리의 하나님이시니, 영
원토록 우리를 인도하여
주신다" 하여라.

49편 자신을 믿으며 재물을 의지하고 사는 어리석은 사람은 죽음의 끝을 보게 되지만, 의인은 하나님이 죽음에서 건져 주신다고 말하고 있습니다. 하나님보다 재물을 더 의지해서는 안 됩니다.

부유함을 의지하지 말아라

[지휘자를 따라 부르는 노래, 고라 자손의 시]

1 만민들아, 이 말을 들어
라. 이 세상에 사는 만백
성아 모두 귀를 기울여라.
2 낮은 자도 높은 자도, 부
자도 가난한 자도 모두
귀를 기울여라.
3 내 입은 지혜를 말하고,
내 마음은 명철을 생각
한다.
4 내가 비유에 귀를 기울
이고, 수금을 타면서 내
수수께끼를 풀 것이다.

단어
피난처(48:3) 위험이나 고통에서 피하거나 보호를 받을 수 있는 곳.
맹렬하다(48:4) 기운이나 기세가 몹시 사납고 세차다.
혼비백산(48:5) 혼백이 사방으로 흩어진다는 뜻으로, 놀라거나 혼이 나서 넋을 잃음을 이르는 말.
망대(48:12) 주위를 살피기 위해 높이 세워 둔 대.

5 나를 비방하는 자들이
나를 에워싸는 그 재난
의 날을, 내가 어찌 두려
워하리오.
6 자기의 재물을 의지하는
자들과 돈이 많음을 자
랑하는 자들을, 내가 어
찌 두려워하리오.
7 아무리 대단한 부자라
하여도 사람은 자기의 생
명을 속량하지 못하는
법, 하나님께 속전을 지
불하고 생명을 속량할
사람은 아무도 없다.
8 생명을 속량하는 값은
값으로 매길 수 없이 비
싼 것이어서, 아무리 벌
어도 마련할 수 없다.
9 죽음을 피하고 영원히
살 생각도 하지 말아라.
10 누구나 볼 수 있다. 지혜
있는 사람도 죽고, 어리
석은 자나 우둔한 자도
모두 다 죽는 것을! 평생
모은 재산마저 남에게 모
두 주고 떠나가지 않는
가!
11 사람들이 땅을 차지하여
제 이름으로 등기를 해
두었어도 그들의 영원한
집, 그들이 영원히 머물
곳은 오직 무덤뿐이다.
12 사람이 제아무리 영화를
누린다 해도 죽음을 피
할 수는 없으니, 미련한
짐승과 같다.
13 이것이 자신을 믿는 어리
석은 자들과 그들의 말

을 기뻐하며 따르는 자들
의 운명이다.
14 그들은 양처럼 스올로
끌려가고, '죽음'이 그들
의 목자가 될 것이다. 아
침이 오면 정직한 사람은
그들을 다스릴 것이다.
그들의 아름다운 모습은
시들고, 스올이 그들의
거처가 될 것이다.
15 그러나 하나님은 분명히
내 목숨을 건져 주시며,
스올의 세력에서 나를 건
져 주실 것이다. (셀라)
16 어떤 사람이 부자가 되더
라도, 그 집의 재산이 늘
어나더라도, 너는 스스
로 초라해지지 말아라.
17 그도 죽을 때에는 아무
것도 가지고 가지 못하
며, 그의 재산이 그를 따
라 내려가지 못한다.
18 비록 사람이 이 세상에
서 흡족하게 살고 성공
하여 칭송을 받는다 하
여도,
19 그도 마침내 자기 조상
에게로 돌아가고 만다.
영원히 빛이 없는 세상으
로 돌아가고 만다.
20 사람이 제아무리 위대
하다 해도, 죽음을 피할
수는 없으니, 미련한 짐
승과 같다.

단어
비방하다(49:5) 헐뜯고 비난하여 말하다.
우둔하다(49:10) 어리석고 둔하다.
등기(49:11) 권리, 재산, 신분 등에 관련된 사실이나 관계를 등기부에 기재하는 일.
흡족하다(49:18) 조금도 모자람이 없이 넉넉하여 만족함을 느끼는 상태에 있다.

50편

레위 찬양대의 대장인 아삽이 지은 시입니다. 경배를 받으시기에 합당하신 하나님께 참된 마음으로 예배해야 함을 교훈하고 있습니다. 하나님은 예배자의 정직한 마음과 따뜻한 삶의 모습을 받으십니다.

하나님이 기뻐하시는 것

[아삽의 노래]

1 전능하신 분, 주 하나님께서 말씀하시어, 해가 돋는 데서부터 해 지는 데까지, 온 세상을 불러 모으신다.

2 더없이 아름다운 시온으로부터 하나님께서 눈부시게 나타나신다.

3 우리 하나님은 오실 때에, 조용조용 오시지 않고, 삼키는 불길을 앞세우시고, 사방에서 무서운 돌풍을 일으키면서 오신다.

4 당신의 백성을 판단하시려고, 위의 하늘과 아래의 땅을 증인으로 부르신다.

5 "나를 믿는 성도들을 나에게로 불러모아라. 희생제물로 나와 언약을 세운 사람들을 나에게로 불러모아라."

6 하늘이 주님의 공의를 선포함은, 하나님, 그분만이 재판장이시기 때문이다. (셀라)

7 "내 백성아, 들어라. 내가 말한다. 이스라엘아, 내가 너희에게 경고하겠다. 나는 하나님, 너희의 하나님이다.

8 나는 너희가 바친 제물

을 두고 너희를 탓하지는
않는다. 너희는 한 번도
거르지 않고 나에게 늘
번제를 바쳤다.
9 너희 집에 있는 수소나 너
희 가축우리에 있는 숫염
소가 내게는 필요 없다.
10 숲 속의 뭇 짐승이 다 나
의 것이요, 수많은 산짐
승이 모두 나의 것이 아
니더냐?
11 산에 있는 저 모든 새도
내가 다 알고 있고, 들에
서 움직이는 저 모든 생
물도 다 내 품 안에 있다.
12 내가 배고프다고 한들,
너희에게 달라고 하겠느
냐? 온 누리와 거기 가
득한 것이 모두 나의 것
이 아니더냐?
13 내가 수소의 고기를 먹
으며, 숫염소의 피를 마
시겠느냐?
14 감사제사를 하나님께 드
리며, 너희의 서원한 것
을 가장 높으신 분에게
갚아라.
15 그리고 재난의 날에 나
를 불러라. 내가 너를 구
하여 줄 것이요, 너는 나
에게 영광을 돌리게 될
것이다."
16 하나님께서 악인들에게
말씀하신다. "너희는 어

단어
더없다(50:2) 그 위에 더할 나위가 없다.
공의(50:6) 공평하고 의로운 도의.
탓하다(50:8) 꾸짖어 나무라거나 원망하다.
뭇(50:10) 하나가 아닌 여러.
서원하다(50:14) 하나님께 은혜를 구하고, 그 보답으로 어떤 선행을 하겠다고 맹세하다.

찌하여 감히 내 법도를
전파하며, 내 언약의 말
을 감히 너의 입에서 읊
조리느냐?
17 너희는 내 교훈을 역겨워
하고, 나의 말을 귓전으
로 흘리고 말았다.
18 도둑을 만나면 곧 그와
친구가 되고, 간음하는
자를 만나면 곧 그와 한
패거리가 되었다.
19 입으로 악을 꾸며내고,
혀로는 거짓을 지어내었
다.
20 동기간의 허물을 들추어
내어 말하고 한 어머니에
게서 태어난 동기들을 비
방하였다.
21 이 모든 일을 너희가 저
질렀어도 내가 잠잠했더
니, 너희는 틀림없이, '내
가' 너희와 같은 줄로 잘
못 생각하는구나. 이제
나는 너희를 호되게 꾸짖
고, 너희의 눈 앞에 너희
의 죄상을 낱낱이 밝혀
보이겠다.
22 하나님을 잊은 자들아,
이 모든 것을 깨달아라.
그렇지 않으면, 내가 너희
를 찢을 때에 구하여 줄
자가 없을까 두렵구나.
23 감사하는 마음으로 제물
을 바치는 사람이 나에
게 영광을 돌리는 사람
이니, 올바른 길을 걷는
사람에게, 내가 나의 구
원을 보여 주겠다."

51편

다윗이 밧세바 사건으로 나단 예언자에게 책망을 받고, 자신의 추악한 죄를 철저히 회개하며 지은 시입니다. 자신의 마음과 영혼을 변화시켜 주시길 간절히 구하며 온전한 제사를 드리겠다고 기도하고 있습니다.

용서를 비는 기도

[지휘자를 따라 부르는 다윗의 노래, 다윗이 밧세바와 정을 통한 뒤에, 예언자 나단이 그를 찾아왔을 때에 뉘우치고 지은 시]

1 하나님, 주님의 한결같은 사랑으로 내게 자비를 베풀어 주십시오. 주님의 크신 긍휼을 베푸시어 내 반역죄를 없애 주십시오.

2 내 죄악을 말끔히 씻어 주시고, 내 죄를 깨끗이 없애 주십시오.

3 나의 반역을 내가 잘 알고 있으며, 내가 지은 죄가 언제나 나를 고발합니다.

4 주님께만, 오직 주님께만, 나는 죄를 지었습니다. 주님의 눈 앞에서, 내가 악한 짓을 저질렀으니, 주님의 판결은 옳으시며 주님의 심판은 정당합니다.

5 실로, 나는 죄 중에 태어났고, 어머니의 태 속에 있을 때부터 죄인이었습니다.

6 마음 속의 진실을 기뻐하시는 주님, 제 마음 깊은 곳에 주님의 지혜를 가르쳐 주셨습니다.

단어

읊조리다(50:16) 뜻을 새기면서 낮은 목소리로 읊다.
역겹다(50:17) 속에 구역질이 날 만큼 거슬리게 싫다.
동기간(50:20) 형제자매 사이.
죄상(50:21) 어떤 범죄의 구체적인 내용. 또는 죄를 저지른 실제 상황.
정당하다(51:4) 이치에 맞아 바르고 마땅하다.

7 우슬초로 나를 정결케
해주십시오. 내가 깨끗하
게 될 것입니다. 나를 씻
어 주십시오. 내가 눈보
다 더 희게 될 것입니다.
8 기쁨과 즐거움의 소리를
들려주십시오. 주님께서
꺾으신 뼈들도, 기뻐하며
춤출 것입니다.
9 주님의 눈을 내 죄에서
돌리시고, 내 모든 죄악
을 없애 주십시오.
10 아, 하나님, 내 속에 깨
끗한 마음을 창조하여
주시고 내 속을 견고한
심령으로 새롭게 하여
주십시오.
11 주님 앞에서 나를 쫓아
내지 마시며, 주님의 성
령을 나에게서 거두어 가
지 말아 주십시오.
12 주님께서 베푸시는 구원
의 기쁨을 내게 회복시
켜 주시고, 내가 지탱할
수 있도록 내게 자발적인
마음을 주십시오.
13 반역하는 죄인들에게 내
가 주님의 길을 가르치게
하여 주십시오. 죄인들
이 주님께로 돌아올 것입
니다.
14 하나님, 나를 구원하시
는 하나님, 내가 살인죄
를 짓지 않게 지켜 주십
시오. 내 혀가 주님의 의
로우심을 소리 높여 외
칠 것입니다.
15 주님, 내 입술을 열어 주

십시오. 주님을 찬양하
는 노래를 내 입술로 전
파하렵니다.
16 주님은 제물을 반기지 않
으시며, 내가 번제를 드
리더라도 기뻐하지 않으
십니다.
17 하나님께서 원하시는 제
물은 찢겨진 심령입니다.
오, 하나님, 주님은 찢겨
지고 짓밟힌 마음을 멸
시하지 않으십니다.
18 주님의 은혜로 시온을
잘 돌보아주시고, 예루
살렘 성벽을 견고히 세워
주십시오.
19 그 때에 주님은 올바른
제사와 번제와 온전한
제물을 기쁨으로 받으실
것이니, 그 때에 사람들
이 주님의 제단 위에 수
송아지를 드릴 것입니다.

52편 이 시의 배경은 사울에게 쫓기던 다윗을 도와준 아히멜렉과 그 무리가 도엑의 고발로 죽게 된 사건입니다. 악한 일을 하고 남을 해치는 자에게 임할 하나님의 보응을 선포하며 의인의 길을 갈 것을 다짐합니다.

하나님께서 통제하신다

[지휘자를 따라 부르는 다윗의 마스길, 에돔 사람 도엑이 사울에게로 가서 다윗이 아히멜렉의 집에 와 있다고 알렸을 무렵에 다윗이 지은 시]

1 오, 용사여, 너는 어찌하
여 악한 일을 자랑하느
냐? 너는 어찌하여 경건
한 사람에게 저지른 악
한 일을 쉬임 없이 자랑

단어
우슬초(51:7) 꿀풀과에 속하는 향기로운 식물.
성령(51:11) 성삼위 중의 하나인 하나님의 영.
지탱하다(51:12) 오래 버티거나 배겨 내게 하다.
자발적(51:12) 남에게 의존하지 않고 자기 스스로 나서서 하는 것.
반역하다(51:13) 자신의 국가, 민족, 정의를 배반하다.

하느냐?
2 너, 속임수의 명수야, 너
의 혀는 날카로운 칼날처
럼, 해로운 일만 꾸미는
구나.
3 너는 착한 일보다 악한
일을 더 즐기고, 옳은 말
보다 거짓말을 더 사랑
하는구나. (셀라)
4 너, 간사한 인간아, 너는 남
을 해치는 말이라면, 무슨
말이든지 좋아하는구나.
5 하나님께서 너를 넘어뜨
리고, 영원히 없애 버리
실 것이다. 너를 장막에
서 끌어내어 갈기갈기 찢
어서, 사람 사는 땅에서
영원히 뿌리 뽑아 버리실
것이다. (셀라)
6 의인이 그 꼴을 보고, 두
려운 마음을 가지고 비
웃으며 이르기를
7 "저 사람은 하나님을 자
기의 피난처로 삼지 않
고, 제가 가진 많은 재산
만을 의지하며, 자기의
폭력으로 힘을 쓰던 자
다" 할 것이다.
8 그러나 나는 하나님의 집
에서 자라는 푸른 잎이
무성한 올리브 나무처럼,
언제나 하나님의 한결같
은 사랑만을 의지하련다.
9 주님께서 하신 일을 생각
하며, 주님을 영원히 찬
양하렵니다. 주님을 믿는
성도들 앞에서, 선하신
주님의 이름을 우러러 기

리렵니다.

53편 어리석은 사람은 어디에나 계신 하나님을 알지 못하고, 오히려 하나님이 없다고 잘못된 주장을 합니다. 하나님을 경외하지 않는 사람은 하나님 보시기에 악한 자이며, 그들은 결국 모두 멸망하게 될 것을 경고합니다.

아무도 하나님을 무시하지 못한다

[지휘자를 따라 마할랏에 맞추어 부르는 노래, 다윗의 마스길]

1 어리석은 사람은 마음
속으로 "하나님이 없다"
하는구나. 그들은 한결
같이 썩어서 더러우니,
바른 일 하는 사람 아무
도 없구나.
2 하나님께서는 하늘에서
사람을 굽어보시면서, 지
혜로운 사람이 있는지,
하나님을 찾는 사람이
있는지를 살펴보신다.
3 너희 모두는 다른 길로
빗나가서 하나같이 썩었
으니, 착한 일 하는 사람
이 하나도 없구나.
4 죄악을 행하는 자는 다
무지한 자냐? 그들이 밥
먹듯이 내 백성을 먹으면
서 나 하나님을 부르지
않는구나.
5 하나님이 경건하지 못한
자들의 뼈를 흩으셨기에,
그들은 두려움이 없는
곳에서도 크게 두려워할
것이다. 하나님이 그들을
물리치셨으니, 그들이 수
치를 당할 것이다.

단어
명수(52:2) 훌륭한 소질이나 솜씨를 갖춘 사람.
간사하다(52:4) 바르지 못하고 간교하다.
갈기갈기(52:5) 여러 가닥으로 찢어진 모양을 나타내는 말.
밥먹듯이(53:4) 같은 일을 자주 또는 반복해서 하는 모양을 비유적으로 이르는 말.

6 하나님, 시온에서 나오셔
서, 이스라엘을 구원해
주십시오!
하나님께서 당신의 백성
을 그들의 땅으로 되돌려
보내실 때에, 야곱은 기
뻐하고, 이스라엘은 즐거
워할 것이다.

54편 십 사람들이 다윗을 배반하고 사울에게 다윗이 숨은 곳을 알려주어 목숨이 위태롭게 되자, 다윗은 하나님께 구원해 달라고 기도합니다. 그는 구원의 확신을 가졌고, 하나님께 미리 감사를 드리며 기뻐합니다.

환난 때에 하나님을 신뢰함

[지휘자를 따라 현악기에 맞추어 부르는 노래, 다윗의 마스길, 십 사람 몇이 사울에게로 가서 다윗이 자기들에게로 와서 숨어 있다고 밀고하였을 때에 다윗이 지은 시]

1 하나님, 주님의 이름으로
나를 구원하시고, 주님
의 권세로 나의 정당함
을 변호하여 주십시오.
2 하나님, 나의 기도를 들
으시고, 이 입으로 아뢰
는 말씀에 귀를 기울여
주십시오.
3 무법자들이 일어나 나를
치며, 폭력배들이 내 목
숨을 노립니다. 그들은
하나같이 하나님을 안중
에도 두지 않는 자들입니
다. (셀라)
4 그러나 하나님은 나를
돕는 분이시며, 주님은
내게 힘을 북돋우어 주
는 분이시다.
5 원수가 나에게 악한 짓을
하였으니, 주님이 내 원
수를 갚아 주실 것이다.
주님의 진실하심을 다하

여 그들을 전멸시켜 주시
기를 빈다.
6 내가 즐거운 마음으로 주
님께 제물을 드립니다. 주
님, 내가 주님의 선하신
이름에 감사를 드립니다.
7 주님이 나를 모든 재난에
서 건져 주셨으며, 나의
이 눈으로, 원수들의 멸
망을 보았기 때문입니다.

55편 다윗은 친구들의 배신과 박해로 어려움에 처했을 때, 하나님께 도움을 구하면서 의로운 심판을 기다립니다. 배신의 아픔도 하나님께 맡긴 그는 원수들이 징계 받을 것과 자신의 구원을 확신하게 됩니다.

친구에게 배신당함

[지휘자를 따라 현악기에 맞추어 부르는 다윗
의 마스길]
1 하나님, 내 기도에 귀를
기울여 주십시오. 나의
간구를 외면하지 말아
주십시오.
2 나를 굽어보시고, 응답
하여 주십시오. 한 맺힌
탄식을 가눌 길이 없어
서, 나는 분노에 떨고 있
습니다.
3 저 원수들이 나에게 악
담을 퍼붓고, 저 악인들
이 나를 억누르기 때문
입니다. 진실로, 그들은
나에게 재앙을 쏟으며,
나에게 원한 맺힌 마음
으로 분노를 터뜨립니다.
4 내 마음은 진통하듯 뒤
틀려 찢기고, 죽음의 공

단어
안중(54:3) 생각이나 관심의 범위나 대상.
전멸시키다(54:5) 전투 등을 통해 망하게 하거나 죽이거나 하여 모두 완전히 없애다.
탄식(55:2) 근심이나 원망으로 한탄하여 숨을 내쉼.
원한(55:3) 억울하고 원통한 일을 당하여 원망과 한이 응어리진 마음.

포가 나를 엄습합니다.
5 두려움과 떨림이 나에게
밀려오고, 몸서리치는 전
율이 나를 덮습니다.
6 나는 말하기를 "나에게
비둘기처럼 날개가 있다
면, 그 날개를 활짝 펴고
날아가서 나의 보금자리
를 만들 수 있으련만.
7 내가 멀리멀리 날아가서,
광야에서 머무를 수도
있으련만. (셀라)
8 광풍과 폭풍을 피할 은
신처로 서둘러서 날아갈
수도 있으련만" 하였다.
9 아, 주님, 그들이 사는 성
에는, 보이느니 폭력과
분쟁뿐입니다. 그들을 말
끔히 없애 버리시고, 그
들의 언어가 혼잡하게 되
도록 하여 주십시오.
10 그들이 밤낮으로 성벽
위를 돌아다니니 그 성
안에는 죄악과 고통이
가득 차 있구나.
11 파괴가 그 성 안에서 그
치지 아니하고, 억압과
속임수가 그 광장에서 떠
나지 않는구나.
12 나를 비난하는 자가 차
라리, 내 원수였다면, 내
가 견딜 수 있었을 것이
다. 나를 미워하는 자가
차라리, 자기가 나보다
잘났다고 자랑하는 내
원수였다면, 나는 그들
을 피하여서 숨기라도 하
였을 것이다.

13 그런데 나를 비난하는
자가 바로 너라니! 나를
미워하는 자가 바로, 내
동료, 내 친구, 내 가까
운 벗이라니!
14 우리는 함께 두터운 우
정을 나누며, 사람들과
어울려 하나님의 집을 드
나들곤 하였다.
15 그들이 머무르는 곳, 그
곳에는 언제나 악이 넘쳐
흐르는구나. 죽음아, 그
들을 덮쳐라. 산 채로 그
들을 음부로 데리고 가거
라!
16 나는 오직 하나님께 부
르짖을 것이니, 주님께서
나를 건져 주실 것이다.
17 저녁에도 아침에도 한낮
에도, 내가 탄식하면서
신음할 것이니, 내가 울
부짖는 소리를 주님께서
들으실 것이다.
18 나를 대적하는 자들이
참으로 많아도, 주님께서
는, 나에게 덤벼드는 자
들에게서, 내 생명 안전
하게 지켜 주실 것이다.
19 아주 먼 옛날부터, 보좌
에 앉아 계시는 하나님
께서 나의 부르짖음 들으
시고, 응답하실 것이다.
(셀라) 마음을 고치지도
아니하며 하나님을 두려

단어

몸서리치다(55:5) 아주 무섭거나 지겹도록 싫증이 나서 몸을 떨다.

전율(55:5) 두려움으로 인하여 몸이 벌벌 떨림.

은신처(55:8) 몸을 숨기는 곳.

분쟁(55:9) 서로 시끄럽게 다투다.

두텁다(55:14) 정이나 사귐, 신뢰가 굳고 깊다.

워하지도 아니하는 그들
을 치실 것이다.
20 나의 옛 친구가 손을 뻗
쳐서, 가장 가까운 친구
를 치는구나. 그들과 맺
은 언약을 깨뜨리고 욕되
게 하는구나.
21 그의 입은 엉긴 젖보다
더 부드러우나, 그의 마
음은 다툼으로 가득 차
있구나. 그의 말은 기름보
다 더 매끄러우나, 사실
은 뽑아 든 비수로구나.
22 너희의 짐을 주님께 맡겨
라. 주님이 너희를 붙들
어 주실 것이니, 주님은,
의로운 사람이 망하도록,
영영 그대로 버려두지 않
으실 것이다.
23 하나님, 주님께서는 반드
시 그들을 멸망의 구덩이
로 내려가게 하실 것입니
다. 피 흘리기를 좋아하
고, 속이기를 좋아하는
자들은 자기 목숨의 절
반도 살지 못하게 될 것
입니다. 그러기에 나는
주님만 의지하렵니다.

56편 다윗이 사울을 피해 이스라엘과 전쟁 중인 블레셋에 도망가 있을 때 지은 시입니다. 그 누구도 자신을 해칠 수 없음을 확신한 다윗의 담대한 믿음의 고백이 잘 나타나 있습니다.

하나님을 신뢰하는 기도

[지휘자를 따라 요낫 엘렘 르호김에 맞추어 부
르는 노래, 다윗의 믹담, 블레셋 사람이 가드에
서 다윗을 붙잡았을 때에 다윗이 지은 시]
1 하나님, 나를 불쌍히 여
겨 주십시오. 사람들이
나를 짓밟습니다. 온종

일 나를 공격하며 억누
릅니다.
2 나를 비난하는 원수들이
온종일 나를 짓밟고 거칠
게 나를 공격하는 자들
이, 참으로 많아지고 있
습니다. 오, 전능하신 하
나님!
3 두려움이 온통 나를 휩
싸는 날에도, 나는 오히
려 주님을 의지합니다.
4 나는 하나님의 말씀만
찬양합니다. 내가 하나님
만 의지하니, 나에게는
두려움이 없습니다. 육체
를 가진 사람이 나에게
감히 어찌하겠습니까?
5 그들은 온종일 나의 말
을 책잡습니다. 오로지
나를 해칠 생각에만 골
몰합니다.
6 그들이 함께 모여 숨어
서 내 목숨을 노리더니,
이제는 나의 걸음걸음을
지켜 보고 있습니다.
7 그들이 악하니, 그들이
피하지 못하게 하여 주십
시오. 하나님, 뭇 민족들
에게 진노하시고 그들을
멸망시켜 주십시오.
8 나의 방황을 주님께서 헤
아리시고, 내가 흘린 눈
물을 주님의 가죽부대에
담아 두십시오. 이 사정

단어
욕되다(55:20) 부끄럽고 명예롭지 못하다.
엉기다(55:21) 액체나 가루가 뭉쳐 굳어지다.
비수(55:21) 날이 매우 날카롭고 길이가 짧은 칼.
책잡다(56:5) 지적하여 비난하거나 꾸짖어 말하다.
골몰하다(56:5) 정신을 다 기울여 다른 생각을 하지 않다.

이 주님의 책에 기록되어
있지 않습니까?
9 내가 주님을 부르면, 원
수들이 뒷걸음쳐 물러갈
것입니다. 하나님은 나의
편이심을 나는 잘 알고
있습니다.
10 하나님을 의지하며 나는
하나님의 말씀만 찬양합
니다. 하나님을 의지하며
나는 주님의 말씀만을
찬양합니다.
11 내가 하나님을 의지하니,
내게 두려움이 없습니다.
사람이 나에게 감히 어
찌하겠습니까?
12 하나님, 내가 주님께 서원
한 그대로, 주님께 감사
의 제사를 드리겠습니다.
13 주님께서 내 생명을 죽
음에서 건져 주시고, 내
가 생명의 빛을 받으면
서, 하나님 앞에서 거닐
수 있게, 내 발을 지켜
주셨기 때문입니다.

57편 블레셋에서 죽음의 위기를 맞은 다윗이 그곳을 탈출해 아둘람과 엔게디 동굴에 숨어 지내며 지은 찬송 시입니다. 다윗이 사람으로 인한 고통을 이기는 방법은 역설적이게도 하나님을 높이고 찬송하는 것이었습니다.

환난 때의 찬양과 신뢰

[지휘자를 따라 알다스헷에 맞추어 부르는 노래, 다윗의 믹담, 사울을 피하여서 동굴로 도망하였을 때에 지은 시]

1 참으로 하나님, 나를 불
쌍히 여겨 주십시오. 불
쌍히 여겨 주십시오. 내
영혼이 주님께로 피합니
다. 이 재난이 지나가기
까지, 내가 주님의 날개

그는 아래로 피합니다.

2 가장 높으신 하나님께 내가 부르짖습니다. 나를 위하여 복수해 주시는 하나님께 내가 부르짖습니다.

3 하늘에서 주님의 사랑과 진실을 보내시어, 나를 구원하여 주십시오. 나를 괴롭히는 자들을 꾸짖어 주십시오. (셀라) 오, 하나님, 주님의 사랑과 진실을 보내어 주십시오.

4 내가 사람을 잡아먹는 사자들 한가운데 누워 있어 보니, 그들의 이는 창끝과 같고, 화살촉과도 같고, 그들의 혀는 날카로운 칼과도 같았습니다.

5 하나님, 하늘 높이 높임을 받으시고, 주님의 영광을 온 땅 위에 떨치십시오.

6 그들은 내 목숨을 노리고, 내 발 앞에 그물을 쳐 놓아 내 기가 꺾였습니다. 그들이 내 앞에 함정을 파 놓았지만, 오히려 그들이 그 함정에 빠져 들고 말았습니다. (셀라)

7 하나님, 나는 내 마음을 정했습니다. 나는 내 마음을 확실히 정했습니다.

단어

서원하다(56:12) 하나님께 은혜를 구하고, 그 보답으로 어떤 선행을 하겠다고 맹세하다.

셀라(57:3) 정확한 뜻은 알 수 없지만, '높임', '중지'라는 뜻의 히브리어 '살랄'에서 유래한 것으로 추측되는 음악 용어.

함정(57:6) 남을 해치려는 계략을 비유하는 말.

내가 가락에 맞추어 노
래를 부르겠습니다.
8 내 영혼아, 깨어나라. 거
문고야, 수금아, 깨어나
라. 내가 새벽을 깨우련
다.
9 주님, 내가 만민 가운데
서 주님께 감사를 드리
며, 뭇 나라 가운데서 노
래를 불러, 주님을 찬양
하렵니다.
10 주님의 한결같은 그 사랑,
너무 높아서 하늘에 이르
고, 주님의 진실하심, 구
름에까지 닿습니다.
11 하나님, 주님은 하늘 높
이 높임을 받으시고, 주
님의 영광 온 땅 위에 떨
치십시오.

58편 악인의 불의한 행동에 대하여 거룩한 분노를 품고, 그들의 멸망을 선포하며 쓴 시입니다. 마침내 악인이 벌을 받고, 의인이 위로받는 미래를 확인하며 오직 하나님을 경외해야 한다는 것을 강조하고 있습니다.

만사가 잘못될 때의 기도

[지휘자를 따라 알다스헷에 맞추어 부르는 노
래, 다윗의 믹담]

1 너희 통치자들아, 너희가
정말 정의를 말하느냐?
너희가 공정하게 사람을
재판하느냐?
2 그렇지 않구나. 너희가
마음으로는 불의를 꾸미
고, 손으로는 이 땅에서
폭력을 일삼고 있구나.
3 악한 사람은 모태에서부
터 곁길로 나아갔으며,
거짓말을 하는 자는 제
어머니 뱃속에서부터 빗
나갔구나.

4 그들은 독사처럼 독기가
서려, 귀를 틀어막은 귀
머거리 살무사처럼.
5 마술사의 홀리는 소리도
듣지 않고, 능숙한 술객
의 요술도 따르지 않는
구나.
6 하나님, 그들의 이빨을
그 입 안에서 부러뜨려
주십시오. 주님, 젊은 사
자들의 송곳니를 부수어
주십시오.
7 그들을 급류처럼 흔적도
없이 사라지게 해주십시
오. 겨누는 화살이 꺾인
화살이 되게 해주십시오.
8 움직일 때 녹아내리는 달
팽이같이 되게 해주십시
오. 달을 채우지 못한 미
숙아가 죽어서 나와 햇
빛을 못 보는 것같이 되
게 해주십시오.
9 가시나무 불이 가마를
뜨겁게 하기 전에 생것과
불붙은 것이, 강한 바람
에 휩쓸려 가게 해주십
시오.
10 의로운 사람이 악인이
당하는 보복을 목격하고
기뻐하게 하시며, 악인의
피로 그 발을 씻게 해주
십시오.
11 그래서 사람들이 "과연,
의인이 열매를 맺는구나!

단어

가락(57:7) 소리의 높낮이가 길이나 리듬과 서로 어울려 이루어지는 음의 흐름.

능숙하다(58:5) 막히거나 서투른 데가 없이 아주 익숙하다.

급류(58:7) 물살이 급한 강물이나 냇물.

보복(58:10) 남에게 받은 해를 그만큼 되돌려 주는 일.

과연, 이 땅을 심판하시
는 하나님은 살아 계시
는구나!" 하고 말하게 해
주십시오.

59편

사울이 사람을 보내어 다윗을 죽이려고 할 때, 다윗은 하나님이 어떤 분이신지 고백하며, 하나님께 구원을 요청하며 기도했습니다. 하나님의 구원을 기다리며 기쁜 찬송으로 하나님께 영광을 돌렸습니다.

보호를 구하는 기도

[지휘자를 따라 알다스헷에 맞추어 부르는 노
래, 다윗의 믹담, 사울이 다윗을 죽이려고 사
람을 보내어서 그의 집을 감시하고 있을 때에
다윗이 지은 시]

1 나의 하나님, 내 원수들
에게서 나를 구원해 주
시고, 나를 치려고 일어
서는 자들에게서 나를
지켜 주십시오.
2 악을 지어내는 자들로
부터 나를 구해 주시고,
피 흘리기 좋아하는 자
들에게서 나를 건져 주
십시오.
3 그들이 내 목숨을 노리
고 매복해 있습니다. 강
한 자들이 나를 치려고
모여듭니다. 그러나 주님,
나에게 허물이 있는 것
도 아니요, 나에게 큰 죄
가 있는 것도 아닙니다.
4 나에게는 아무런 잘못도
없으나, 그들이 달려와서
싸울 준비를 합니다. 깨
어나 살피시고, 나를 도
와주십시오.
5 주님은 만군의 하나님,
주 이스라엘의 하나님이
십니다. 깨어나셔서 모든
나라를 차별 없이 심판

하시고, 사악한 꾀를 꾸
미는 자들을, 불쌍히 여
기지 마십시오. (셀라)
6 그들은 저녁만 되면 돌
아와서, 개처럼 짖어 대
면서, 성 안을 이리저리
쏘다닙니다.
7 그들은 입에 거품을 물
고, 입술에는 칼을 물고
서 "흥, 누가 들으랴!" 하
고 말합니다.
8 그러나 주님, 주님께서
그들을 보시고 비웃으시
며, 뭇 민족을 조롱하실
것입니다.
9 나의 힘이신 주님, 주님
은, 내가 피할 요새이시
니, 내가 주님만을 바라
봅니다.
10 한결같은 사랑을 베푸시
는 하나님께서 나를 영접
하려고 오실 것이니, 하
나님께서 내 원수가 망
하는 꼴을 나에게 보여
주실 것이다.
11 내 백성이 그들을 잊을
까 두려우니, 그들을 아
주 말살하지는 말아 주
십시오. 우리의 방패이신
주님, 주님의 능력으로
그들을 흔드시고, 그들
을 낮추어 주십시오.
12 죄가 그들의 입에 있고
그들의 입술에서 나오는

단어

매복하다(59:3) 상대편을 불시에 습격하거나 살피려고 몰래 숨다.
사악하다(59:5) 간사하고 악독하다.
조롱하다(59:8) 비웃거나 얕보고 놀리다.
말살하다(59:11) 사람이 존재하는 사실이나 사물을 아주 없애 버리다.

말은 모두 죄로 가득 찼
습니다. 그들의 오만이
그들을 사로잡는 덫이 되
게 해주십시오. 그들이
저주와 거짓말만 늘어놓
고 있으니,
13 주님의 진노로 그들을
멸하여 주십시오. 하나
도 남김없이 멸하여 주십
시오. 하나님께서 야곱
을 다스리고 계심을 땅
끝까지 알려 주십시오.
(셀라)
14 그들은 저녁만 되면 돌
아와서, 개처럼 짖어 대
면서, 성 안을 이리저리
쏘다닙니다.
15 그들은 먹을 것을 찾아
서 돌아다니다가, 배를
채우지 못하면, 밤새도록
으르렁거립니다.
16 그러나 나는 나의 힘 되
신 주님을 찬양하렵니다.
내가 재난을 당할 때에,
주님은 나의 요새, 나의
피난처가 되어 주시기에,
아침마다 주님의 한결같
은 사랑을 노래하렵니다.
17 나의 힘이신 주님, 내가
주님을 찬양하렵니다.
"하나님은 내가 피할 요
새, 나를 한결같이 사랑
하시는 분."

60편 이스라엘이 에돔과의 싸움에서 졌다는 소식을 들었을 때 드린 다윗의 기도입니다. 패배한 이유가 하나님이 분노하여 자신을 버리셨기 때문이라고 생각하지만 다시 승리하게 해주실 하나님을 믿고 찬양을 드렸습니다.

하나님을 의존하여라

[다윗이 교훈을 하려고 지은 믹담, 지휘자를

따라 수산 에듯에 맞추어 부르는 노래, 다윗이
'아람 나하라임'과 '아람 소바'와 싸울 때에 요
압이 돌아와서 '소금 골짜기'에서 에돔 군 만
이천 명을 죽였다. 그 때에 다윗이 지은 시]

1 하나님, 주님께서 우리를 내버리시고, 흩으시고, 우리에게 노하셨으나, 이제는 우리를 회복시켜 주십시오.

2 주님께서 땅을 흔드시고 갈라지게 하셨으니, 이제는 그 갈라지고 깨어진 틈을 메워 주시어서, 땅이 요동치 않게 해주십시오.

3 주님께서 주님의 백성에게 곤란을 겪게 하시고, 포도주를 먹여 비틀거리게 하셨습니다.

4 활을 쏘는 자들에게서 피하여 도망치도록, 깃발을 세워서 주님을 경외하는 사람들을 인도해 주십시오. (셀라)

5 주님의 오른손을 내미셔서, 주님께서 사랑하시는 사람을 구원하여 주십시오. 우리에게 응답하여 주십시오.

6 하나님께서 성소에서 이렇게 말씀하셨습니다. "내가 크게 기뻐하면서 뛰어놀겠다. 내가 세겜을 나누고, 숙곳 골짜기를

단어

오만(59:12) 태도나 행동 따위가 방자하고 건방짐.
쏘다니다(59:14) 여기저기 마구 다니다.
요동하다(60:2) 흔들려 움직이다.
곤란(60:3) 사정이 몹시 딱하고 어려움.
성소(60:6) 제사장이 하나님께 제물을 바치고 의식을 행하던 거룩한 곳.

측량하겠다.
7 길르앗도 나의 것이요,
므낫세도 나의 것이다.
에브라임은 내 머리에 쓰
는 투구요, 유다는 나의
통치 지팡이이다.
8 그러나 모압은 나의 세숫
대야로 삼고, 에돔에는
나의 신을 벗어 던져 그
것이 나의 소유임을 밝히
겠다. 내가 블레셋을 격
파하고, 승전가를 부르
겠다."
9 누가 나를 견고한 성으
로 데리고 가며, 누가 나
를 에돔까지 인도합니
까?
10 하나님, 우리를 정말로
내버리신 것입니까? 주
님께서 우리의 군대와
함께 나아가지 않으시렵
니까?
11 사람의 도움이 헛되니, 어
서 우리를 도우셔서, 원
수들을 물리쳐 주십시오.
12 하나님께서 우리와 함께
계시면, 우리는 승리를
얻을 것이다. 그가 우리
의 원수들을 짓밟을 것
이다.

61편 아들 압살롬의 반역으로 예루살렘을 떠난 다윗이 위기 속에서도 하나님을 절대적으로 의지하며 고백하는 시입니다. 하나님이 자신을 이스라엘의 왕으로 세우시고 지켜 주실 것을 믿고 찬양하고 있습니다.

하나님의 보호를 받으며

[지휘자를 따라 현악기에 맞추어 부르는 노래, 다윗의 시]

1 하나님, 내가 부르짖는
소리를 들으시고, 내 기

도 소리를 귀담아 들어
주십시오.
2 내 마음이 약해질 때, 땅
끝에서 주님을 부릅니다.
내 힘으로 오를 수 없는
저 바위 위로 나를 인도
하여 주십시오.
3 주님은 나의 피난처시요,
원수들에게서 나를 지
켜 주는 견고한 망대이십
니다.
4 내가 영원토록 주님의 장
막에 머무르며, 주님의
날개 아래로 피하겠습니
다. (셀라)
5 주님은 나의 하나님, 주
님께서 내 서원을 들어주
시고, 주님의 이름을 경
외하는 사람이 받을 유
업을 내게 주셨습니다.
6 왕의 날을 더하여 주시
고, 왕의 해를 더하여 주
셔서, 오래오래 살게 하
여 주시기를 원합니다.
7 주님 앞에서 우리 왕이
오래도록 왕위에 앉아 있
게 하시고, 주님의 한결
같은 사랑과 진리로 우리
왕을 지켜 주시기를 원합
니다.
8 그 때에 나는 주님의 이
름을 영원토록 노래하며,
내가 서원한 바를 날마
다 이루겠습니다.

단어

측량하다(60:6) 길이, 넓이, 거리, 높이, 깊이 따위를 재어 헤아리다.
격파하다(60:8) 쳐서 없애거나 무찌르다.
승전가(60:8) 싸움이나 경기에 이기고 부르는 노래.
망대(61:3) 주위를 살피기 위해 높이 세워 둔 대.
유업(61:5) 선대로부터 물려받은 사업.

62편 압살롬의 반역을 겪으면서도 다윗은 하나님만을 절대적으로 신뢰했습니다. 그리고 하나님의 구원을 바라는 백성들에게도 하나님만을 의지하는 신앙을 가지도록 교훈합니다.

하나님은 강하시고 친절하시다

[지휘자를 따라 여두둔에 맞추어 부르는 노래,
다윗의 시]

1 내 영혼이 잠잠히 하나님
만을 기다림은 나의 구
원이 그에게서만 나오기
때문이다.
2 하나님만이 나의 반석,
나의 구원, 나의 요새이
시니, 나는 결코 흔들리
지 않는다.
3 기울어 가는 담과도 같
고 무너지는 돌담과도 같
은 사람을, 너희가 죽이
려고 다 함께 공격하니,
너희가 언제까지 그리하
겠느냐?
4 너희가 그를 그 높은 자
리에서 떨어뜨릴 궁리만
하고, 거짓말만 즐겨 하
니, 입으로는 축복하지
만 마음 속으로는 저주
를 퍼붓는구나. (셀라)
5 내 영혼아, 잠잠히 하나님
만 기다려라. 내 희망은
오직 하나님에게만 있다.
6 하나님만이 나의 반석,
나의 구원, 나의 요새이
시니, 나는 흔들리지 않
는다.
7 내 구원과 영광이 하나
님께 있다. 하나님은 내
견고한 바위이시요, 나의
피난처이시다.
8 하나님만이 우리의 피난

처이시니, 백성아, 언제든
지 그만을 의지하고, 그
에게 너희의 속마음을
털어놓아라. (셀라)
9 신분이 낮은 사람도 입김
에 지나지 아니하고, 신
분이 높은 사람도 속임
수에 지나지 아니하니,
그들을 모두 다 저울에
올려놓아도 입김보다 가
벼울 것이다.
10 억압하는 힘을 의지하지
말고, 빼앗아서 무엇을
얻으려는 헛된 희망을 믿
지 말며, 재물이 늘어나
더라도 거기에 마음을 두
지 말아라.
11 하나님께서 한 가지를 말
씀하셨을 때에, 나는 두
가지를 배웠다. '권세는
하나님의 것'이요,
12 '한결같은 사랑도 주님의
것'이라는 사실을.
주님, 주님께서는 각 사
람에게 그가 행한 대로
갚아 주십니다.

63편 압살롬을 피해 유다 광야에 있던 다윗은 비록 도망가 있지만 자신이 얼마나 하나님을 예배하길 갈망하는지 고백합니다. 고난 가운데서도 하나님만을 바라며 하나님이 자신을 구원해 주실 것을 믿고 기다립니다.

하나님의 사랑은 생명보다 더 소중하다

[다윗이 유다 광야에 있을 때에 지은 시]

1 하나님, 주님은 나의 하
나님입니다. 내가 주님을
애타게 찾습니다. 물기

단어

궁리(62:4) 일을 처리하거나 개선하기 위하여 마음속으로 이리저리 따져 깊이 생각함.
저주(62:4) 몹시 미워하는 상대에게 재앙이나 불행한 일이 일어나도록 빌며 바람.
털어놓다(62:8) 숨김없이 모두 말하다.
권세(62:11) 권력과 세력을 아울러 이르는 말.

없는 땅, 메마르고 황폐
한 땅에서 내 영혼이 주
님을 찾아 목이 마르고,
이 몸도 주님을 애타게
그리워합니다.
2 내가 성소에서 주님을 뵙
고 주님의 권능과 주님의
영광을 봅니다.
3 주님의 한결같은 사랑이
생명보다 더 소중하기에,
내 입술로 주님께 영광을
돌립니다.
4 이 생명 다하도록 주님을
찬양하렵니다. 내가 손을
들어서 주님의 이름을
찬양하렵니다.
5 기름지고 맛깔진 음식을
배불리 먹은 듯이 내 영
혼이 만족하니, 내가 기
쁨에 가득 찬 입술로 주
님을 찬양하렵니다.
6 잠자리에 들어서도 주님
만을 기억하고 밤을 새우
면서도 주님만을 생각합
니다.
7 주님께서 나를 도우셨기
에 나 이제 주님의 날개
그늘 아래에서 즐거이 노
래하렵니다.
8 이 몸이 주님께 매달리
니, 주님의 오른손이 나
를 꼭 붙잡아 주십니다.
9 나를 죽이려고 노리는
자는 땅 아래 깊은 곳으
로 떨어질 것이다.
10 그들은 칼을 맞고 쓰러지
고, 그 주검은 승냥이의
밥이 될 것이다.

11 그러나 우리의 왕은 하나
님을 기뻐하며, 하나님의
이름으로 맹세하는 사람
들은 모두 왕을 칭송할
것이다. 그러나 거짓말을
하는 자들은 말문이 막
힐 것이다.

64편 다윗은 악인의 핍박으로 인해 의인이 겪는 고난 때문에 고민하며 하나님의 도우심을 간구합니다. 그리고 악인에게 하나님의 공의로운 심판이 기다리고 있음을 강한 믿음으로 선포합니다.

주님 때문에 기뻐한다

[지휘자를 따라 부르는 노래, 다윗의 시]

1 하나님, 내가 탄식할 때
에 내 소리를 들어 주십
시오. 원수들의 위협에서
내 생명을 지켜 주십시오.
2 악인들이 은밀하게 모의
할 때에 나를 숨겨 주시
고, 악한 일을 저지르는
자들의 폭력에서 나를
지켜 주십시오.
3 그들은 칼날처럼 날카롭
게 혀를 벼려 화살처럼
독설을 뽑아 냅니다.
4 죄 없는 사람을 쏘려고
몰래 숨어 있다가, 느닷
없이 쏘고서도, 거리낌조
차 없습니다.
5 그들은 악한 일을 두고
서로 격려하며, 남 몰래
올가미를 치려고 모의하
며, "누가 우리를 보랴?"
하고 큰소리를 칩니다.
6 그들이 악을 꾀하고, 은

단어
황폐하다(63:1) 거칠어져 못 쓰게 되다.
주검(63:10) 죽은 사람의 몸.
느닷없다(64:4) 나타나는 모양이 아주 뜻밖이고 갑작스럽다.
거리낌(64:4) 어떤 행동이나 일의 진행 따위에 방해가 됨.

밀하게 음모를 꾸미니,
사람의 속마음은 참으로
알 수 없습니다.
7 그러나 하나님이 활을 쏘
실 것이니, 그들이 화살
을 맞고서 순식간에 쓰
러질 것이다.
8 하나님은, 그들이 혀를
놀려서 한 말 때문에 그
들을 멸하실 것이니, 이
것을 보는 자마다 도망칠
것이다.
9 그들은 모두 다 두려움
에 사로잡혀, 하나님이
하신 일을 선포하며, 하
나님이 하신 일을 생각하
게 될 것이다.
10 의인은 주님께서 하신 일
을 생각하면서 기뻐하고,
주님께로 피할 것이니, 마
음이 정직한 사람은 모두
주님을 찬양할 것이다.

65편 다윗은 자기 백성과 교제하기를 기뻐하시고 친히 온 세상을 다스리시며 우리가 행복하기를 원하시는 하나님을 찬양했습니다. 그분의 백성에게 필요에 따라 모든 것을 공급하시는 은혜에 감사하고 있습니다.

하나님이 기도에 응답하신다

[지휘자를 따라 부르는 노래, 다윗의 찬송시]

1 하나님, 시온에서 주님을
찬양함이 마땅한 일이
니, 우리가 주님께 한 서
원을 지키렵니다.
2 우리의 기도를 들으시
는 주님, 육신을 가진 사
람이면 누구나 주님께로
나아옵니다.
3 저마다 지은 죄 감당하기
에 너무 어려울 때에, 오
직 주님만이 그 죄를 용

서하여 주십니다.
4 주님께서 택하시고 가까
이 오게 하시어 주님의
뜰에 머물게 하신 그 사
람은, 복이 있는 사람입
니다. 그러므로 우리는,
주님의 집, 주님의 거룩
한 성전에서 온갖 좋은
복으로 만족하렵니다.
5 우리를 구원하시는 하나
님, 주님께서 그 놀라운
행적으로 정의를 세우시
며, 우리에게 응답하여
주시므로 땅 끝까지, 먼
바다 끝까지, 모든 사람
이 주님을 의지합니다.
6 주님께서는 주님의 힘으
로, 주님의 능력으로 허
리에 띠를 동이시고 산
들이 뿌리를 내리게 하셨
습니다.
7 주님께서는 바다의 노호
와 파도 소리를 그치게
하시며, 민족들의 소요를
가라앉히셨습니다.
8 땅 끝에 사는 사람들까
지, 주님께서 보이신 징
조를 보고, 두려워서 떱
니다. 해 뜨는 곳과 해
지는 곳까지도, 주님께서
는 즐거운 노래를 부르게
하십니다.
9 주님께서 땅을 돌보시어,
땅에 물을 대주시고, 큰

단어

마땅하다(65:1) 그렇게 하는 것이 당연하다.
서원(65:1) 하나님께 은혜를 구하고, 그 보답으로 어떤 선행을 하겠다고 한 맹세.
노호(65:7) 바람이나 파도가 몹시 센 소리를 냄.
소요(65:7) 많은 사람이 떠들썩하게 들고일어나 술렁거림.

풍년이 들게 해주십니다.
하나님께서 손수 놓으신
물길에, 물을 가득 채우
시고, 오곡을 마련해 주
시니, 이것은, 주님께서
이 땅에다가 그렇게 준비
해 주신 것입니다.
10 주님께서 또 밭이랑에
물을 넉넉히 대시고, 이
랑 끝을 마무르시며, 밭
을 단비로 적시며, 움 돋
는 새싹에 복을 내려 주
십니다.
11 주님께서 큰 복을 내리
시어, 한 해를 이렇듯 영
광스럽게 꾸미시니, 주님
께서 지나시는 자취마다,
기름이 뚝뚝 떨어집니다.
12 그 기름이 광야의 목장
에도 여울져 흐르고, 언
덕들도 즐거워합니다.
13 목장마다 양 떼로 뒤덮
이고, 골짜기마다 오곡이
가득하니, 기쁨의 함성이
터져나오고, 즐거운 노랫
소리 그치지 않습니다.

66편 저자를 알 수는 없지만, 하나님의 구원 역사를 찬양하기 위한 시입니다. 1-12절은 찬양의 주체가 '우리'로 쓰여 공동체가 함께 하나님을 찬양하고 13-20절은 '내가' 주체가 되어 하나님을 찬양하고 있습니다.

하나님께 환호하여라

[시, 지휘자를 따라 부르는 노래]

1 온 땅아, 하나님께 환호
하여라.
2 그 이름의 영광을 찬양하
고 영화롭게 찬송하여라.
3 하나님께 말씀드려라. "주
님께서 하신 일이 얼마나
놀라운지요? 주님의 크신

능력을 보고, 원수들도
주님께 복종합니다.
4 온 땅이 주님께 경배하
며, 주님을 찬양하며, 주
님의 이름을 찬양합니
다" 하여라. (셀라)
5 오너라. 와서, 하나님께
서 하신 일을 보아라. 사
람들에게 하신 그 일이
놀랍다.
6 하나님이 바다를 육지로
바꾸셨으므로, 사람들은
걸어서 바다를 건넜다.
거기에서 우리는 주님께
서 하신 일을 보고 기뻐
하였다.
7 주님은 영원히, 능력으
로 통치하는 분이시다.
두 눈으로 뭇 나라를 살
피시니, 반역하는 무리조
차 그 앞에서 자만하지
못한다. (셀라)
8 백성아, 우리의 하나님을
찬양하여라. 그분을 찬
양하는 노랫소리, 크게
울려 퍼지게 하여라.
9 우리의 생명을 붙들어
주셔서, 우리가 실족하
여 넘어지지 않게 살펴
주신다.
10 하나님, 주님께서 우리를
시험하셔서, 은을 달구어
정련하듯 우리를 연단하
셨습니다.

단어

밭이랑(65:10) 갈아 놓은 밭의 고랑 사이에 흙을 두둑하게 올려 만든 곳.
마무르다(65:10) 물건의 가장자리를 꾸며서 일을 끝맺다.
정련하다(66:10) 광석을 정제하여 순도 높은 금속을 뽑아내다.

11 우리를 그물에 걸리게 하
시고, 우리의 등에 무거
운 짐을 지우시고,
12 사람들을 시켜서 우리의
머리를 짓밟게 하시니,
우리가 불 속으로, 우리
가 물 속으로 뛰어들었
습니다. 그러나 주님께서
우리를 마침내 건지셔서,
모든 것이 풍족한 곳으
로 이끌어 주셨습니다.
13 내가 번제를 드리러 주님
의 집으로 왔습니다. 이
제 내가 주님께 서원제를
드립니다.
14 이 서원은, 내가 고난받
고 있을 때에, 이 입술을
열어서, 이 입으로 주님
께 아뢴 것입니다.
15 내가 숫양의 향기와 함
께 살진 번제물을 가지
고, 주님께로 나아옵니
다. 숫염소와 함께 수소
를 드립니다. (셀라)
16 하나님을 두려워하는 사
람들아, 오너라. 그가 나
에게 하신 일을 증언할
터이니, 다 와서 들어라.
17 나는 주님께 도와 달라
고 내 입으로 부르짖었
다. 내 혀로 주님을 찬양
하였다.
18 내가 마음 속으로 악한
생각을 품었더라면, 주
님께서 나에게 응답하지
않으셨을 것이다.
19 그러나 하나님은 나에게
응답하여 주시고, 나의

기도 소리에 귀를 기울여
주셨다.
20 내 기도를 물리치지 않으
시고, 한결같은 사랑을
나에게서 거두지 않으신
하나님, 찬양받으십시오.

67편 이스라엘의 장막절에 주로 낭송된 시로, 저자와 그 저작 동기는 알 수 없지만, 모든 나라와 온 땅이 하나님의 구원을 경험하고 하나님께 찬양으로 나오길 간구하는 내용입니다.

민족들로 하나님을 찬양하게 하여라

[지휘자를 따라 현악기에 맞추어 부르는 찬송시]

1 하나님, 우리에게 은혜를
베풀어 주시고, 우리에
게 복을 내려 주십시오.
주님의 얼굴을 환하게 우
리에게 비추어 주시어서.
(셀라)
2 온 세상이 주님의 뜻을
알고 모든 민족이 주님의
구원을 알게 하여 주십
시오.
3 하나님, 민족들이 주님을
찬송하게 하시며 모든 민
족들이 주님을 찬송하게
하십시오.
4 주님께서 온 백성을 공의
로 심판하시며, 세상의
온 나라를 인도하시니,
온 나라가 기뻐하며, 큰
소리로 외치면서 노래합
니다. (셀라)
5 하나님, 민족들이 주님을
찬송하게 하시며, 모든
민족이 주님을 찬송하게

단어
번제(66:13) 제물을 불로 태워드리는 제사.
아뢰다(66:14) 윗사람에게 사실이나 말 따위를 말씀드려 알리다.
셀라(66:15) 정확한 뜻은 알 수 없지만, '높임', '중지'라는 뜻의 히브리어 '살랄'에서 유래한 것으로 추측되는 음악 용어.

하십시오.
6 이 땅이 오곡백과를 냈으
니, 하나님, 곧, 우리의 하
나님께서 우리에게 복을
내려 주셨기 때문이다.
7 하나님께서 우리에게 복
을 주실 것이니, 땅 끝까
지 온 누리는 하나님을
경외하여라.

68편 다윗의 시로, 이집트 탈출부터 가나안 정착 때까지 이스라엘의 과거 역사와 현재의 축복들, 그리고 미래의 영광을 노래하는 역사시입니다. 이스라엘을 모든 원수의 손에서 구원하시는 하나님을 찬양하고 있습니다.

하나님이 승리하신다

[지휘자를 따라 부르는 다윗의 찬송시]

1 하나님이 일어나실 때에,
하나님의 원수들이 흩어
지고, 하나님을 미워하
는 자들은 하나님 앞에
서 도망칠 것이다.
2 연기가 날려 가듯이 하
나님이 그들을 날리시고,
불 앞에서 초가 녹듯이
하나님 앞에서 악인들이
녹는다.
3 그러나 의인들은 기뻐하
고, 하나님 앞에서 즐거
워할 것이다. 기쁨에 겨
워서, 크게 즐거워할 것
이다.
4 하나님을 찬양하여라.
그의 이름을 노래하여
라. 광야에서 구름 수레
를 타고 오시는 분에게,
소리 높여 노래하라. 주
님의 이름을 찬양하며
그 앞에서 크게 기뻐하
여라.
5 그 거룩한 곳에 계신 하

나님은 고아들의 아버지,
과부들을 돕는 재판관이
시다.
6 하나님은, 외로운 사람
들에게 머무를 집을 마
련해 주시고, 갇힌 사람
들을 풀어 내셔서, 형통
하게 하신다. 그러나 하
나님을 거역하는 사람은
메마른 땅에서 산다.
7 하나님, 주님께서 주님의
백성 앞에서 앞장 서서
나아가시며 광야에서 행
진하실 때에, (셀라)
8 하나님 앞에서, 시내 산
의 그분 앞에서, 이스라
엘의 하나님 앞에서, 땅
이 흔들렸고 하늘도 폭
우를 쏟아 내렸습니다.
9 하나님, 주님께서 흡족한
비를 내리셔서 주님께서
주신 메마른 땅을 옥토
로 만드셨고
10 주님의 식구들을 거기에
서 살게 하셨습니다. 하
나님, 주님께서 가난한
사람을 생각하셔서, 좋
은 것을 예비해 두셨습
니다.
11 주님이 명을 내리시니,
수많은 여인들이 승리의
소식을 전하였다.
12 "왕들이 달아났다. 군대
가 서둘러 도망갔다." 집

단어
오곡백과(67:6) 온갖 곡식과 과실.
형통하다(68:6) 모든 일이 뜻대로 잘되어 가다.
흡족하다(68:9) 조금도 모자람이 없이 넉넉하여 만족함을 느끼는 상태에 있다.
옥토(68:9) 농작물이 잘 자랄 수 있는 영양분이 풍부한 땅.

안의 여인들도 전리품을
나누어 가졌다.
13 비록 그 여인들이 그 때
에 양 우리에 머물러 있
었지만, 은을 입힌 비둘
기의 날개를 나누었고,
황금빛 번쩍이는 깃을
나누었다.
14 전능하신 분이 그 땅에
서 왕들을 흩으실 때, 그
산을 눈으로 덮으셨다.
15 바산의 산은 하나님의
산이다. 바산의 산은 높
이 솟은 봉우리 산이다.
16 봉우리들이 높이 솟은
바산의 산들아, 너희가
어찌하여 하나님이 머무
르시려고 택하신 시온
산을 시기하여 바라보느
냐? 그 산은 주님께서 영
원토록 머무르실 곳이다.
17 하나님의 병거는 천천이
요, 만만이다. 주님께서
그 수많은 병거를 거느리
시고, 시내 산을 떠나 그
거룩한 곳으로 오셨다.
18 주님께서는 사로잡은 포
로를 거느리시고 높은 곳
으로 오르셔서, 백성에
게 예물을 받으셨으며,
주님을 거역한 자들도 주
하나님이 계신 곳에 예
물을 가져 왔습니다.
19 날마다 우리의 주님을
찬송하여라. 하나님께서
우리의 짐을 대신 짊어
지신다. 하나님은 우리의
구원이시다. (셀라)

20 우리의 하나님은 우리를
구원하시는 하나님이시
다. 그분은 주 우리의 주
님이시다. 우리를 죽음에
서 구원하여 내시는 주님
이시다.
21 진실로 하나님이 그의 원
수들의 머리를 치시니,
죄를 짓고 다니는 자들
의 덥수룩한 정수리를
치신다.
22 주님께서 말씀하신다.
"내가 네 원수들을 바산
에서 데려오고, 바다 깊
은 곳에서 그들을 끌어
올 터이니,
23 너는 원수들의 피로 발을
씻고, 네 집 개는 그 피
를 마음껏 핥을 것이다."
24 하나님, 주님의 행진하심
을 모든 사람이 보았습니
다. 나의 왕, 나의 하나님
께서 성소로 행진하시는
모습을 그들이 보았습니
다.
25 앞에서는 합창대가, 뒤에
서는 현악대가, 한가운데
서는 소녀들이, 소구 치
며 찬양하기를
26 "회중 한가운데서 하나
님을 찬양하여라. 이스라
엘 자손아, 주님을 찬양
하여라" 합니다.
27 맨 앞에서는 막둥이 베

단어 **바산(68:15)** 갈릴리 바다 동쪽인 요단 동부 지역으로 비옥한 평야와 울창한 참나무 숲이 있다.
정수리(68:21) 이방 사람들은 죽기까지 싸울 것을 신에게 맹세하는 표시로 머리를 길렀다. 정수리를 친다는 말은 그들의 결의와 이방 신의 뜻을 깨뜨린다는 의미이다.

나민이 대열을 이끌고,
그 뒤에는 유다 대표들
이 무리를 이루었고, 그
뒤에는 스불론 대표들이
그 뒤에는 납달리 대표
들이 따릅니다.
28 하나님, 주님의 능력을
나타내 보이십시오. 하
나님, 주님께서 우리에게
발휘하셨던 그 능력을 다
시 나타내 보이십시오.
29 예루살렘에 있는 주님의
성전을 보고, 뭇 왕이 주
님께 예물을 드립니다.
30 갈대 숲에 사는 사나운
짐승들과 뭇 나라의 황
소 떼 속에 있는 송아지
떼를 꾸짖어 주십시오.
조공받기를 탐하는 무리
를 짓밟으시고, 전쟁을
좋아하는 백성을 흩어
주십시오.
31 이집트에서는 사절단이
온갖 예물을 가지고 오
고, 에티오피아 사람들
은 서둘러 하나님께 예
물을 드립니다.
32 세상의 왕국들아, 하나
님을 찬양하여라. 주님께
노래하여라. (셀라)
33 하늘, 태고의 하늘을 병
거 타고 다니시는 분을
찬송하여라. 그가 소리를
지르시니 힘찬 소리다.
34 너희는 하나님의 능력을
선포하여라. 그의 위엄은
이스라엘을 덮고, 그의
권세는 구름 위에 있다.

35 성소에 계시는 하나님,
이스라엘의 하나님은 두
려운 분이시다. 그는 당
신의 백성에게 힘과 능력
을 주시는 분이시다.
하나님을 찬양하여라!

69편 다윗은 아들인 압살롬과 믿었던 신하에게 배반을 당했습니다. 69편은 다윗이 하나님께서 자신을 불쌍히 여기시고 구원해 주시기를 바라면서 안타까운 마음으로 쓴 시입니다.

우리는 하나님을 신뢰한다

[지휘자를 따라 소산님에 맞추어 부르는 노래, 다윗의 시]

1 하나님, 나를 구원해 주
십시오. 목까지 물이 찼
습니다.
2 발 붙일 곳이 없는 깊고
깊은 수렁에 빠졌습니다.
물 속 깊은 곳으로 빠져
들어갔으니, 큰 물결이
나를 휩쓸어갑니다.
3 목이 타도록 부르짖다가,
이 몸은 지쳤습니다. 눈
이 빠지도록, 나는 나의
하나님을 기다렸습니다.
4 까닭도 없이 나를 미워
하는 자들이 나의 머리
털보다도 많고, 나를 없
애버리려고 하는 자들,
내게 거짓 증거하는 원
수들이 나보다 강합니
다. 내가 훔치지도 않은
것까지 물어 주게 되었습
니다.
5 하나님, 주님은 내 어리

단어
조공(68:30) 속국이 종주국에 때맞추어 바치는 예물.
사절단(68:31) 국가나 정부를 대표해 일정한 사명을 띠고 외국에 파견되는 사람들로 이루어진 단체.
태고(68:33) 아주 오랜 옛날.
성소(68:35) 제사장이 하나님께 제물을 바치고 의식을 행하던 거룩한 곳.

석음을 잘 알고 계시니.
내 죄를 주님 앞에서는
감출 수 없습니다.
6 만군의 주 하나님, 주님
을 기다리는 사람들이
나 때문에 수치를 당하
는 일이 없도록 하여 주
십시오. 이스라엘의 하나
님, 주님을 애써 찾는 사
람들이 나 때문에 모욕
을 당하는 일이 없도록
하여 주십시오.
7 주님 때문에 내가 욕을
먹고, 내 얼굴이 수치로
덮였습니다.
8 친척에게 따돌림을 당하
고, 어머니의 자녀들에게
마저 낯선 사람이 되고
말았습니다.
9 주님의 집에 쏟은 내 열
정이 내 안에서 불처럼
타고 있습니다. 그러나
주님을 모욕하는 자들의
모욕이 나에게로 쏟아집
니다.
10 내가 금식하면서 울었으
나, 그것이 오히려 나에
게는 조롱거리가 되었습
니다.
11 내가 베옷을 입고서 슬
퍼하였으나, 오히려 그들
에게는 말거리가 되었습
니다.
12 성문에 앉아 있는 자들
이 나를 비난하고, 술에
취한 자들이 나를 두고
서 빈정거리는 노래를 지
어 흥얼거립니다.

13 그러나 주님, 오직 주님
께만 기도하오니, 하나
님, 주님께서 나를 반기
시는 그 때에, 주님의 한
결같은 사랑과 주님의 확
실한 구원으로 나에게
응답하여 주십시오.
14 나를 이 수렁에서 끌어내
어 주셔서 그 속에 빠져
들어가지 않게 하여 주
십시오. 나를 미워하는
자들과 깊은 물에서 나
를 건져 주십시오.
15 큰 물결이 나를 덮치지
못하게 해주십시오. 깊은
물이 나를 삼키지 못하
게 해주십시오. 큰 구덩
이가 입을 벌려 나를 삼
키고 그 입을 닫지 못하
게 해주십시오.
16 주님, 주님의 사랑은 한
결같으시니, 나에게 응답
해 주십시오. 주님께는
긍휼이 풍성하오니, 나에
게로 얼굴을 돌려 주십
시오.
17 주님의 종에게, 주님의
얼굴을 가리지 말아 주
십시오. 나에게 큰 고통
이 있으니, 어서 내게 응
답해 주십시오.
18 나에게로 빨리 오셔서,
나를 구원하여 주시고,
나의 원수들에게서 나를

단어

베옷(69:11) 베로 지은 옷. 슬픔의 상징이다.
성문(69:12) 성읍으로 드나드는 문. 이스라엘의 성문은 모임이나 거래 장소, 법적인 판결을 내리거나 발표하는 장소로 사용되기도 했다.
빈정거리다(69:12) 은근히 비웃는 태도로 자꾸 놀리다.
한결같다(69:13) 처음부터 끝까지 변함이 없이 같다.

건져 주십시오.
19 주님은, 내가 받는 모욕
을 잘 알고 계십니다. 내
가 받는 수치와 조롱도
잘 알고 계십니다. 나를
괴롭히는 대적자들이 누
구인지도, 주님은 다 알
고 계십니다.
20 수치심에 갈기갈기 찢어
진 내 마음은 아물 줄을
모릅니다. 동정받기를 원
했으나 아무도 없었고,
위로받기를 원했으나 아
무도 찾지 못했습니다.
21 배가 고파서 먹을 것을
달라고 하면 그들은 나
에게 독을 타서 주고, 목
이 말라 마실 것을 달라
고 하면 나에게 식초를
내주었습니다.
22 그들 앞에 차려 놓은 잔
칫상이 도리어 그들이 걸
려서 넘어질 덫이 되게
해주십시오. 그들이 누리
는 평화가 도리어 그들이
빠져드는 함정이 되게 해
주십시오.
23 그들의 눈이 어두워져서,
못 보게 해주시며, 그들
의 등이 영원히 굽게 해
주십시오.
24 주님의 분노를 그들에게
쏟으시고, 주님의 불붙
는 진노를 그들에게 쏟
아부어 주십시오.
25 그들의 거처를 폐허가 되
게 하시며, 그들의 천막
에는 아무도 살지 못하

게 해주십시오.
26 그들은, 주님께서 매질하
신 사람을 새삼스레 핍
박하며, 주님께 맞은 그
아픈 상처를 덧쑤시고
다닙니다.
27 그들이 저지른 죄악마다
빠짐 없이 벌하셔서, 그
들이 주님의 사면을 받지
못하게 해주십시오.
28 그들을 생명의 책에서 지
워 버리시고, 의로운 사
람의 명부에 올리지 말
아 주십시오.
29 나는 비천하고 아프니,
하나님, 주님의 구원의
은혜로 나를 지켜 주십
시오.
30 그 때에, 나는 노래를 지
어, 하나님의 이름을 찬
양하련다. 감사의 노래로
그의 위대하심을 알리련
다.
31 이것이 소를 바치는 것
보다, 뿔 달리고 굽 달린
황소를 바치는 것보다,
주님을 더 기쁘게 할 것
이다.
32 온유한 사람들이 보고서
기뻐할 것이니, 하나님을
찾는 사람들아, 그대들의
심장에 생명이 고동칠 것
이다.
33 주님은 가난한 사람의

단어

조롱(69:19) 남을 비웃거나 얕보고 놀림.
진노(69:24) 존엄한 존재가 크게 노함.
거처(69:25) 일정하게 자리를 잡고 머무는 곳.
새삼스레(69:26) 공연히 지난 일을 들추어내는 듯한 느낌이 들게.
고동치다(69:32) (심장이) 심하게 뛰다.

소리를 들으시는 분이므
로, 갇혀 있는 사람들을
모르는 체하지 않으신
다.
34 하늘아, 땅아, 주님을 찬
양하여라. 바다와 그 속
에 살고 있는 모든 생물
아, 주님을 찬양하여라.
35 하나님께서 시온을 구원
하시고, 유다의 성읍들
을 다시 세우실 것이니,
그들이 거기에 머무르면
서, 그 곳을 그들의 소유
로 삼을 것이다.
36 주님의 종들의 자손이
그 땅을 물려받고, 주님
의 이름을 사랑하는 사
람들이 거기에서 살게
될 것이다.

70편 급박한 위기 상황에 놓여있는 다윗이 하나님께 속히 자신을 구해달라고 호소하는 내용입니다. 또한 원수들에 대한 심판과 함께 주를 찾는 자들에게 승리의 기쁨을 주실 것을 간구하고 있습니다.

하나님은 위대하시다

[기념식에서 지휘자를 따라 부르는 노래, 다윗
의 시]
1 주님, 너그럽게 보시고 나
를 건져 주십시오. 주님,
빨리 나를 도와주십시오.
2 내 목숨을 노리는 자들
이 수치를 당하게 해주십
시오. 내 재난을 기뻐하는
자들이 모두 물러나서 수
모를 당하게 해주십시오.
3 깔깔대며 나를 조소하는
자들이 창피를 당하고
물러가게 해주십시오.
4 그러나 주님을 찾는 사람
은 누구나 주님 때문에

기뻐하고 즐거워하게 해
주십시오. 주님의 승리를
즐거워하는 모든 사람이
“하나님은 위대하시다”
하고 늘 찬양하게 해주
십시오.
5 그러나 불쌍하고 가난한
이 몸, 하나님, 나에게로
빨리 와 주십시오. 주님은
나를 도우시는 분, 나를
건져 주시는 분이십니다.
주님, 지체하지 마십시오.

71편 인생의 노년에 어려움을 겪었던 시인이 하나님을 향해 도움을 구하며 찬양을 올립니다. 전 생애를 보호해주신 하나님을 신뢰하며 끝까지 하나님께 소망을 두고 기도합니다.

하나님의 보호를 구하는 기도

1 주님, 내가 주님께로 피
합니다. 보호하여 주시
고, 수치를 당하는 일이
없게 해주십시오.
2 주님은 의로우시니, 나를
도우시고, 건져 주십시
오. 나에게로 귀를 기울
이시고, 나를 구원해 주
십시오.
3 주님은 나의 반석, 나의
요새이시니, 주님은, 내가
어느 때나 찾아가서 숨을
반석이 되어 주시고, 나
를 구원하는 견고한 요새
가 되어 주십시오.
4 나의 하나님, 나를 악한
사람에게서 건져 주시고,
나를 잔인한 폭력배의 손

단어
너그럽다(70:1) 사람이나 그 마음이 넓어 감싸 받아들이는 성질이 있다.
재난(70:2) 뜻하지 않게 갑자기 일어난 좋지 않은 일. 천재지변으로 생긴 불행한 사고.
지체하다(70:5) 질질 끌거나 늦추다.
잔인하다(71:4) 인정이 없고 몹시 모질다.

에서 건져 주십시오.
5 주님, 주님 밖에는, 나에
게 희망이 없습니다. 주
님, 어려서부터 나는 주
님만을 믿어 왔습니다.
6 나는 태어날 때부터 주님
을 의지하였습니다. 어머
니 뱃속에서 나올 때에
나를 받아 주신 분도 바
로 주님이셨기에 내가 늘
주님을 찬양합니다.
7 나는 많은 사람에게 비난
의 표적이 되었으나, 주님
만은 나의 든든한 피난처
가 되어 주셨습니다.
8 온종일 나는 주님을 찬
양하고, 주님의 영광을
선포합니다.
9 내가 늙더라도 나를 내치
지 마시고, 내가 쇠약하
더라도 나를 버리지 마십
시오.
10 내 원수들이 나를 헐뜯
고, 내 생명을 노리는 자
들이 나를 해치려고 음모
를 꾸밉니다.
11 그들이 나를 두고 말하
기를 "하나님도 그를 버
렸다. 그를 건져 줄 사람
이 없으니, 쫓아가서 사
로잡자" 합니다.
12 하나님, 나에게서 멀리
떠나지 마십시오. 나의
하나님, 어서 속히 오셔
서, 나를 도와주십시오.
13 나를 고발하는 자들이
부끄러움을 당하고, 흔
적도 없이 사라지게 해

주십시오. 나를 음해하
는 자들이 모욕과 수치
를 당하게 해주십시오.
14 나는 내 희망을 언제나
주님께만 두고 주님을 더
욱더 찬양하렵니다.
15 내가 비록 그 뜻을 다 헤
아리지는 못하지만 주님
의 의로우심을 내 입으
로 전하렵니다. 주님께서
이루신 구원의 행적을
종일 알리렵니다.
16 주님, 내가 성전으로 들
어가 주님의 능력을 찬
양하렵니다. 주님께서 홀
로 보여 주신, 주님의 의
로우신 행적을 널리 알리
렵니다.
17 하나님, 주님은 어릴 때
부터 나를 가르치셨기에,
주님께서 보여 주신 그
놀라운 일들을 내가 지
금까지 전하고 있습니다.
18 내가 이제 늙어서, 머리
카락에 희끗희끗 인생의
서리가 내렸어도 하나님,
나를 버리지 마십시오.
주님께서 팔을 펴서 나
타내 보이신 그 능력을
오고오는 세대에 전하렵
니다.
19 하나님, 주님의 의로우심
이 저 하늘 높은 곳까지
미칩니다. 하나님, 주님

단어

쇠약하다(71:9) 생물이나 사물의 힘이 줄어 약하다.
헐뜯다(71:10) 해치려고 흠을 들추어내어 말하다.
음해하다(71:13) 몸을 드러내지 아니한 채 옳지 못한 방법으로 해하다.
희끗희끗(71:18) 여러 군데에 흰 빛깔이 섞여 있는 모양을 나타내는 말.

께서 위대한 일을 하셨으
니, 그 어느 누구를 주님
과 견주어 보겠습니까?
20 주님께서 비록 많은 재난
과 불행을 나에게 내리셨
으나, 주님께서는 나를 다
시 살려 주시며, 땅 깊은
곳에서, 나를 다시 이끌
어내어 주실 줄 믿습니다.
21 주님께서는 나를 전보다
더 잘되게 해주시며, 나
를 다시 위로해 주실 줄
을 믿습니다.
22 내가 거문고를 타며, 주
님께 감사의 노래를 부르
렵니다. 나의 하나님, 주
님의 성실하심을 찬양하
렵니다. 이스라엘의 거룩
하신 주님, 내가 수금을
타면서 주님께 노래를 불
러 올리렵니다.
23 내가 주님을 찬양할 때에,
내 입술은 흥겨운 노래로
가득 차고, 주님께서 속
량하여 주신 나의 영혼
이 흥겨워할 것입니다.
24 내 혀도 온종일, 주님의
의로우심을 말할 것입니
다. 나를 음해하려던 자
들은, 오히려 부끄러움을
당하고, 오히려 수치를
당할 것이기 때문입니다.

72편 솔로몬의 시입니다. 왕으로 세워진 자신에게 판단력을 주시고, 그 통치가 열방에 미치기를 하나님께 간구합니다. 하나님이 맡기신 백성을 공의롭게 통치할 것과 이스라엘이 번성하길 기도합니다.

왕을 위한 기도

[솔로몬의 시]

1 하나님, 왕에게 주님의

판단력을 주시고 왕의
아들에게 주님의 의를
내려 주셔서,
2 왕이 주님의 백성을 정의
로 판결할 수 있게 하시
고, 주님의 불쌍한 백성
을 공의로 판결할 수 있
게 해주십시오.
3 왕이 의를 이루면 산들
이 백성에게 평화를 안
겨 주며, 언덕들이 백성
에게 정의를 가져다 줄
것입니다.
4 왕이 불쌍한 백성을 공정
하게 판결하도록 해주시
며, 가난한 백성을 구하
게 해주시며 억압하는 자
들을 꺾게 해주십시오.
5 해가 닳도록, 달이 닳도
록, 영원무궁 하도록, 그
들이 왕을 두려워하게
해주십시오.
6 왕이 백성에게 풀밭에
내리는 비처럼, 땅에 떨
어지는 단비처럼 되게 해
주십시오.
7 그가 다스리는 동안, 정
의가 꽃을 피우게 해주시
고, 저 달이 다 닳도록 평
화가 넘치게 해주십시오.
8 왕이 이 바다에서 저 바
다에 이르기까지, 이 강
에서 저 땅 맨 끝에 이
르기까지, 모두 다스리게

단어

흥겹다(71:23) 매우 즐겁고 마음이 들뜬 상태에 있다.

속량하다(71:23) 값을 대신 지불해 주는 일. 예수님께서 우리를 대신해 십자가에 못박혀 죽음으로 우리 죄를 대속하신 것을 생각할 수 있다.

판단력(72:1) 일정한 논리나 기준에 따라 사물의 가치와 관계를 결정하는 능력.

해주십시오.
9 광야의 원주민도 그 앞
에 무릎을 꿇게 해주시
고, 그의 원수들도 땅바
닥의 먼지를 핥게 해주
십시오.
10 스페인의 왕들과 섬 나
라의 왕들이 그에게 예
물을 가져 오게 해주시
고, 아라비아와 에티오피
아의 왕들이 조공을 바
치게 해주십시오.
11 모든 왕이 그 앞에 엎드
리게 하시고, 모든 백성
이 그를 섬기게 해주십
시오.
12 진실로 그는, 가난한 백
성이 도와 달라고 부르짖
을 때에 건져 주며, 도울
사람 없는 불쌍한 백성
을 건져 준다.
13 그는 힘없는 사람과 가난
한 사람을 불쌍히 여기
며, 가난한 사람의 목숨
을 건져 준다.
14 가난한 백성을 억압과 폭
력에서 건져, 그 목숨을
살려 주며, 그들의 피를
귀중하게 여긴다.
15 이러한 왕은 만수무강할
것이다. 그는 아라비아의
황금도 예물로 받을 것이
다. 그를 위하여 드리는
기도가 그치지 않고, 그
를 위하여 비는 복이 늘
계속될 것이다.
16 땅에는 온갖 곡식이 가
득하고, 산등성이에서도

곡식이 풍성하며, 온갖
과일이 레바논의 산림처
럼 물결칠 것이다. 그 백
성은 풀처럼 성읍 곳곳
에 차고 넘칠 것이다.
17 그의 이름 영원히 잊혀
지지 않을 것이다. 태양
이 그 빛을 잃기까지 그
의 명성이 사라지지 않
을 것이다. 뭇 민족이 그
를 통해 복을 받고, 모든
민족이 그를 일컬어서,
복 받은 사람이라 칭송
할 것이다.
18 홀로 놀라운 일을 하시
는 분, 이스라엘의 하나
님, 주 하나님을 찬양합
니다.
19 영광스러운 그 이름을 영
원토록 찬송합니다. 그 영
광을 온 땅에 가득 채워
주십시오. 아멘, 아멘.
20 이새의 아들 다윗의 기
도가 여기에서 끝난다.

단어

조공(72:10) 속국이 종주국에 때맞추어 바치는 예물.
억압(72:14) 기를 펴지 못하도록 인간의 행동이나 자유 등을 강제로 억누름.
만수무강하다(72:15) 아무 병 없이 오래오래 살다.
명성(72:17) 평판이 높아서 세상에 널리 알려진 이름.
칭송하다(72:17) 어떠한 것에 대해 칭찬하여 높이다.

제 3 권

73편

73-83편은 다윗 왕 때 성전의 찬양대장이었던 아삽의 시입니다. 의인은 고통을 당하고 악인은 형통하게 사는 현실에 괴로워하지만, 곧 다시 하나님을 바라보며 마음을 새롭게 하는 내용입니다.

하나님은 선하시다

[아삽의 노래]

1 하나님은, 마음이 정직한
사람과 마음이 정결한
사람에게 선을 베푸시는
분이건만,
2 나는 그 확신을 잃고 넘
어질 뻔했구나. 그 믿음
을 버리고 미끄러질 뻔했
구나.
3 그것은, 내가 거만한 자
를 시샘하고, 악인들이
누리는 평안을 부러워했
기 때문이다.
4 그들은 죽을 때에도 고
통이 없으며, 몸은 멀쩡
하고 윤기까지 흐른다.
5 사람들이 흔히들 당하는
그런 고통이 그들에게는
없으며, 사람들이 으레
당하는 재앙도 그들에게
는 아예 가까이 가지 않
는다.
6 오만은 그들의 목걸이요,
폭력은 그들의 나들이옷
이다.
7 그들은 피둥피둥 살이 쪄
서, 거만하게 눈을 치켜
뜨고 다니며, 마음에는
헛된 상상이 가득하며,
8 언제나 남을 비웃으며,

악의에 찬 말을 쏘아붙
이고, 거만한 모습으로
폭언하기를 즐긴다.
9 입으로는 하늘을 비방하
고, 혀로는 땅을 휩쓸고
다닌다.
10 하나님의 백성마저도 그
들에게 홀려서, 물을 들
이키듯, 그들이 하는 말
을 그대로 받아들여,
11 덩달아 말한다. "하나님
인들 어떻게 알 수 있으
랴? 가장 높으신 분이라
고 무엇이든 다 알 수가
있으랴?" 하고 말한다.
12 그런데 놀랍게도, 그들은
모두가 악인인데도 신세
가 언제나 편하고, 재산
은 늘어만 가는구나.
13 이렇다면, 내가 깨끗한
마음으로 살아온 것과
내 손으로 죄를 짓지 않
고 깨끗하게 살아온 것
이 허사라는 말인가?
14 하나님, 주님께서는 온종
일 나를 괴롭히셨으며,
아침마다 나를 벌하셨습
니다.
15 "나도 그들처럼 살아야
지" 하고 말했다면, 나는
주님의 자녀들을 배신하
는 일을 하였을 것입니다.
16 내가 이 얽힌 문제를 풀
어 보려고 깊이 생각해보

단어

시샘하다(73:3) 자기보다 잘되거나 나은 사람을 괜히 미워하고 싫어하다.
윤기(73:4) 물체의 표면에 나타나는 반질반질하고 매끄러운 기운.
오만(73:6) 사람이나 태도가 방자하고 잘난 체하여 건방짐.

았으나, 그것은 내가 풀
기에는 너무나 어려운 문
제였습니다.
17 그러나 마침내 하나님의
성소에 들어가서야, 악한
자들의 종말이 어떻게 되
리라는 것을 깨닫게 되었
습니다.
18 주님께서 그들을 미끄러
운 곳에 세우시며, 거기
에서 넘어져서 멸망에 이
르게 하십니다.
19 그들이 갑자기 놀라운
일을 당하고, 공포에 떨
면서 자취를 감추며, 마
침내 끝장을 맞이합니다.
20 아침이 되어서 일어나면
악몽이 다 사라져 없어지
듯이, 주님, 주님께서 깨
어나실 때에, 그들은 한
낱 꿈처럼, 자취도 없이
사라집니다.
21 나의 가슴이 쓰리고 심
장이 찔린 듯이 아파도,
22 나는 우둔하여 아무것도
몰랐습니다. 나는 다만,
주님 앞에 있는 한 마리
짐승이었습니다.
23 그러나 나는 늘 주님과
함께 있으므로, 주님께
서 내 오른손을 붙잡아
주십니다.
24 주님의 교훈으로 나를 인
도해 주시고, 마침내 나
를 주님의 영광에 참여시
켜 주실 줄 믿습니다.
25 내가 주님과 함께 하니,
하늘로 가더라도, 내게 주

님 밖에 누가 더 있겠습
니까? 땅에서라도, 내가
무엇을 더 바라겠습니까?
26 내 몸과 마음이 다 시들
어가도, 하나님은 언제나
내 마음에 든든한 반석
이시요, 내가 받을 몫의
전부이십니다.
27 주님을 멀리하는 사람은
망할 것입니다. 주님 앞
에서 정절을 버리는 사람
은, 주님께서 멸하실 것
입니다.
28 하나님께 가까이 있는 것
이 나에게 복이니, 내가
주 하나님을 나의 피난처
로 삼고, 주님께서 이루
신 모든 일들을 전파하
렵니다.

74편 저작 시기가 분명하지 않은 이 시는 이방의 침략으로 예루살렘이 무너지고 하나님의 성전이 파손된 암담한 현실을 보면서 비통한 마음으로 하나님께 나라를 구원해 달라고 간구하는 시입니다.

환난 때 나라를 위한 기도

[아삽의 마스길]

1 하나님, 어찌하여 우리를
이렇게 오랫동안 버리십니
까? 어찌하여 주님의 목
장에 있는 양 떼에게서 진
노를 거두지 않으십니까?
2 먼 옛날, 주님께서 친히
값주고 사신 주님의 백성
을 기억해 주십시오. 주님
께서 친히 속량하셔서 주
님의 것으로 삼으신 이 지

단어
성소(73:17) 제사장이 하나님께 제물을 바치고 의식을 행하던 거룩한 곳.
자취(73:19) 무엇이 시간적 혹은 공간적으로 지나가거나 있다가 남기고 간 흔적.
정절(73:27) 신념이나 신의를 굽히거나 바꾸지 않는 강직한 태도를 지킴.

파를 기억해 주십시오. 주
님께서 거처로 삼으신 시
온 산을 기억해 주십시오.
3 원수들이 주님의 성소를
이렇게 훼손하였으니, 영
원히 폐허가 된 이곳으로
주님의 발걸음을 옮겨 놓
아 주십시오.
4 주님의 대적들이 주님의
집회 장소 한가운데로
들어와서 승전가를 부르
며, 승리의 표로 깃대를
세웠습니다.
5 그들은 나무를 도끼로
마구 찍어 내는 밀림의
벌목꾼과 같았습니다.
6 그들은 도끼와 쇠망치로
성소의 모든 장식품들을
찍어서, 산산조각을 내었
습니다.
7 주님의 성소에 불을 질러
땅에 뒤엎고, 주님의 이
름을 모시는 곳을 더럽
혔습니다.
8 그들은 "씨도 남기지 말
고 전부 없애 버리자" 하
고 마음 먹고, 이 땅에
있는, 하나님을 만나 뵙
는 장소를 모두 불살라
버렸습니다.
9 우리에게는 어떤 징표도
더 이상 보이지 않고, 예
언자도 더 이상 없으므
로, 우리 가운데서 아무도
이 일이 얼마나 오래 갈지
를 아는 사람이 없습니다.
10 하나님, 우리를 모욕하는
저 대적자를 언제까지 그

대로 두시렵니까? 주님
의 이름을 모독하는 저
원수를 언제까지 그대로
두시렵니까?
11 어찌하여 주님께서 주님의
손, 곧 오른손을 거두십니
까? 주님의 품에서 빼시
고, 그들을 멸하십시오.
12 하나님은 옛적부터 나의
왕이시며, 이 땅에서 구원
을 이루시는 분이십니다.
13 주님께서는, 주님의 능력
으로 바다를 가르시고,
물에 있는 타닌들의 머리
를 깨뜨려 부수셨으며,
14 리워야단의 머리를 짓부
수셔서 사막에 사는 짐승
들에게 먹이로 주셨으며,
15 샘을 터뜨리셔서 개울을
만드시는가 하면, 유유
히 흐르는 강을 메마르
게 하셨습니다.
16 낮도 주님의 것이요, 밤
도 주님의 것입니다. 주
님께서 달과 해를 제자리
에 두셨습니다.
17 주님께서 땅의 모든 경계
를 정하시고, 여름과 겨
울도 만드셨습니다.
18 주님, 원수가 주님을 비
난하고, 어리석은 백성이
주님의 이름을 모욕하였
습니다. 이 일을 기억하
여 주십시오.

단어

거처(74:2) 일정하게 자리를 잡고 머무는 곳.
훼손하다(74:3) 헐거나 깨뜨려서 못 쓰게 하다.
승전가(74:4) 싸움이나 경기에 이기고 부르는 노래.
밀림(74:5) 나무들이 빽빽하게 들어선 숲.
벌목꾼(74:5) 산이나 숲의 나무를 베는 일을 직업으로 하는 사람.

19 주님께서 멧비둘기 같은
주님의 백성의 목숨을
들짐승에게 내주지 마시
고, 가련한 백성의 생명
을 영원히 잊어버리지 마
십시오.
20 땅의 그늘진 곳마다, 구
석구석, 폭력배의 소굴입
니다. 주님께서 세워 주
신 언약을 기억하여 주
십시오.
21 억눌린 자가 수치를 당하
고 물러가지 않게 해주
십시오. 가련하고 가난한
사람이 주님의 이름을
찬송하게 해주십시오.
22 하나님, 일어나십시오.
주님의 소송을 이기십시
오. 날마다 주님을 모욕
하는 어리석은 자들을
버려두지 마십시오.
23 주님께 항거해서 일어서
는 자들의 소란한 소리
가 끊임없이 높아만 가
니, 주님의 대적자들의
저 소리를 부디 잊지 마
십시오.

75편 이스라엘이 적국의 침략을 받고 있을 때 지어진 시입니다. 시인은 하나님께서 정해놓은 때에 이루어질 공의로운 심판을 간절히 소망하고 있습니다. 그날이 오면 악인의 권세는 꺾이고 의인은 높아질 것입니다.

하나님이 하신 일을 찬양하여라

[아삽의 시, 지휘자를 따라 '알다스헷'에 맞추
어 부르는 노래]
1 하나님, 우리가 주님께
감사하고 또 감사합니다.
주님의 이름을 부르는 이
들이 주님께서 이루신
그 놀라운 일들을 전파

합니다.
2 하나님께서 말씀하시기
를 "내가 정하여 놓은 그
때가 되면, 나는 공정하
게 판결하겠다.
3 땅이 진동하고 거기에 사
는 사람들이 흔들리고
비틀거릴 때에, 땅의 기
둥을 견고하게 붙드는 자
는 바로 나다. (셀라)
4 오만한 자들에게는 '오만
하지 말아라' 하였으며,
악한 자들에게는 '오만한
뿔을 들지 말아라.
5 오만한 뿔을 높이 들지
말아라. 목을 곧게 세우
고, 거만하게 말을 하지
말아라' 하였다."
6 높이 세우는 그 일은 동
쪽에서나 서쪽에서 말미
암지 않고, 남쪽에서 말
미암지도 않는다.
7 오직 재판장이신 하나님
만이, 이 사람을 낮추기
도 하시고, 저 사람을 높
이기도 하신다.
8 주님은 거품이 이는 잔
을 들고 계신다. 잔 가득
히 진노의 향료가 섞여
있다. 하나님이 이 잔에
서 따라 주시면, 이 땅의
악인은 모두 받아 마시
고, 그 찌끼까지도 핥아
야 한다.

단어

가련하다(74:19) 슬픈 마음이 들 정도로 가엾고 불쌍하다.
소굴(74:20) 도적 따위와 같이 해를 끼치는 무리가 활동의 근거지로 삼고 있는 곳.
항거하다(74:23) 순종하지 않고 맞서서 반항하다.
찌끼(75:8) 액체가 빠지고 바닥에 처져 남은 것.

9 그러나 나는 쉬지 않고
주님만을 선포하며, 야
곱의 하나님만을 찬양할
것이다.
10 주님은 악인의 오만한
뿔은 모두 꺾어 부수시
고, 의인의 자랑스러운
뿔은 높이 들어 올리실
것이다.

76편 이 시는 히스기야 왕 때 예루살렘을 침략했던 앗시리아를 물리친 후에 쓴 것으로 봅니다. 위험에 빠진 이스라엘과 예루살렘을 도우시고 보호하셔서 승리하게 하신 하나님을 찬양하고 있습니다.

하나님은 늘 이기신다

[아삽의 시, 지휘자를 따라 현악기에 맞추어
부르는 노래]

1 유다에서 하나님을 모르
는 사람이 누구랴. 그 명
성, 이스라엘에서 드높
다.
2 그의 장막이 살렘에 있
고, 그의 거처는 시온에
있다.
3 여기에서 하나님이 불화
살을 꺾으시고, 방패와
칼과 전쟁 무기를 꺾으셨
다. (셀라)
4 주님의 영광, 그 찬란함,
사냥거리 풍부한 저 산
들보다 더 큽니다.
5 마음이 담대한 자들도
그들이 가졌던 것 다 빼
앗기고 영원한 잠을 자
고 있습니다. 용감한 군
인들도 무덤에서 아무 힘
도 못 씁니다.
6 야곱의 하나님, 주님께
서 한 번 호령하시면, 병
거를 탄 병사나 기마병이

모두 기절합니다.
7 주님, 주님은 두려우신
분, 주님께서 한 번 진노
하시면, 누가 감히 주님
앞에 설 수 있겠습니까?
8 주님께서 하늘에서 판결
을 내리셨을 때에, 온 땅
은 두려워하며 숨을 죽
였습니다.
9 주님께서는 이렇게 재판
을 하시어, 이 땅에서 억
눌린 사람들을 구원해
주셨습니다. (셀라)
10 진실로, 사람의 분노는
주님의 영광을 더할 뿐
이요, 그 분노에서 살아
남은 자들은 주님께서
허리띠처럼 묶어버릴 것
입니다.
11 너희는 주 하나님께 서원
하고, 그 서원을 지켜라.
사방에 있는 모든 민족
들아, 마땅히 경외할 분
에게 예물을 드려라.
12 그분께서 군왕들의 호흡
을 끊을 것이니, 세상의
왕들이 두려워할 것이다.

77편 큰 절망 가운데 있던 시인은 하나님께서 더 이상 은혜를 베풀지 않으시는 것 같아 낙심합니다. 그러나 이스라엘의 역사를 기억하면서, 과거에 베푸셨던 구원의 은혜와 놀라운 일들을 되새기기 시작합니다.

환난 때 하나님이 백성과 함께 계신다

[아삽의 시, 성가대 지휘자의 지휘를 따라 여두둔에 맞추어 부르는 노래]

1 내가 하나님께 소리 높여

단어
명성(76:1) 평판이 높아 세상에 널리 알려진 이름.
찬란하다(76:4) 훌륭하고 화려하다.
담대하다(76:5) 배짱이 두둑하고 용감하다.
호령하다(76:6) 부하나 동물을 지휘하여 명령하다.
서원하다(76:11) 하나님께 은혜를 구하고, 그 보답으로 어떤 선행을 하겠다고 맹세하다.

부르짖습니다. 부르짖는
이 소리를 들으시고, 나
에게 귀를 기울여 주십
시오.
2 내가 고난당할 때에, 나
는 주님을 찾았습니다.
밤새도록 두 손 치켜 들
고 기도를 올리면서, 내
마음은 위로를 받기조차
마다하였습니다.
3 내가 하나님을 생각하면
서, 한숨을 짓습니다. 주
님 생각에 골몰하면서,
내 마음이 약해집니다.
(셀라)
4 주님께서 나를 뜬눈으로
밤을 지새우게 하시니,
내가 지쳐서 말할 힘도
없습니다.
5 내가 옛날 곧 흘러간 세
월을 회상하며
6 밤에 부르던 내 노래를
생각하면서, 생각에 깊이
잠길 때에, 내 영혼이 속
으로 묻기를
7 "주님께서 나를 영원히
버리시는 것일까? 다시
는, 은혜를 베풀지 않으
시는 것일까?
8 한결같은 그분의 사랑
도 이제는 끊기는 것일
까? 그분의 약속도 이제
는 영원히 끝나 버린 것
일까?
9 하나님께서 은혜를 베푸
시는 일을 잊으신 것일
까? 그의 노여움이 그의
긍휼을 거두어들이신 것

일까?" 하였습니다. (셀
라)
10 그 때에 나는 또 이르기
를 "가장 높으신 분께서
그 오른손으로 일하시던
때, 나는 그 때를 사모합
니다" 하였습니다.
11 주님께서 하신 일을, 나
는 회상하렵니다. 그 옛
날에 주님께서 이루신,
놀라운 그 일들을 기억
하렵니다.
12 주님께서 해주신 모든 일
을 하나하나 되뇌고, 주
님께서 이루신 그 크신
일들을 깊이깊이 되새기
겠습니다.

13 하나님, 주님의 길은 거
룩합니다. 하나님만큼 위
대하신 신이 누구입니
까?
14 주님은 기적을 행하시는
하나님이시니, 주님께서
는 주님의 능력을 만방
에 알리셨습니다.
15 주님의 백성 곧 야곱과
요셉의 자손을 주님의
팔로 속량하셨습니다.
(셀라)
16 하나님, 물들이 주님을
뵈었습니다. 물들이 주님
을 뵈었을 때에, 두려워
서 떨었습니다. 바다 속
깊은 물도 무서워서 떨었

단어

골몰하다(77:3) 정신을 다 기울여 다른 생각을 하지 않다.
회상하다(77:5) 돌이켜 생각하다.
사모하다(77:10) 마음에 두고 애틋하게 생각하며 그리워하다.
되뇌다(77:12) 되풀이하여 말하다.

습니다.
17 구름이 물을 쏟아 내고,
하늘이 천둥소리를 내
니, 주님의 화살이 사방
으로 날아다닙니다.
18 주님의 천둥소리가 회오
리바람과 함께 나며, 주
님의 번개들이 번쩍번쩍
세계를 비출 때에, 땅이
뒤흔들리고 떨었습니다.
19 주님의 길은 바다에도 있
고, 주님의 길은 큰 바다
에도 있지만, 아무도 주
님의 발자취를 헤아릴
수 없습니다.
20 주님께서는, 주님의 백성
을 양 떼처럼, 모세와 아
론의 손으로 인도하셨습
니다.

78편

이스라엘의 역사 가운데 임하신 하나님의 한결같은 사랑을 찬양하며, 늘 순종하는 삶을 살아갈 것을 교훈하는 시입니다. 북이스라엘이 멸망당할 즈음에 쓴 시로 추측합니다.

하나님이 당신의 백성을 위해 하신 일

[아삽의 마스길]

1 내 백성아, 내 교훈을 들
으며, 내 말에 귀를 기울
여라.
2 내가 입을 열어서 비유로
말하며, 숨겨진 옛 비밀
을 밝혀 주겠다.
3 이것은 우리가 들어서 이
미 아는 바요, 우리 조
상들이 우리에게 전하여
준 것이다.
4 우리가 이것을 숨기지 않
고 우리 자손에게 전하
여 줄 것이니, 곧 주님의
영광스러운 행적과 능력

과 그가 이루신 놀라운
일들을 미래의 세대에게
전하여 줄 것이다.
5 주님께서 야곱에게 언약
의 규례를 세우시고 이
스라엘에게 법을 세우실
때에, 자손에게 잘 가르
치라고, 우리 조상에게
명하신 것이다.
6 미래에 태어날 자손에게
도 대대로 일러주어, 그
들도 그들의 자손에게 대
대손손 전하게 하셨다.
7 그들이 희망을 하나님에
게 두어서, 하나님이 하
신 일들을 잊지 않고, 그
계명을 지키게 하셨다.
8 조상처럼, 반역하며 고
집만 부리는 세대가 되
지 말며, 마음이 견고하
지 못한 세대, 하나님을
믿지 아니하는 세대가 되
지 말라고 하셨다.
9 에브라임의 자손은 무장
을 하고, 활을 들고 나섰
지만, 정작 전쟁이 일어
났을 때에 물러가고 말
았다.
10 그들은 하나님과 맺은
언약을 지키지 않으며,
그 교훈 따르기를 거절
하였다.
11 그들은 그가 이루신 일
들과 그가 보이신 기적들

단어

비유(78:2) 어떤 사물이나 현상을 그와 비슷한 다른 사물이나 현상에 빗대어 표현함.
규례(78:5) 지켜야 할 규칙과 정해진 관례.
반역하다(78:8) 현재의 통치자나 통치 세력으로부터 통치권을 빼앗으려 꾀하다.
정작(78:9) 어떤 일에 실제로 이르러.

을 잊어버렸다.
12 이집트 땅, 소안 평야에
서, 하나님께서는 조상의
눈앞에서 기적을 일으키
셨다.
13 바다를 갈라서 물을 강
둑처럼 서게 하시고, 그
들을 그리로 걸어가게 하
셨다.
14 낮에는 구름으로, 밤에
는 불빛으로 인도하셨다.
15 광야에서 바위를 쪼개셔
서, 깊은 샘에서 솟아오
르는 것같이 물을 흡족
하게 마시게 하셨다.
16 반석에서 시냇물이 흘러
나오게 하시며, 강처럼
물이 흘러내리게 하셨다.
17 그러나 그들은 계속하여
하나님께 죄를 짓고, 가
장 높으신 분을 광야에
서 거역하며,
18 마음 속으로 하나님을
시험하면서, 입맛대로 먹
을 것을 요구하였다.
19 그들은 하나님을 거스르
면서 "하나님이 무슨 능
력으로 이 광야에서 먹거
리를 공급할 수 있으랴?
20 그가 바위를 쳐서 물이
솟아나오게 하고, 그 물
이 강물이 되게 하여 세
차게 흐르게는 하였지만,
그가 어찌 자기 백성에게
밥을 줄 수 있으며, 고기
를 먹일 수 있으랴?" 하
고 말하였다.
21 주님께서 듣고 노하셔서,

야곱을 불길로 태우셨
고, 이스라엘에게 진노하
셨다.
22 그들이 하나님을 믿지 않
고, 그의 구원을 신뢰하
지 않았기 때문이다.
23 그런데도 하나님은 위의
하늘에게 명하셔서 하늘
문을 여시고,
24 만나를 비처럼 내리시어
하늘 양식을 그들에게
주셨으니,
25 사람이 천사의 음식을
먹었다. 하나님은 그들에
게 풍족할 만큼 내려 주
셨다.
26 그는 하늘에서 동풍을
일으키시고, 능력으로 남
풍을 모으셔서,
27 고기를 먼지처럼 내려 주
시고, 나는 새를 바다의
모래처럼 쏟아 주셨다.
28 새들은 진 한가운데로
떨어지면서, 그들이 사는
곳에 두루 떨어지니,
29 그들이 마음껏 먹고 배
불렀다. 하나님은 그들이
원하는 대로 넉넉히 주
셨다.
30 그러나 먹을 것이 아직도
입 속에 있는데도, 그들
은 더 먹으려는 욕망을
버리지 않았다.
31 마침내 하나님이 그들에

단어

흡족하다(78:15) 조금도 모자람이 없이 넉넉하여 만족함을 느끼는 상태에 있다.
공급하다(78:19) 마련하여 대어 주거나 제공하다.
만나(78:24) 이스라엘이 이집트에서 나와 가나안으로 가는 동안, 하나님께서 날마다 내려 주신 양식. 서리같이 고운 가루.

게 진노하셨다. 살진 사
람들을 죽게 하시며, 이
스라엘의 젊은이들을 거
꾸러뜨리셨다.
32 이 모든 일을 보고서도,
그들은 여전히 죄를 지으
며, 그가 보여 주신 기적
을 믿지 않았다.
33 그래서 그들의 생애는 헛
되이 끝났으며, 그들은
남은 날을 두려움 속에
서 보냈다.
34 하나님께서 그들을 진멸
하실 때에, 그들은 비로
소 하나님을 찾았으며,
돌아와서 하나님께 빌
었다.
35 그제서야 그들은, 하나
님이 그들의 반석이심과,
가장 높으신 하나님이 그
들의 구원자이심을 기억
하였다.
36 그러나 그들은 입으로만
하나님께 아첨하고, 혀로
는 하나님을 속일 뿐이
었다.
37 그들의 마음은 분명히
그를 떠났으며, 그가 세
우신 언약을 믿지도 않
았다.
38 그런데도 그는 긍휼이 많
으신 하나님이시기에, 그
들의 죄를 덮어 주셔서 그
들을 멸하지 아니하시며,
거듭 그 노하심을 돌이키
셔서 참고 또 참으셨다.
39 하나님께서는 기억하신
다. 사람은 다만 살덩어

리. 한 번 가면 되돌아올
수 없는 바람과 같은 존
재임을 기억하신다.
40 그들이 광야에서 하나님
께 얼마나 자주 반역하
였던가? 황무지에서 그
를 얼마나 자주 괴롭혔
던가?
41 그들은 하나님을 거듭거
듭 시험하고, 이스라엘의
거룩하신 분의 마음을
상하게 하였다.
42 그들이 하나님의 권능을
기억하지 아니하며, 대적
에게서 건져주신 그 날
도 잊어버렸다.
43 하나님이 이집트에서는
여러 가지 징조를 보이시
고, 소안 평야에서는 여
러 가지 기적을 보이셨다.
44 강물을 피로 변하게 하
셔서, 시냇물을 마실 수
없게 하셨다.
45 파리를 쏟아 놓아서 물
게 하시고, 개구리를 풀
어 놓아 큰 피해를 입게
하셨다.
46 농작물을 해충에게 내주
시고, 애써서 거둔 곡식
을 메뚜기에게 내주셨다.
47 포도나무를 우박으로 때
리시고, 무화과나무를
된서리로 얼어 죽게 하셨
으며,

단어

거꾸러뜨리다(78:31) 세력을 꺾어 기운을 못 쓰게 하거나 무너뜨리다.

진멸하다(78:34) 모조리 멸망시키거나 죽여 없애다.

징조(78:43) 어떤 일이 생기기 이전에 그 일에 대해서 미리 보이는 여러 가지 조짐.

해충(78:46) 인간에게 해를 끼치는 곤충.

48 가축을 우박으로 때리시고, 양 떼를 번개로 치셨다.

49 그들에게 진노의 불을 쏟으시며, 분노와 의분과 재앙을 내리시며, 곧 재앙의 사자를 내려 보내셨다.

50 주님은 분노의 길을 터 놓으시니, 그들을 죽음에서 건져내지 않으시고, 생명을 염병에 넘겨 주셨다.

51 이집트의 맏아들을 모두 치시고, 그의 힘의 첫 열매들을 함의 천막에서 치셨다.

52 그는 백성을 양 떼처럼 인도하시고, 가축 떼처럼 광야로 이끄셨다.

53 그들을 안전하게 이끄시니, 그들은 두려워하지 않았고, 그들의 원수들은 바다가 덮어 버렸다.

54 그들을 거룩한 산으로 이끌어 들이시고, 그 오른손으로 취하신 이 산으로 이끄셨다.

55 여러 민족을 그들 앞에서 몰아내시고, 줄로 재어서 땅을 나누어 주시고, 이스라엘 지파들을 자기들의 천막에서 살게 하셨다.

56 그럼에도 그들은 가장 높으신 하나님을 시험하고 거역하면서, 그의 법도를 지키지 않고,

57 그들은 그들의 조상들처럼 빗나가고 배신하여, 느슨한 활처럼 엇나갔다.

58 그들은 산당에 모여 그
의 노를 격동하며, 조각
한 우상을 섬기다가 그
를 진노하게 하였다.
59 하나님께서 듣고 노하셔
서, 이스라엘을 아주 내
버리셨다.
60 사람과 함께 지내시던 그
천막, 실로의 성막을 내
버리셨다.
61 주님의 능력을 나타내는
궤를 포로와 함께 내주
시고, 주님의 영광을 나
타내는 궤를 원수의 손
에 내주셨다.
62 주님의 백성을 칼에 내주
시고, 주님의 소유에 분
노를 쏟으셨다.
63 불로 젊은 총각들을 삼
켜 버리시니, 처녀들은
혼인 노래를 들을 수 없
었다.
64 제사장들은 칼에 맞아
넘어지고, 과부가 된 그
들의 아내들은 마음 놓
고 곡 한 번 못 하였다.
65 드디어 주님은 잠에서 깨
어난 것처럼 분연히 일어
나셨다. 포도주로 달아오
른 용사처럼 일어나셨다.
66 원수들을 뒤쫓아가서 쳐
부수시며, 길이길이 그들
을 욕되게 하셨다.
67 그리고 주님은 요셉의 장

단어

의분(78:49) 옳지 않은 일을 보고 일어나는 정의로운 분노.
산당(78:58) 산꼭대기나 높은 평지에 설치한 일종의 신 숭배지. 대개 이방 종교와 연관되어 있다.
격동하다(78:58) 격렬하게 느껴 움직이게 하다.
분연히(78:65) 떨쳐 일어서는 기운이 세차고 꿋꿋하게.

막을 버리시고, 에브라임
지파도 선택하지 아니하
셨다.
68 오히려, 유다 지파만을 선
택하셨으며, 그가 사랑하
신 시온 산을 뽑으셨다.
69 그곳에서 주님은 주님의
성소를 높은 하늘처럼
세우셨다. 영원히 흔들리
지 않는 터전 위에 세우
셨다.
70 주님의 종 다윗을 선택하
시되, 양의 우리에서 일
하는 그를 뽑으셨다.
71 암양을 돌보는 그를 데려
다가, 주님의 백성 야곱
과 주님의 유산 이스라엘
의 목자가 되게 하셨다.
72 그는 한결같은 마음으로
그들을 기르고, 슬기로
운 손길로 그들을 인도
하였다.

79편 예루살렘과 성전이 멸망한 상황에 쓴 시입니다. 죄를 지은 이스라엘이 멸망하게 되었을 때, 시인은 회개하며 하나님이 진노를 거두시고 이스라엘을 회복시켜 주실 것을 간절히 바랐습니다.

예루살렘에 긍휼을 베풀어 주십시오

[아삽의 시]

1 하나님, 이방 나라들이
주님의 땅으로 들어와서,
주님의 성전을 더럽히고,
예루살렘을 돌무더기로
만들었습니다.
2 그들이 주님의 종들의
주검을 하늘을 나는 새
들에게 먹이로 내주고,
주님의 성도들의 살을 들
짐승에게 먹이로 내주고,
3 사람들의 피가 물같이

흘러 예루살렘 사면에
넘치게 하였건만, 희생당
한 이들을 묻어 줄 사람
이 아무도 없습니다.
4 우리는 이웃에게 조소거
리가 되고, 주변 사람들
에게 조롱거리와 웃음거
리가 되었습니다.
5 주님, 언제까지입니까?
영원히 노여워하시렵니
까? 언제까지 주님의 진
노하심이 불길처럼 타오
를 것입니까?
6 주님을 알지 못하는 저
이방인들에게나 주님의
진노하심을 쏟아 주십시
오. 주님의 이름을 부르
지 않는 저 나라들 위에
쏟아부어 주십시오.
7 그들은 야곱을 집어삼키
고, 그가 사는 곳을 폐허
로 만들었습니다.
8 우리 조상의 죄악을 기억
하여 우리에게 돌리지 마
십시오. 주님의 긍휼하심
으로 어서 빨리 우리를
영접하여 주십시오. 우리
가 아주 비천하게 되었습
니다.
9 우리를 구원하여 주시
는 하나님, 주님의 영광
스러운 이름을 생각해서
라도 우리를 도와주십시
오. 주님의 명성을 생각

단어

주검(79:2) 죽은 사람의 몸.
사면(79:3) 전후좌우의 모든 둘레.
조롱거리(79:4) 남의 비웃음이나 놀림을 받는 대상.
집어삼키다(79:7) 남의 것을 부당하게 슬그머니 자기 것으로 삼다.
폐허(79:7) 건물, 성 등이 파괴되어 황폐하게 된 터.

해서라도 우리를 건져 주
시고, 우리의 죄를 용서
하여 주십시오.
10 어찌 이방인들이 "그들
의 하나님이 어디에 있느
냐?" 하면서 비웃게 버려
두시겠습니까?
주님의 종들이 흘린 피
를 주님께서 갚아 주신
다는 것을, 우리가 보는
앞에서 이방인들에게 알
려 주십시오.
11 갇힌 사람들의 신음소리
를 주님께서 들어 주십시
오. 죽게 된 사람들을 주
님의 능하신 팔로 살려
주십시오.
12 주님, 우리 이웃 나라들
이 주님을 모독한 그 모
독을 그들의 품에다가 일
곱 배로 갚아 주십시오.
13 그 때에 주님의 백성, 주
님께서 기르시는 양 떼인
우리가, 주님께 영원히
감사를 드리렵니다. 대대
로 주님께 찬양을 드리렵
니다.

80편 북 이스라엘이 앗시리아에 의해 멸망당한 사건을 이야기하고 있습니다. 시인은 이스라엘을 '주님의 포도나무'에 비유하며 하나님이 택하신 이스라엘을 구원하셔서 다시 회복시켜 주실 것을 간구합니다.

우리나라를 도와주십시오

[아삽의 시, 지휘자를 따라 소산님 에둣에 맞추어 부르는 노래]

1 아, 이스라엘의 목자이
신 주님, 요셉을 양 떼처
럼 인도하시는 주님, 귀
를 기울여 주십시오. 그
룹 위에 앉으신 주님, 빛

으로 나타나 주십시오.
2 에브라임과 베냐민과 므
낫세 앞에서 주님의 능력
을 떨쳐 주십시오. 우리
를 도우러 와 주십시오.
3 하나님, 우리를 회복시켜
주십시오. 우리가 구원
을 받도록, 주님의 빛나
는 얼굴을 나타내어 주
십시오.
4 주 만군의 하나님, 얼마
나 오랫동안 주님의 백성
들이 올리는 기도를 노엽
게 여기시렵니까?
5 주님께서 그들에게 눈물
의 빵을 먹이시고, 눈물
을 물리도록 마시게 하셨

습니다.
6 우리를 우리의 이웃에게
시비거리가 되게 하시니,
원수들이 우리를 비웃습
니다.
7 만군의 하나님, 우리를
회복시켜 주십시오. 우리
가 구원을 받을 수 있도
록, 주님의 빛나는 얼굴
을 나타내어 주십시오.
8 주님께서는 이집트에서
포도나무 한 그루를 뽑
아 오셔서, 뭇 나라를 몰
아내시고, 그것을 심으셨
습니다.
9 땅을 가꾸시고 그 나무
의 뿌리를 내리게 하시

단어

그룹(80:1) 날개가 달린 천상의 피조물.
떨치다(80:2) 위세나 명성이 널리 알려지다.
노엽다(80:4) 화가 날 만큼 섭섭하고 분하다.
물리다(80:5) 너무 많이 먹거나 자주 먹어서 먹기가 싫어지다.
뭇(80:8) 하나가 아닌 여러.

더니, 그 나무가 온 땅을
채웠습니다.
10 산들이 그 포도나무 그
늘에 덮이고, 울창한 백
향목도 그 가지로 뒤덮였
습니다.
11 그 가지는 지중해에까지
뻗고, 새 순은 유프라테
스 강에까지 뻗었습니다.
12 그런데 어찌하여 주님께
서는 그 울타리를 부수
시고 길을 지나가는 사
람마다 그 열매를 따먹
게 하십니까?
13 멧돼지들이 숲에서 나와
서 마구 먹고, 들짐승들
이 그것을 먹어 치우게
하십니까?
14 만군의 하나님, 우리에게
돌아오십시오. 하늘에서
내려다보시고, 이 포도나
무를 보살펴 주십시오.
15 주님의 오른손으로 심으
신 이 줄기와 주님께서
몸소 굳세게 키우신 햇가
지를 보살펴 주십시오.
16 주님의 포도나무는 불타
고 꺾이고 있습니다. 주
님의 분노로 그들은 멸
망해 갑니다.
17 주님의 오른쪽에 있는
사람, 주님께서 몸소 굳
게 잡아 주신 인자 위에,
주님의 손을 얹어 주십
시오.
18 그리하면 우리가 주님을
떠나지 않을 것이니, 주
님의 이름을 부를 수 있

도록 우리에게 새 힘을
주십시오.
19 만군의 하나님, 우리를
회복시켜 주십시오. 우리
가 구원을 받도록, 주님
의 빛나는 얼굴을 나타
내어 주십시오.

81편 이스라엘의 3대 절기 때 불렀던 찬양시입니다. 그중에서도 장막절에 불렀던 것으로 보는 견해가 많습니다. 장막절을 맞아 하나님을 찬양하고, 하나님께 순종하는 삶을 살 것을 말하고 있습니다.

하나님이 우리를 강하게 만드신다

[아삽의 시, 지휘자를 따라 깃딧에 맞추어 부
르는 노래]

1 우리의 피난처이신 하나
님께 즐거이 노래를 불러
라. 야곱의 하나님께 큰
환성을 올려라.
2 시를 읊으면서 소구를 두
드려라. 수금을 타면서,
즐거운 가락으로 거문고
를 타라.
3 새 달과 대보름날에, 우
리의 축제날에, 나팔을
불어라.
4 이것은 이스라엘이 지킬
율례요, 야곱의 하나님이
주신 규례이며,
5 하나님이 이집트 땅을 치
려고 나가실 때에, 요셉
에게 내리신 훈령이기 때
문이다.
나는, 내가 알지 못하던
한 소리를 들었다. 주님
께서 말씀하셨다.

단어
몸소(80:15) 높은 사람이나 존경하는 사람이 자기 몸으로 직접.
환성(81:1) 기뻐서 큰 소리로 외치는 소리.
가락(81:2) 소리의 높낮이가 길이나 리듬과 서로 어울려 이루어지는 음의 흐름.
규례(81:4) 지켜야 할 규칙과 정해진 관례.

6 "내가 네 어깨에서 짐을
벗겨 주고, 네 손에서 무
거운 광주리를 내려놓게
하였다.
7 너희가 고난 가운데 부르
짖을 때에, 내가 건져 주
고, 천둥치는 먹구름 속
에서 내가 대답하고, 므
리바 물 가에서는 내가
너를 시험하기도 하였다.
(셀라)
8 내 백성아, 들어라. 내가
너에게 경고하겠다. 이스
라엘아, 나는 네가 내 말
을 듣기를 바란다.
9 '너희 가운데 다른 신을
두지 말며, 이방 신에게
절하지 말아라.
10 나는 너희를 이집트 땅에
서 이끌어 낸 주 너희의
하나님이다. 너희의 입을
크게 벌려라. 내가 마음껏
먹여 주겠다' 하였으나,
11 내 백성은 내 말을 듣지
않고, 이스라엘은 내 뜻
을 따르지 않았다.
12 그래서 나는 그들의 고집
대로 버려두고, 그들이 원
하는 대로 가게 하였다.
13 나의 백성 이스라엘이 내
말을 듣기만 했어도, 내
가 가라는 길로 가기만
했어도,
14 나는 당장 그들의 원수
를 굴복시키고, 내가 손
을 들어서 그 대적을 쳤
을 것이다.
15 나를 미워하는 자들은

그들 앞에 무릎을 꿇었
을 것이며, 이것이 그들
의 영원한 운명이 되었을
것이다.
16 그리고 나는 기름진 밀
곡식으로 너희를 먹였을
것이고, 바위에서 따 낸
꿀로 너희를 배부르게 하
였을 것이다."

82편 불의한 통치자들과 불공정한 재판장들의 잘못을 지적하고, 온 세상을 다스리시는 의로우신 하나님이 반드시 그들을 심판하실 것임을 경고하는 시입니다. 또한 공의로우신 하나님을 찬양하고 있습니다.

하나님이 재판하여 주십시오

[아삽의 시]

1 하나님이 하나님의 법정
에 나오셔서, 신들을 모
아들이시고 재판을 하셨
다. 하나님께서 신들에게
말씀하셨다.
2 "언제까지 너희는 공정하
지 않은 재판을 되풀이
하려느냐? 언제까지 너
희는 악인의 편을 들려느
냐? (셀라)
3 가난한 사람과 고아를
변호해 주고, 가련한 사
람과 궁핍한 사람에게
공의를 베풀어라.
4 가난한 사람과 빈궁한
사람을 구해 주어라. 그
들을 악인의 손에서 구
해 주어라."
5 그러나 그들은 깨닫지도
못하고, 분별력도 없이,

단어

므리바(81:7) 이집트를 탈출한 이스라엘 백성이 물이 없어 하나님을 원망할 때, 모세가 하나님의 말씀대로 반석을 쳐 물이 나왔던 곳.

굴복시키다(81:14) 다른 사람의 주장이나 뜻을 강제로 눌러 굽히고 복종하게 하다.

빈궁하다(82:4) 가난하여 살기가 어렵다.

어둠 속에서 헤매고만
있으니, 땅의 기초가 송
두리째 흔들렸다.
6 하나님께서 말씀하셨다.
"너희는 모두 신들이고,
'가장 높으신 분'의 아들
들이지만,
7 너희도 사람처럼 죽을 것
이고, 여느 군주처럼 쓰
러질 것이다."
8 하나님, 일어나셔서, 이
세상을 재판하여 주십시
오. 온 나라가 하나님의
것입니다.

83편 이스라엘이 주변 나라에 침략을 당했을 때 지은 시입니다. 이스라엘을 정복하려는 적들의 음모를 하나님께 고발하고, 하나님이 원수들을 물리치시고 구원해 주실 것을 기도하고 있습니다.

하나님이 온 땅을 다스리신다

[아삽의 찬송시]

1 하나님, 묵묵히 계시지
마십시오. 하나님, 침묵
을 지키지 마십시오. 조
용히 계시지 마십시오.
오, 하나님!
2 주님의 원수들이 소리
높여 떠들고, 주님을 미
워하는 자들이 머리를
치켜들기 때문입니다.
3 그들은 주님의 백성을 치
려고 음모를 꾸미고, 주
님께서 아끼시는 이들을
치려고 모의하며
4 "가자, 그들을 없애버리
고, 나라가 되지 못하게
하자. 이스라엘이라는 이
름을 다시는 기억하지 못
하게 하자" 말합니다.
5 그들은 한마음으로 모의

하고, 주님과 맞서려고
동맹을 맺었습니다.
6 에돔과 이스마엘 사람
들, 모압과 하갈 사람들,
7 그발, 암몬, 아말렉, 블레
셋, 두로에 사는 사람들
이 그러하고,
8 앗시리아까지도 그들과
힘을 합하여 롯의 자손
을 도왔습니다. (셀라)
9 주님, 미디안에게 하신
것같이, 기손 강에서 시
스라와 야빈에게 하신 것
같이, 그들에게도 그렇게
해주십시오.
10 그들은 엔돌에서 멸망하
여, 밭의 거름이 되었습
니다.
11 주님, 그들의 장수들을 오
렙과 스엡과 같게 하시고,
모든 왕들을 세바와 살
문나와 같게 해주십시오.
12 그들은 "하나님의 목장
을 우리의 소유로 만들
자" 하고 말하던 자들입
니다.
13 나의 하나님, 그들을, 바
람에 굴러가는 엉겅퀴와
쭉정이와 같게 해주십
시오.
14 산림을 태우는 불길처럼,
산들을 삼키는 불꽃처럼,
15 주님의 회오리바람으로,
그들을 쫓아내어 주십시

단어
송두리째(82:5) 있는 전부를 모두.
여느(82:7) 다른 보통의.
동맹(83:5) 둘 이상의 개인·단체·국가가 공동의 목적을 이루기 위해 동일한 행동을 취하기로 한 약속.
쭉정이(83:13) 껍질만 있고 속에 알맹이가 들어 있지 않은 곡식이나 과실 따위의 열매.

오. 주님의 폭풍으로, 그
들이 두려움에 떨게 해
주십시오.
16 주님, 그들이 주님을 간절
히 찾도록, 그들의 얼굴에
수치를 씌워 주십시오.
17 그들이 부끄러움을 당하
고 영영 공포에 질려서,
수치를 쓰고 멸망하게
해주십시오.
18 하나님의 이름은 '주'이시
며, 온 세상에서 주님만
이 홀로 가장 높은 분이
심을 알게 해주십시오.

84편 예루살렘을 순례하는 시인이 성전을 사모하는 마음으로 지은 시입니다. 시인은 하나님을 간절히 찾고 의지하는 자에게 복이 있음을 노래하고 있습니다. 시편 최고의 성전 예찬가로 꼽힙니다.

예배의 기쁨

[고라 자손의 시, 지휘자를 따라 깃딧에 맞추어 부르는 노래]

1 만군의 주님, 주님이 계
신 곳이 얼마나 사랑스러
운지요.
2 내 영혼이 주님의 궁전
뜰을 그리워하고 사모합
니다. 내 마음도 이 몸
도, 살아 계신 하나님께
기쁨의 노래 부릅니다.
3 만군의 주님, 나의 왕, 나
의 하나님, 참새도 주님
의 제단 곁에서 제 집을
짓고, 제비도 새끼 칠 보
금자리를 얻습니다.
4 주님의 집에 사는 사람
들은 복됩니다. 그들은
영원토록 주님을 찬양합
니다. (셀라)
5 주님께서 주시는 힘을 얻

고, 마음이 이미 시온의
순례길에 오른 사람들은
복이 있습니다.
6 그들이 '눈물 골짜기'를
지나갈 때에, 샘물이 솟
아서 마실 것입니다. 가
을비도 샘물을 가득 채
울 것입니다.
7 그들은 힘을 얻고 더 얻
으며 올라가서, 시온에서
하나님을 우러러뵐 것입
니다.
8 주 만군의 하나님, 나의
기도를 들어 주십시오.
야곱의 하나님, 귀를 기
울여 주십시오. (셀라)
9 우리의 방패이신 하나님,
주님께서 기름을 부어
주신 사람을 돌보아 주
십시오.
10 주님의 집 뜰 안에서 지
내는 하루가 다른 곳에
서 지내는 천 날보다 낫
기에, 악인의 장막에서
살기보다는, 하나님의 집
문지기로 있는 것이 더
좋습니다.
11 주 하나님은 태양과 방패
이시기에, 주님께서는 은
혜와 영예를 내려 주시
며, 정직한 사람에게 좋
은 것을 아낌없이 내려
주십니다.
12 만군의 주님, 주님을 신

단어

보금자리(84:3) 살기에 편안하고 아늑한 곳을 비유적으로 이르는 말.

셀라(84:4) 정확한 뜻은 알 수 없지만, '높임', '중지'라는 뜻의 히브리어 '살랄'에서 유래한 것으로 추측되는 음악 용어.

우러러보다(84:7) 마음속으로 받들어 공경하다.

뢰하는 사람에게 복이
있습니다.

85편

고라 자손이 간직해온 시입니다. 바빌로니아로 끌려간 유다 포로들의 1차 귀환 때 지은 시로, 하나님의 은혜를 간구한 공동 기도라고 할 수 있습니다. (에스라기 1-3장은 85편을 이해하는 데 도움이 됩니다.)

평화를 비는 기도

[고라 자손의 시, 지휘자를 따라 부르는 노래]

1 주님, 주님께서 주님의
땅에 은혜를 베푸시어,
포로가 된 야곱 자손을
돌아오게 하셨습니다.
2 주님의 백성들이 지은 죄
악을 용서해 주시며, 그
모든 죄를 덮어 주셨습니
다. (셀라)
3 주님의 노여움을 말끔히
거두어 주시며, 주님의
맹렬한 진노를 거두어 주
셨습니다.
4 우리를 구원해 주신 하
나님, 우리에게 다시 돌
아와 주십시오. 주님께서
우리에게 품으신 진노를
풀어 주십시오.
5 주님께서 우리에게 영원
히 노하시며, 대대로 노
여움을 품고 계시렵니
까?
6 주님의 백성이 주님을 기
뻐하도록 우리를 되살려
주시지 않겠습니까?
7 주님, 주님의 한결 같은
사랑을 보여 주십시오.
우리에게 주님의 구원을
베풀어 주십시오.
8 하나님께서 무엇을 말씀
하시든지, 내가 듣겠습
니다. 주님께서 우리에게

평화를 약속하실 것입니다. 주님께서는, 주님의 백성 주님의 성도들이 망령된 데로 돌아가지 않는다면, 진정으로 평화를 주실 것입니다.

9 참으로 주님의 구원은 주님을 경외하는 사람에게 가까이 있으니, 주님의 영광이 우리 땅에 깃들 것입니다.

10 사랑과 진실이 만나고, 정의는 평화와 서로 입을 맞춘다.

11 진실이 땅에서 돋아나고, 정의는 하늘에서 굽어본다.

12 주님께서 좋은 것을 내려 주시니, 우리의 땅은 열매를 맺는다.

13 정의가 주님 앞에 앞서가며, 주님께서 가실 길을 닦을 것이다.

86편

86편은 시편 제3권에 담긴 다윗의 유일한 시입니다. 고난 중에 기록된 비탄의 시로, 다윗은 자신을 괴롭히는 적들의 오만함과 난폭함을 보면서 하나님의 도움과 구원을 외치고 있습니다.

도움을 비는 기도

[다윗의 기도]

1 주님, 나에게 귀를 기울이시고, 응답하여 주십시오. 나는 가난하고 궁핍한 사람입니다.

2 그러나 나는 신실하오니, 나의 생명을 지켜 주십시

단어
말끔히(85:3) 조금도 남김이 없이.
맹렬하다(85:3) 기운이나 기세가 몹시 사납고 세차다.
망령되다(85:8) 이치에 맞지 않고 허황하거나 주책없다.
깃들다(85:9) 감정, 생각, 노력이 어리거나 스미다.
신실하다(86:2) 믿음직스럽고 착실하며 진실하다.

오. 주님은 나의 하나님
이시니, 주님을 신뢰하는
주님의 종을 구원하여
주십시오.
3 내가 온종일 주님께 부르
짖습니다. 주님, 나에게
은혜를 베풀어 주십시오.
4 주님, 내가 진심으로 주
님을 우러러봅니다. 주님
의 종의 마음을 기쁨으
로 가득 채워 주십시오.
5 주님, 주님은 선하시며
기꺼이 용서하시는 분,
누구든지 주님께 부르짖
는 사람에게는, 사랑을
한없이 베푸시는 분이십
니다.
6 주님, 나의 기도에 귀를
기울이시고, 나의 애원하
는 소리를 들어주십시오.
7 주님은 나에게 응답해
주실 분이시기에, 제가
고난을 당할 때마다 주님
께 부르짖습니다.
8 주님, 신들 가운데 주님과
같은 신이 어디에 또 있습
니까? 주님이 하신 일을
어느 신이 하겠습니까?
9 주님께서 지으신 뭇 나라
가 모두 와서, 주님께 경
배하며 주님의 이름에 영
광을 돌립니다.
10 주님은 위대하셔서 놀라
운 일을 하시니, 주님만
이 홀로 하나님이십니다.
11 주님, 주님의 길을 가르
쳐 주십시오. 내가 진심
으로 따르겠습니다. 내가

마음을 모아, 주님의 이
름을 경외하겠습니다.
12 주 하나님, 내 마음을 다
하여 주님께 감사드리며,
영원토록 주님의 이름에
영광을 돌리렵니다.
13 나에게 베푸시는 주님의
사랑이 크시니, 스올의
깊은 곳에서, 주님께서 내
목숨을 건져내셨습니다.
14 하나님, 오만한 자들이
나를 치려고 일어나며,
난폭한 무리가 나의 목
숨을 노립니다. 그들은
주님을 안중에도 두지
않습니다.
15 그러나 주님, 주님은 자
비롭고 은혜로우신 하나
님이시요, 노하기를 더디
하시며, 사랑과 진실이
그지없으신 분이십니다.
16 내게로 얼굴을 돌려 주
시고, 내게 은혜를 베풀
어 주십시오. 주님의 종
에게 힘을 주시고, 주님
께서 거느리신 여종의
아들에게 구원을 베풀어
주십시오.
17 은총을 베풀어 주실 징
표를 보여 주십시오. 나
를 미워하는 자들이 보
고, 부끄러워할 것입니다.
주님, 주님께서 친히 나
를 돕고 위로하셨습니다.

단어

기꺼이(86:5) 탐탁하여 마음이 기쁘게.
애원하다(86:6) 애처롭게 사정하며 간절히 바라다.
스올(86:13) 죽어서 가는 장소. 음부, 무덤, 지옥으로 번역되기도 한다.
안중(86:14) 생각이나 관심의 범위나 대상.
그지없다(86:15) 끝이나 한량이 없다.

87편 하나님의 성인 예루살렘(시온)이 장차 얻게 될 영광을 노래하고 있습니다. 시인은 예루살렘(시온)을 통해 이스라엘을 핍박하던 세력조차도 구원을 얻고, 하나님을 아는 백성이 될 것을 예언하며 노래하고 있습니다.

시온 산의 영광

[고라 자손의 찬송시]

1 그 터전이 거룩한 산 위
에 있구나.
2 주님은 시온의 문들을
야곱의 어느 처소보다 더
욱 사랑하신다.
3 너 하나님의 도성아, 너
를 가리켜 영광스럽다고
말한다. (셀라)
4 "내가 라합과 바빌로니아
를 나를 아는 나라로 기
록하겠다. 블레셋과 두로
와 에티오피아도 시온에
서 태어났다고 하겠다."
5 시온을 두고 말하기를,
"가장 높으신 분께서 친히
시온을 세우실 것이니, 이
사람 저 사람이 거기에서
났다"고 할 것이다.
6 주님께서 민족들을 등록
하실 때에, 그 수를 세시
며 "이 사람이 거기에서
났다"고 기록하실 것이
다. (셀라)
7 노래하는 이들과 춤을
추는 이들도 말한다. "나
의 모든 근원이 네 안에
있다."

88편 에스라 사람인 헤만이 병에 걸려 큰 고통과 슬픔 가운데 있었습니다. 그는 하나님이 자신을 불쌍히 여기셔서 치료해 주실 것을 간절히 기도했습니다. 시편 중에서 가장 슬픈 시로 꼽힙니다.

길을 찾을 수 없을 때의 기도

[고라 자손의 찬송시, 에스라 사람 헤만의 마스길, 지휘자를 따라 마할랏르안놋에 맞추어

부르는 노래]

1 주님, 나를 구원하신 하나
님, 낮이나 밤이나, 내가
주님 앞에 부르짖습니다.
2 내 기도가 주님께 이르게
하시고, 내 울부짖음에
귀를 기울여 주십시오.
3 아, 나는 고난에 휩싸이
고, 내 목숨은 스올의 문
턱에 다다랐습니다.
4 나는 무덤으로 내려가는
사람과 다름이 없으며,
기력을 다 잃은 사람과
같이 되었습니다.
5 이 몸은 또한 죽은 자들
가운데 버림을 받아서,
무덤에 누워 있는 살해된
자와 같습니다. 나는 주님
의 기억에서 사라진 자와
같으며, 주님의 손에서 끊
어진 자와도 같습니다.
6 주님께서는 나를 구덩이
의 밑바닥, 칠흑같이 어
두운 곳에 던져 버리셨습
니다.
7 주님은 주님의 진노로 나
를 짓눌렀으며, 주님의
파도로 나를 압도하셨습
니다. (셀라)
8 주님께서는 나의 가까운
친구들마저 내게서 멀리
떠나가게 하시고, 나를
그들 보기에 역겨운 것
이 되게 하시니, 나는 간

단어

터전(87:1) 자리를 잡은 곳.

문턱(88:3) 어떤 일이 시작되거나 이루어지려는 무렵을 비유적으로 이르는 말.

칠흑(88:6) 옻칠을 한 것처럼 검고 광택이 있음.

짓누르다(88:7) 정신적으로 심하게 억압하다.

역겹다(88:8) 속에 구역질이 날 만큼 거슬리게 싫다.

혀서, 빠져 나갈 수 없는
몸이 되었습니다.
9 고통으로 나는 눈마저 흐
려졌습니다. 주님, 내가
온종일 주님께 부르짖으
며, 주님을 바라보면서,
두 손을 들고 기도하였습
니다.
10 주님은 죽은 사람에게
기적을 베푸시렵니까?
혼백이 일어나서 주님을
찬양하겠습니까? (셀라)
11 무덤에서 주님의 사랑을,
죽은 자의 세계에서 주님
의 성실하심을 이야기할
수 있겠습니까?
12 흑암 속에서 주님의 기적
을, 망각의 땅에서 주님
의 정의를 경험할 수 있
겠습니까?
13 주님, 내가 주님께 부르
짖고, 첫새벽에 주님께
기도드립니다.
14 주님, 어찌하여 주님은
나를 버리시고, 주님의
얼굴을 감추십니까?
15 나는 어려서부터 고통을
겪었고, 지금까지 죽음의
문턱에서 살아온 몸이기
에, 주님께로부터 오는
그 형벌이 무서워서, 내
기력이 다 쇠잔해지고 말
았습니다.
16 주님의 진노가 나를 삼
켰으며, 주님의 무서운
공격이 나를 파멸시켰습
니다.
17 무서움이 날마다 홍수처

럼 나를 에워쌌으며, 사방
에서 나를 둘러쌌습니다.
18 주님께서 내 사랑하는
사람들과 이웃을 내게서
떼어놓으셨으니, 오직 어
둠만이 나의 친구입니다.

89편 다윗 왕조가 몰락하여 열방의 모욕거리가 되었음을 탄식하고, 전능하신 하나님께서 다윗과 맺으신 언약(사무엘기하 7장)에 따라 다시 다윗 왕조를 회복시켜 주시기를 호소하는 기도시입니다.

주님께서 다윗에게 하신 맹세

[에스라 사람 에단의 마스길]

1 내가 영원히 주님의 사랑
을 노래하렵니다. 대대로
이어 가면서, 내 입으로
주님의 신실하심을 전하
렵니다.
2 참으로 내가 말하겠습니
다. "주님의 사랑은 영원
토록 굳게 서 있을 것이
요, 주님께서는 주님의 신
실하심을 하늘에 견고하
게 세워 두실 것입니다."
3 (주님께서도 말씀하십니
다.) "나는, 내가 선택한
사람과 언약을 맺으며,
내 종 다윗에게 맹세하기
를
4 '내가 네 자손을 영원히
견고히 세우며, 네 왕위
를 대대로 이어지게 하겠
다'고 하였다." (셀라)
5 주님, 하늘은 주님이 행
하신 기적을 찬양하게
하여 주십시오. 거룩한

단어
혼백(88:10) 사람의 몸안에 있으면서 목숨을 붙어 있게 하며, 죽어도 영원히 남아 있다는 비물질적이고 초자연적인 존재.
망각(88:12) 어떤 일이나 사실을 잊어 버림.
진노(88:16) 존엄한 존재가 크게 노함.
회중(89:5) 많이 모인 사람들.

회중은 주님의 신실하심
을 찬양하게 하여 주십
시오.
6 저 구름 위의 하늘에서
주님과 견줄 만한 이가
누가 있으며, 신들 가운
데서도 주님과 같은 이가
누가 있습니까?
7 하나님은 하늘에 있는
무리 모임에서 심히 엄위
하시며, 주님을 모시는
자들이 모두 심히 두려
워하는 분이십니다.
8 주 만군의 하나님, 누가
주님 같은 용사이겠습니
까? 오, 주님! 주님의 신
실하심이 주님을 둘러싸
고 있습니다.
9 주님은 소용돌이치는 바
다를 다스리시며, 뛰노는
파도도 진정시키십니다.
10 주님은 라합을 격파하여
죽이시고, 주님의 원수
들을 주님의 강한 팔로
흩으셨습니다.
11 하늘은 주님의 것, 땅도
주님의 것, 세계와 그 안
에 가득한 모든 것이 모
두 주님께서 기초를 놓으
신 것입니다.
12 자폰 산과 아마누스 산
을 주님이 창조하셨으니,
다볼 산과 헤르몬 산이
주님의 이름을 크게 찬
양합니다.
13 주님의 팔에 능력이 있으
며 주님의 손에는 힘이
있으며, 주님의 오른손은

높이 들렸습니다.
14 정의와 공정이 주님의 보
좌를 받들고, 사랑과 신
실이 주님을 시중들며 앞
장서 갑니다.
15 축제의 함성을 외칠 줄
아는 백성은 복이 있습
니다. 주님, 그들은 주님
의 빛나는 얼굴에서 나오
는 은총으로 살아갈 것
입니다.
16 그들은 온종일 주님의 이
름을 크게 외치며, 주님
의 의로우심을 기뻐할 것
입니다.
17 주님께서는 그들의 영광
스러운 힘이십니다. 주님
의 사랑 덕분에 우리는
승리의 뿔을 높이 쳐들
게 됩니다.
18 주님, 참으로 주님은 우
리의 방패이십니다. 이스
라엘의 거룩하신 하나님,
참으로 주님은 우리의 왕
이십니다.
19 오래 전에 주님께서는 환
상 가운데 나타나시어,
주님의 성도에게 말씀하
셨습니다. "내가 용사들
위에 한 젊은 용사를 세
우고 백성들 위에 내가
선택한 용사를 높이 세
웠다.
20 나는 내 종 다윗을 찾아

단어

견주다(89:6) 질, 양, 차이를 비교하려고 대어 보다.
엄위하다(89:7) 엄격하고 위엄이 있다.
시중들다(89:14) 옆에서 보살피거나 갖가지 심부름을 하다.
은총(89:15) 높은 사람에게 받는 특별한 은혜와 사랑. 하나님께 받는 사랑.

서, 내 거룩한 기름을 부
어 주었다.
21 내 손이 그를 붙들어 주
고, 내 팔이 그를 강하게
할 것이다.
22 원수들이 그를 이겨 내
지 못하며, 악한 무리가
그를 괴롭히지 못할 것
이다.
23 내가 오히려 그의 대적들
을 그의 앞에서 격파하
고, 그를 미워하는 자들
을 쳐부수겠다.
24 나는 그를 사랑하고, 내
약속을 성실하게 지킬 것
이며, 내가 그에게 승리
를 안겨 주겠다.
25 그의 손은 바다를 치며
그의 오른손은 강을 정
복하게 하겠다.
26 그는 나를 일컬어 '주님
은 나의 아버지, 나의 하
나님, 내 구원의 반석입
니다' 하고 말할 것이다.
27 나도 그를 맏아들로 삼
아서, 세상의 왕들 가운
데서 가장 높은 왕으로
삼겠다.
28 그에게 내 신의를 영원
토록 지키며, 그와 맺은
나의 언약을 성실히 지
키겠다.
29 그의 자손을 길이길이 이
어 주며, 그의 왕위를 하
늘이 다할 때까지 지켜
주겠다.
30 그러나 그의 자손이 내
법을 내버리고 내 규례

를 따라서 살지 않고,
31 내 율례를 깨뜨리고 내
계명을 지키지 않으면,
32 나는 그 죄를 물어 채찍
으로 치고 그 죄악을 물
어 매질할 것이다.
33 그러나 그에게 약속한 나
의 진실함은 변하지 않
을 것이며
34 나는 내 언약을 깨뜨리
지 않으며, 내 입으로 말
한 것은 결코 번복하지
않는다.
35 내가 나의 거룩함을 두고
한 번 맹세하였는데, 어
찌 다윗을 속이겠느냐?
36 그 자손이 영원토록 이어
지고, 그 왕위는 내 앞에
서 태양처럼 있을 것이니,
37 저 달처럼, 구름 속에 있
는 진실한 증인처럼, 영
원토록 견고하게 서 있을
것이다." (셀라)
38 그러나 주님은, 주님께서
기름을 부어서 세우신
왕에게 노하셨습니다. 그
를 물리치시고 내버리셨
습니다.
39 주님은 주님의 종과 맺으
신 언약을 파기하시고,
그의 왕관을 땅에 내던
져 욕되게 하셨습니다.
40 주님께서 모든 성벽을 허
무시고, 요새를 폐허로

단어
신의(89:28) 믿음과 의리를 아울러 이르는 말.
언약(89:28) 말로써 약속함.
번복하다(89:34) 주장이나 입장을 앞서와 달리 이리저리 고쳐 뒤집다.
파기하다(89:39) 일방적으로 깨뜨려 무효로 만들다.
욕되다(89:39) 부끄럽고 명예롭지 못하다.

만드셨습니다.
41 길로 지나가는 사람마다
그를 약탈하고, 그는 이
웃들에게 수치거리가 되
었습니다.
42 대적들의 오른손을 치켜
올려 주셔서, 원수들만 기
뻐서 날뛰게 하셨습니다.
43 또 그의 칼날을 무디게
하셨으며, 전쟁터에서 그
를 돕지 않으셨습니다.
44 그의 영광을 끝나게 하시
고, 그의 왕위를 땅바닥
에 내던지셨습니다.
45 주님은 또한 그의 젊은
날을 줄이시고, 그를 수
치로 덮으셨습니다. (셀
라)
46 주님, 언제까지입니까? 영
영 숨어 계시렵니까? 언
제까지 주님의 진노를 불
처럼 태우려고 하십니까?
47 내 인생이 얼마나 짧은지
기억해 주십시오. 주님께
서 모든 인생을 얼마나
허무하게 창조하여 주셨
는지를 기억해 주십시오.
48 산 사람치고 어느 누가
죽지 않고 살 수 있겠습
니까? 어느 누가 제 목
숨을 스올의 손아귀에서
건져낼 수 있겠습니까?
(셀라)
49 주님, 주님의 신실하심을
두고, 다윗과 더불어 맹
세하신 그 첫사랑은 지
금 어디에 있습니까?
50 주님, 주님의 종들이 받

은 치욕을 기억하여 주
십시오. 뭇 민족이 안겨
준 치욕이 내 가슴 속에
사무칩니다.
51 주님, 주님의 원수들은
주님이 기름부어 세우신
왕을 깔보며 가는 곳마
다 모욕합니다.
52 주님, 영원토록 찬송을
받으십시오. 아멘, 아멘.

단어
약탈하다(89:41) 폭력을 써서 억지로 빼앗다.
무디다(89:43) 날카롭지 못하여 잘 들지않다.
스올(89:48) 죽어서 가는 장소. 음부, 무덤, 지옥으로 번역되기도 한다.
치욕(89:50) 부끄럽고 욕됨.
사무치다(89:50) 강하게 느껴지다.

제 4 권

90편 시편에 있는 유일한 모세의 시로, 하나님의 진노 아래에서 죽음을 피할 수 없는 인간은 허무하게 살 수 밖에 없음을 말하며, 하나님을 떠나서는 참된 소망을 가질 수 없다는 것을 교훈하고 있습니다.

하나님은 영원하시다

[하나님의 사람 모세의 기도]

1 주님은 대대로 우리의 거
처이셨습니다.
2 산들이 생기기 전에, 땅
과 세계가 생기기 전에,
영원부터 영원까지, 주님
은 하나님이십니다.
3 주님께서는 사람을 티끌
로 돌아가게 하시고 "죽
을 인생들아, 돌아가거
라" 하고 말씀하십니다.
4 주님 앞에서는 천년도 지
나간 어제와 같고, 밤의
한 순간과도 같습니다.
5 주님께서 생명을 거두어
가시면, 인생은 한 순간
의 꿈일 뿐, 아침에 돋아
난 한 포기 풀과 같이 사
라져 갑니다.
6 풀은 아침에는 돋아나서
꽃을 피우다가도, 저녁
에는 시들어서 말라 버
립니다.
7 주님께서 노하시면 우리
는 사라지고, 주님께서
노하시면 우리는 소스라
치게 놀랍니다.
8 주님께서 우리 죄를 주님
앞에 들추어 내놓으시니,
우리의 숨은 죄가 주님

앞에 환히 드러납니다.
9 주님께서 노하시면, 우리
의 일생은 사그라지고,
우리의 한평생은 한숨처
럼 스러지고 맙니다.
10 우리의 연수가 칠십이요
강건하면 팔십이라도, 그
연수의 자랑은 수고와
슬픔뿐이요, 빠르게 지
나가니, 마치 날아가는
것 같습니다.
11 주님의 분노의 위력을 누
가 알 수 있겠으며, 주님
의 진노의 위세를 누가
알 수 있겠습니까?
12 우리에게 우리의 날을 세
는 법을 가르쳐 주셔서
지혜의 마음을 얻게 해
주십시오.
13 주님, 돌아와 주십시오.
언제까지입니까? 주님의
종들을 불쌍히 여겨 주
십시오.
14 아침에는 주님의 사랑으
로 우리를 채워 주시고,
평생토록 우리가 기뻐
하고 즐거워하게 해주십
시오.
15 우리를 괴롭게 하신 날
수만큼, 우리가 재난을
당한 햇수만큼, 우리에게
즐거움을 주십시오.
16 주님의 종들에게 주님께
서 하신 일을 드러내 주시

단어

소스라치다(90:7) 두려움이나 놀라움 따위로 몸을 떠는 듯이 움직이다.

사그라지다(90:9) 가라앉거나 꺾이어 약해지거나 없어지다.

강건하다(90:10) 굳세고 건전하다.

위세(90:11) 맹렬하거나 위엄이 있는 기세.

고, 그 자손에게는 주님의
영광을 나타내 주십시오.
17 주 우리 하나님, 우리에
게 은총을 베푸셔서, 우
리의 손으로 하는 일이
견실하게 하여 주십시오.
우리의 손으로 하는 일이
견실하게 하여 주십시오.

91편 저자와 배경에 관해 알려진 것이 전혀 없는 91편은 익명의 제사장이나 레위인이 지은 것으로 추측합니다. 하나님을 의지하는 사람의 적극적인 삶과 승리를 노래한 찬송시이자 지혜시입니다.

주님은 나의 피난처

1 가장 높으신 분의 보호
를 받으면서 사는 너는,
전능하신 분의 그늘 아
래 머무를 것이다.
2 나는 주님께 "주님은 나
의 피난처, 나의 요새,
내가 의지할 하나님"이라
고 말하겠다.
3 정녕, 주님은 너를, 사냥
꾼의 덫에서 빼내 주시
고, 죽을 병에서 너를 건
져 주실 것이다.
4 주님이 그의 깃으로 너
를 덮어 주시고 너도 그
의 날개 아래로 피할 것
이니, 주님의 진실하심이
너를 지켜 주는 방패와
갑옷이 될 것이다.
5 그러므로 너는 밤에 찾
아드는 공포를 두려워하
지 않고, 낮에 날아드는
화살을 무서워하지 않을
것이다.
6 흑암을 틈타서 퍼지는 염
병과 백주에 덮치는 재앙
도 두려워하지 말아라.

7 네 왼쪽에서 천 명이 넘
어지고, 네 오른쪽에서
만 명이 쓰러져도, 네게
는 재앙이 가까이 오지
못할 것이다.
8 오직 너는 너의 눈으로
자세히 볼 것이니, 악인
들이 보응을 받는 것을
보게 될 것이다.
9 네가 주님을 네 피난처로
삼았으니, 가장 높으신 분
을 너의 거처로 삼았으니,
10 네게는 어떤 불행도 찾아
오지 않을 것이다. 네 장
막에는, 어떤 재앙도 가
까이하지 못할 것이다.
11 그가 천사들에게 명하셔
서 네가 가는 길마다 너
를 지키게 하실 것이니,
12 너의 발이 돌부리에 부딪
히지 않게 천사들이 그
들의 손으로 너를 붙들
어 줄 것이다.
13 네가 사자와 독사를 짓
밟고 다니며, 사자 새끼
와 살모사를 짓이기고 다
닐 것이다.
14 (하나님께서 말씀하신
다.) “그가 나를 간절히
사랑하니, 내가 그를 건
져 주겠다. 그가 나의 이
름을 알고 있으니, 내가
그를 높여 주겠다.
15 그가 나를 부를 때에, 내

단어

은총(90:17) 높은 사람에게 받는 특별한 은혜와 사랑. 하나님께 받는 사랑.
견실하다(90:17) 어떤 것이 구조나 내용이 튼튼하고 굳건하다.
정녕(91:3) 거짓이 없이 진실하게.
백주(91:6) 환하게 밝은 낮.

가 응답하고, 그가 고난
을 받을 때에, 내가 그와
함께 있겠다. 내가 그를
건져 주고, 그를 영화롭
게 하겠다.
16 내가 그를 만족할 만큼
오래 살도록 하고 내 구원
을 그에게 보여 주겠다."

92편 이스라엘 백성이 안식일 아침 희생 제사를 드릴 때 부른 찬송시입니다. 악인을 멸하시고, 의인을 영화롭게 하시는 하나님의 의로우심과 공의를 높이 찬양하며 감사를 고백하고 있습니다.

주님께 찬양하여라

[안식일에 부르는 찬송시]

1 가장 높으신 하나님, 주
님께 감사를 드리며, 주
님 이름을 노래하는 것
이 좋습니다.
2 아침에 주님의 사랑을 알
리며, 밤마다 주님의 성
실하심을 알리는 일이
좋습니다.
3 열 줄 현악기와 거문고를
타며 수금 가락에 맞추
어서 노래하는 것이 좋
습니다.
4 주님, 주님께서 하신 일
을 생각하면 기쁩니다.
손수 이루신 업적을 기
억하면서, 환성을 올립니
다.
5 주님, 주님께서 하신 일
이 어찌 이렇게도 큽니
까? 주님의 생각이 어찌
이다지도 깊습니까?
6 우둔한 자가 이것을 알
지 못하고, 미련한 자가
이것을 깨닫지 못합니다.
7 악인들이 풀처럼 돋아나

고, 사악한 자들이 꽃처
럼 피어나더라도, 그들은
영원히 멸망하고 말 것입
니다.
8 그러나 주님은 영원히 높
임을 받으실 것입니다.
9 주님, 주님의 저 원수들,
주님의 저 원수들은 기
필코 멸망하고 말 것입니
다. 사악한 자들은 모두
흩어지고 말 것입니다.
10 그러나 주님은 나를 들
소처럼 강하게 만드시고
신선한 기름을 부어 새
롭게 하셨습니다.
11 나를 엿보던 자들이 멸
망하는 것을 내가 눈으
로 똑똑히 보며, 나를 거
슬러서 일어서는 자들이
넘어지는 소리를 이 귀로
똑똑히 들었습니다.
12 의인은 종려나무처럼 우
거지고, 레바논의 백향목
처럼 높이 치솟을 것이다.
13 주님의 집에 뿌리를 내렸
으니, 우리 하나님의 뜰에
서 크게 번성할 것이다.
14 늙어서도 여전히 열매를
맺으며, 진액이 넘치고,
항상 푸르를 것이다.
15 그리하여 주님의 올곧으
심을 나타낼 것이다. 주님
은 나의 반석이시요, 그에
게는 불의가 없으시다.

단어

영화롭다(91:15) 몸이 귀하게 되어 이름이 세상에 드러나고 빛날 만하다.
손수(92:4) 직접 자기 손으로.
기필코(92:9) 기어이 꼭.
번성하다(92:13) 우거져 무성하다.
진액(92:14) 생물의 몸 안에서 생겨나는 액체.

93편

47편과 마찬가지로 하나님이 온 세상 모든 만물을 다스리시는 분이심을 찬양하는 시입니다. 시인은 하나님의 영원하시고 위대하신 능력을 소리 높여 찬양하고 있습니다.

주님은 왕이시다

1 주님이 다스리신다. 위엄
을 갖추시고 능력의 허리
띠를 띠시며 다스리신다.
그러므로 세계도 굳건히
서서, 흔들리지 아니한다.
2 주님, 주님의 왕위는 예
로부터 견고히 서 있었으
며, 주님은 영원 전부터
계십니다.
3 주님, 강물이 소리를 지
릅니다. 강물이 그 소리
를 더욱 높이 지릅니다.
강물이 미친 듯이 날뛰며
소리를 높이 지릅니다.
4 큰 물 소리보다 더 크시
고 미친 듯이 날뛰는 물
결보다 더 엄위하신 주
님, 높이 계신 주님은 더
욱 엄위하십니다.
5 주님의 증거는 견고하게
서 있으며, 주님의 집은
영원히 거룩함으로 단장
하고 있습니다.

94편

의인이 악인에 의해 억울하게 고통당하는 현실을 보면서, 하나님이 개입하셔서 악인을 심판하시고 의인을 구원해 주실 것을 간구하는 시입니다. 또한 악인에 대한 하나님의 심판을 경고하고 있습니다.

주님은 악한 자를 벌하신다

1 주님, 주님은 복수하시는
하나님이십니다. 복수하
시는 하나님, 빛으로 나
타나십시오.
2 세상을 심판하시는 주님,
일어나십시오. 오만한 자
들이 받아야 할 마땅한

벌을 내리십시오.
3 주님, 악한 자들이 언제
까지, 악한 자들이 언제
까지 승전가를 부르게
하시겠습니까?
4 사악한 자들이 거만하게
말하며 그들이 모두 다
거드름을 피웁니다.
5 주님, 그들이 주님의 백
성을 짓밟으며, 주님의 택
하신 민족을 괴롭힙니다.
6 그들은 과부와 나그네를
죽이고, 고아들을 살해
하며,
7 "주가 못 본다. 야곱의 하
나님은 생각지도 못한다"
하고 말합니다.
8 백성 가운데서 미련한 자
들아, 생각해 보아라. 어
리석은 자들아, 너희는 언
제나 슬기로워지겠느냐?
9 귀를 지어 주신 분이 들을
수 없겠느냐? 눈을 빚으
신 분이 볼 수 없겠느냐?
10 뭇 나라를 꾸짖으시는
분이 벌할 수 없겠느냐?
뭇 사람을 지식으로 가
르치는 분에게 지식이 없
겠느냐?
11 주님께서는, 사람의 속생
각이 허무함을 아신다.
12 주님, 주님께서 꾸짖으시
고 주님의 법으로 친히
가르치시는 사람은 복이

단어
엄위하다(93:4) 엄격하고 위엄이 있다.
단장하다(93:5) 잘 매만져 곱게 꾸미거나 가꾸다.
마땅하다(94:2) 그렇게 하는 것이 당연하다.
승전가(94:3) 싸움이나 경기에 이기고 부르는 노래.
거드름(94:4) 거만한 태도.
속생각(94:11) 남모르게 마음속으로 하는 생각.

많은 사람입니다.
13 이런 사람에게는 재난의
날에 벗어나게 하시고 악
인들을 묻을 무덤을 팔
때까지 평안을 주실 것입
니다.
14 주님께서는 주님의 백성
을 외면하지 않으시며,
주님이 소유하신 백성을
버리지 않으실 것입니다.
15 판결은 반드시 정의를
따를 것이니, 마음이 정
직한 사람이 모두 정의
를 따를 것입니다.
16 누가 나를 위하여 일어나
서 악인을 치며, 누가 나
를 위하여 일어나서 행악
자들을 대항할까?
17 주님께서 나를 돕지 아니
하셨다면, 내 목숨은 벌
써 적막한 곳으로 가 버
렸을 것이다.
18 주님, 내가 미끄러진다고
생각할 때에는, 주님의
사랑이 나를 붙듭니다.
19 내 마음이 번거로울 때
에는, 주님의 위로가 나
를 달래 줍니다.
20 악한 재판장이 주님과
사귈 수 있습니까? 율례
를 빌미로 재난을 만드는
자가 주님과 어울릴 수
있습니까?
21 그들은 모여서 의인의 생
명을 노리며, 무죄한 사
람에게 죄를 씌워 처형
하려 합니다.
22 주님은 나의 요새, 나의

하나님은 내가 피할 반석
이시다.
23 그들의 죄를 그들에게 물
으시며, 그 악함을 벌하
셔서, 그들을 없애 버리
실 것이다. 주 우리 하나
님께서 그들을 없애 버리
실 것이다.

95편 하나님이 온 세상을 다스리심을 찬양하며 함께 감사를 드리자고 백성을 초대하는 한편, 과거 이스라엘의 불순종에 대한 역사를 돌아보며 하나님께 순종하고 진정한 예배를 드릴 것을 권합니다.

주님께 예배하고 복종하여라

1 오너라, 우리가 주님께 즐
거이 노래하자. 우리를
구원하시는 반석을 보
고, 소리 높여 외치자.
2 찬송을 부르며 그의 앞
으로 나아가서, 노래 가
락에 맞추어, 그분께 즐
겁게 소리 높여 외치자.
3 주님은 크신 하나님이시
요, 모든 신들 위에 뛰어
나신 왕이시다.
4 땅의 깊은 곳도 그 손 안
에 있고, 산의 높은 꼭대
기도 그의 것이다.
5 바다도 그의 것이며, 그
가 지으신 것이다. 마른
땅도 그가 손으로 빚으
신 것이다.
6 오너라, 우리가 엎드려
경배하자. 우리를 지으신
주님 앞에 무릎을 꿇자.
7 그는 우리의 하나님이시

단어

외면하다(94:14) 상대한 사람과 마주 대하기를 꺼리어 얼굴을 다른 쪽으로 돌려 버리다.
대항하다(94:16) 맞서서 버티거나 항거하다.
적막하다(94:17) 고요하고 쓸쓸하다.
번거롭다(94:19) 조용하지 못하고 좀 수선스럽다.
빌미(94:20) 어떤 일을 하기 위한 계기나 핑계.

요, 우리는 그가 기르시
는 백성이며, 그가 손수
이끄시는 양 떼다.
오늘, 너희는 그의 음성
을 들어 보아라.
8 "므리바에서처럼, 맛사
광야에 있을 때처럼, 너
희의 마음을 완고하게 하
지 말아라.
9 너희의 조상들은 그 때
에, 내가 한 일을 보고서
도, 나를 시험하고 또 시
험하였다.
10 사십 년을 지나면서, 나
는 그 세대를 보고 싫증
이 나서 '그들은 마음이
빗나간 백성이요, 나의
길을 깨닫지 못하는 자
들이구나' 하였고,
11 내가 화가 나서 '그들은
나의 안식에 들어오지
못할 것이다' 하고 맹세까
지 하였다."

96편 하나님의 위대하심과 다스리심을 찬양하는 시입니다. 온 땅의 모든 피조물에게 온 우주를 통치하실 뿐만 아니라 모든 이방신보다 위대하신 하나님을 찬양하라고 말하고 있습니다.

새 노래로 주님께 노래하여라

1 새 노래로 주님께 노래하
여라. 온 땅아, 주님께 노
래하여라.
2 주님께 노래하며, 그 이
름에 영광을 돌려라. 그
의 구원을 날마다 전하
여라.
3 그의 영광을 만국에 알
리고 그가 일으키신 기적
을 만민에게 알려라.
4 주님은 위대하시니, 그지

없이 찬양 받으실 분이시
다. 어떤 신들보다 더 두
려워해야 할 분이시다.
5 만방의 모든 백성이 만
든 신은 헛된 우상이지
만, 주님은 하늘을 지으
신 분이시다.
6 주님 앞에는 위엄과 영
광이 있고, 주님의 성소
에는 권능과 아름다움이
있다.
7 만방의 민족들아, 주님을
찬양하여라. 주님의 영광
과 권능을 찬양하여라.
8 주님의 이름에 어울리는
영광을 주님께 돌려라.
예물을 들고, 성전 뜰로
들어가거라.
9 거룩한 옷을 입고, 주님
께 경배하여라. 온 땅아,
그 앞에서 떨어라.
10 모든 나라에 이르기를
"주님께서 다스리시니,
세계는 굳게 서서, 흔들
리지 않는다. 주님이 만
민을 공정하게 판결하신
다" 하여라.
11 하늘은 즐거워하고, 땅은
기뻐 외치며, 바다와 거
기에 가득 찬 것들도 다
크게 외쳐라.
12 들과 거기에 있는 모든 것
도 다 기뻐하며 뛰어라.
그러면 숲 속의 나무들도

단어

완고하다(95:8) 융통성이 없고 고집이 세다.
안식(95:11) 편안하게 쉼.
성소(96:6) 제사장이 하나님께 제물을 바치고 의식을 행하던 거룩한 곳.
예물(96:8) 감사의 뜻이나 예의의 표시로서 주는 돈이나 물건.

모두 즐거이 노래할 것이
다.
13 주님이 오실 것이니, 주
님께서 땅을 심판하러
오실 것이니, 주님은 정
의로 세상을 심판하시
며, 그의 진실하심으로
뭇 백성을 다스리실 것
이다.

97편 장차 하나님이 세상 모든 사람들을 심판하실 때, 악인은 부끄러움을 당하고 의인은 기뻐하게 될 것을 기대하면서 찬양하는 시입니다. 악을 미워하고 선에 속해 장차 임할 기쁨을 누리도록 권합니다.

하나님이 정의를 실현하신다

1 주님께서 다스리시니, 온
땅아, 뛸 듯이 기뻐하여
라. 많은 섬들아, 즐거워
하여라.
2 구름과 흑암이 그를 둘
러쌌다. 정의와 공평이
그 왕좌의 기초다.
3 불이 그 앞에서 나와서
에워싼 대적을 불사른다.
4 그의 번개가 세상을 번쩍
번쩍 비추면, 땅이 보고
서 두려워 떤다.
5 산들은 주님 앞에서, 온
땅의 주님 앞에서, 초처
럼 녹아 버린다.
6 하늘은 그의 의로우심을
선포하고, 만백성은 그의
영광을 본다.
7 조각된 신상을 섬기는 자
는 누구나 수치를 당할 것
이며, 헛된 우상을 자랑
하는 자들도 부끄러움을
당할 것이다. 모든 신들
아, 주님 앞에 엎드려라.
8 주님, 주님이 공의로우심

을 시온이 듣고 즐거워하
며, 유다의 딸들이 기뻐
외칩니다.
9 주님, 주님은 온 땅을 다
스리는 가장 높으신 분이
시고, 어느 신들보다 더
높으신 분이십니다.
10 주님을 사랑하는 사람들
아, 너희는 악을 미워하
여라. 주님은 그의 성도
를 지켜 주시며, 악인들
의 손에서 건져 주신다.
11 빛은 의인에게 비치며,
마음이 정직한 사람에게
는 즐거움이 샘처럼 솟
을 것이다.
12 의인들아, 주님을 기뻐하
여라. 주님의 거룩하신
이름에 감사를 드려라.

98편 이스라엘의 역사 속에서 구원을 베풀어 주신 하나님을 찬양하라고 강권합니다. 모든 나라와 온 세계가 그 구원을 알고 있기에, 자연 세계까지도 하나님을 찬양할 것을 선포하고 있습니다.

주님께서 기적을 일으키신다

[노래]

1 새 노래로 주님께 찬송
하여라. 주님은 기적을
일으키는 분이시다. 그
오른손과 그 거룩하신
팔로 구원을 베푸셨다.
2 주님께서 베푸신 구원을
알려 주시고, 주님께서
의로우심을 뭇 나라가
보는 앞에서 드러내어 보
이셨다.

단어

흑암(97:2) 매우 껌껌하고 어두움.
에워싸다(97:3) 사방을 둘러서 싸다.
신상(97:7) 신의 형상을 나타낸 그림이나 조각.
수치(97:7) 다른 사람들을 볼 낯이 없거나 스스로 떳떳하지 못함. 또는 그런 일.
뭇(98:2) 하나가 아닌 여러.

3 이스라엘 가문에 베푸
신 인자하심과 성실하심
을 기억해 주셨기에, 땅
끝에 있는 모든 사람까
지도 우리 하나님의 구원
하심을 볼 수 있었다.
4 온 땅아, 소리 높여 즐거
이 주님을 찬양하여라.
함성을 터뜨리며, 즐거운
노래로 찬양하여라.
5 수금을 뜯으며, 주님을
찬양하여라. 수금과 아
우르는 악기들을 타면서,
찬양하여라.
6 왕이신 주님 앞에서 나
팔과 뿔나팔 소리로 환호
하여라.
7 바다와 거기에 가득 찬
것들과 세계와 거기에 살
고 있는 것들도 뇌성 치
듯 큰소리로 환호하여라.
8 강들도 손뼉을 치고, 산
들도 함께 큰소리로 환호
성을 올려라.
9 주님께서 오신다. 그가 땅
을 심판하러 오시니, 주
님 앞에 환호성을 올려라.
그가 정의로 세상을 심판
하시며, 뭇 백성을 공정하
게 다스리실 것이다.

99편 만민을 공의로 통치하시며 당신의 택한 백성을 돌보시는 하나님의 거룩하심을 찬양하고 있습니다. 세 개의 단락으로 나뉘어 있는데, 각 단락의 마지막에는 찬양으로의 초대가 후렴으로 나옵니다.

우리의 주님은 왕이시다

1 주님께서 다스리시니, 뭇
백성아, 떨어라. 주님께서
그룹 위에 앉으시니, 온
땅아, 흔들려라.

2 시온에 계시는 주님은 위
대하시다. 만백성 위에
우뚝 솟은 분이시다.
3 만백성아, 그 크고 두려
운 주님의 이름을 찬양하
여라. 주님은 거룩하시다!
4 주님의 능력은 정의를 사
랑하심에 있습니다. 주님
께서 공평의 기초를 놓으
시고, 야곱에게 공의와
정의를 행하셨습니다.
5 우리의 주 하나님을 찬
양하여라. 그분의 발 등
상 아래 엎드려 절하라.
주님은 거룩하시다!
6 그의 제사장 가운데는
모세와 아론이 있으며,
그 이름을 부르는 사람
가운데는 사무엘이 있으
니, 그들이 주님께 부르
짖을 때마다, 그분은 응
답하여 주셨다.
7 주님께서 구름기둥 속에
서 그들에게 말씀하시니,
그들이 그분에게서 받은
계명과 율례를 모두 지
켰다.
8 주 우리 하나님, 주님께
서 그들에게 응답해 주
셨습니다. 그들이 한 대
로 갚기는 하셨지만, 주
님은 또한, 그들을 용서
해 주신 하나님이십니다.
9 주 우리 하나님을 높이

단어

가문(98:3) 가족이나 가까운 피붙이로 이루어진 공동체.
아우르다(98:5) 모아서 하나가 되게 하다.
환호하다(98:6) 기뻐서 부르짖다.
뇌성(98:7) 천둥이 칠 때 나는 소리.
그룹(99:1) 날개가 달린 천상의 피조물.

찬양하여라. 그 거룩한
산에서 그분을 경배하여
라. 주 우리 하나님은 거
룩하시다.

100편 성전에서 감사제를 드릴 때 부른 시로 추측합니다. 앞부분은 하나님을 찬양하도록 선포하고 있습니다. 뒷부분은 하나님의 선하심과 인자하심을 성가대가 찬양하며 부른 것으로 보는 견해가 있습니다.

주님은 하나님이시다

[감사드리며 부르는 노래]

1 온 땅아, 주님께 환호성
을 올려라.
2 기쁨으로 주님을 섬기고,
환호성을 올리면서, 그
앞으로 나아가거라.
3 너희는 주님이 하나님이
심을 알아라. 그가 우리
를 지으셨으니, 우리는
그의 것이요, 그의 백성
이요, 그가 기르시는 양
이다.
4 감사의 노래를 드리며,
그 성문으로 들어가거
라. 찬양의 노래를 부르
며, 그 뜰 안으로 들어가
거라. 감사의 노래를 드
리며, 그 이름을 찬양하
여라.
5 주님은 선하시며, 그의
인자하심 영원하다. 그의
성실하심 대대에 미친다.

101편 하나님은 이스라엘의 왕을 친히 택하셔서 하나님의 방법대로 나라를 다스리게 하셨습니다. 왕이 된 다윗은 이스라엘을 하나님의 공의와 정의에 근거해 다스릴 것을 다짐하며 선포합니다.

왕과 그의 약속

[다윗의 노래]

1 주님, 주님의 사랑과 정
의를 노래하렵니다. 주
님께 노래로 찬양드리렵

니다.
2 흠 없는 길을 배워 깨달
으렵니다. 언제 나에게로
오시렵니까? 나는 내 집
에서 흠이 없는 마음으
로 살렵니다.
3 불의한 일은 눈 앞에 얼
씬도 못하게 하렵니다.
거스르는 행위를 미워하
고, 그런 일에는 집착하
지 않겠습니다.
4 구부러진 생각을 멀리하
고, 악한 일에는 함께 하
지 않겠습니다.
5 숨어서 이웃을 헐뜯는
자는, 침묵하게 만들고,
눈이 높고 마음이 오만
한 자는, 그대로 두지 않
으렵니다.
6 나는 이 땅에서 믿음직
한 사람을 눈여겨보았다
가, 내 곁에 있게 하고,
흠이 없이 사는 사람을
찾아서 나를 받들게 하
렵니다.
7 속이는 자는 나의 집에
서 살지 못하게 하며, 거
짓말하는 자는 내 앞에
서지 못하게 하렵니다.
8 이 땅의 모든 악인들에
게 아침마다 입을 다물
게 하고, 사악한 자들을
모두 주님의 성에서 끊어
버리겠습니다.

단어

얼씬(101:3) 조금 큰 것이 눈앞에 잠깐씩 나타났다가 사라지는 모양을 나타내는 말.
헐뜯다(101:5) 해치려고 흠을 들추어내어 말하다
오만하다(101:5) 태도나 행동이 방자하고 건방지다.
눈여겨보다(101:6) 주의하여 잘 살펴보다.
흠(101:6) 사람의 성격과 언행에 보이는 부족한 점.

102편 시인은 꽤 오랜 시간동안 어려움을 겪으며 고통스러워하고 있습니다. 그러나 헐벗은 사람과 갇힌 사람의 기도를 들으시는 하나님을 찬양하며 하나님께서 반드시 응답하실 것이란 믿음을 보여줍니다.

환난 때의 기도

[가련한 사람이 고난을 받을 때에, 자신의 고
민을 주님께 토로하는 기도]

1 주님, 내 기도를 들어 주
시고, 내 부르짖음이 주
님께 이르게 해주십시오.
2 내가 고난을 받을 때에,
주님의 얼굴을 숨기지 마
십시오. 내게 주님의 귀
를 기울여 주십시오. 내
가 부르짖을 때에, 속히
응답하여 주십시오.
3 아, 내 날은 연기처럼 사
라지고, 내 뼈는 화로처
럼 달아올랐습니다.
4 음식을 먹는 것조차 잊
을 정도로, 내 마음은 풀
처럼 시들어서, 말라 버
렸습니다.
5 신음하다 지쳐서, 나는 뼈
와 살이 달라붙었습니다.
6 나는 광야의 올빼미와도
같고, 폐허 더미에 사는
부엉이와도 같이 되었습
니다.
7 내가 누워서, 잠을 이루
지 못하는 것이, 마치,
지붕 위의 외로운 새 한
마리와도 같습니다.
8 원수들이 종일 나를 모
욕하고, 나를 비웃는 자
들이 내 이름을 불러 저
주합니다.
9 나는 재를 밥처럼 먹고,
눈물 섞인 물을 마셨습

니다.
10 주님께서 저주와 진노로
나를 들어서 던지시니,
11 내 사는 날이 기울어지
는 그림자 같으며, 말라
가는 풀과 같습니다.
12 그러나 주님, 주님은 영원
히 보좌에서 다스리시며,
주님의 이름은 대대로
찬양을 받을 것입니다.
13 주님, 일어나셔서 시온을
긍휼히 여겨 주십시오.
때가 왔습니다. 시온에
은혜를 베푸실 때가 왔
습니다.
14 주님의 종들은 시온의
돌들만 보아도 즐겁습니
다. 그 티끌에도 정을 느
낍니다.
15 뭇 나라가 주님의 이름
을 두려워하고, 이 땅의
왕들이 주님의 영광을
두려워할 것입니다.
16 주님께서 시온을 다시 세
우시고, 그 영광 가운데
나타나실 것이기 때문입
니다.
17 헐벗은 사람의 기도를 들
으시며, 그들의 기도를 업
신여기지 않을 것입니다.
18 다음 세대가 읽도록 주님
께서 하신 일을 기록하여
라. 아직 창조되지 않은
백성이, 그것을 읽고 주

단어

화로(102:3) 숯불을 담는 그릇.
폐허(102:6) 건물, 성 등이 파괴되어 황폐하게 된 터.
더미(102:6) 많은 물건들이 한데 모여 쌓인 큰 덩어리.
재(102:9) 물건이 불에 다 타고 난 뒤에 남는 가루.
진노(102:10) 존엄한 존재가 크게 노함.
헐벗다(102:17) 가난하여 변변한 옷을 못 입다.

님을 찬양하도록 하여라.
19 주님께서 성소 높은 곳
에서 굽어보시고, 하늘
에서 땅을 살펴보셨다.
20 갇힌 사람들의 신음 소
리를 들으시고, 죽게 된
사람들을 풀어 놓아 주
셨다.
21 시온에서 주님의 이름이
널리 퍼지고, 예루살렘에
서 주님께 드리는 찬양
이 울려 퍼질 때에,
22 뭇 백성이 다 모이고, 뭇
나라가 함께 주님을 섬길
것이다.
23 나는 아직 한창 때인데
기력이 쇠하여지다니, 주
님께서 나의 목숨 거두시
려나?
24 나는 아뢰었다. "나의 하
나님, 중년에 나를 데려가
지 마십시오. 주님의 햇
수는 대대로 무궁합니다."
25 그 옛날 주님께서는 땅의
기초를 놓으시며, 하늘
을 손수 지으셨습니다.
26 하늘과 땅은 모두 사라지
더라도, 주님만은 그대로
계십니다. 그것들은 모두
옷처럼 낡겠지만, 주님은
옷을 갈아입듯이 그것들
을 바꾸실 것이니, 그것
들은 다만, 지나가 버리
는 것일 뿐입니다.
27 주님은 언제나 한결같습
니다. 주님의 햇수에는
끝이 없습니다.
28 주님의 종들의 자녀는 평

안하게 살 것이며, 그 자
손도 주님 앞에 굳건하게
서 있을 것입니다.

103편 다윗은 하나님께서 자신의 인생과 이스라엘 민족에게 그동안 베푸신 큰 은혜와 사랑, 기도의 응답, 용서, 그리고 언약을 신실하게 지키심에 대해 감사하며 찬양하고 있습니다.

주님의 놀라운 사랑

[다윗의 노래]

1 내 영혼아, 주님을 찬송
하여라. 마음을 다하여
그 거룩하신 이름을 찬
송하여라.
2 내 영혼아, 주님을 찬송
하여라. 주님이 베푸신 모
든 은혜를 잊지 말아라.
3 주님은 너의 모든 죄를
용서해 주시는 분, 모든
병을 고쳐 주시는 분,
4 생명을 파멸에서 속량해
주시는 분, 사랑과 자비
로 단장하여 주시는 분,
5 평생을 좋은 것으로 흡족
히 채워 주시는 분, 네 젊
음을 독수리처럼 늘 새롭
게 해 주시는 분이시다.
6 주님은 공의를 세우시며
억눌린 모든 사람의 권리
를 변호하신다.
7 모세에게 주님의 뜻을
알려 주셨고, 이스라엘
자손에게 주님의 행적들
을 알려 주셨다.
8 주님은 자비롭고, 은혜
로우시며, 노하기를 더디

단어

성소(102:19) 제사장이 하나님께 제물을 바치고 의식을 행하던 거룩한 곳.
한창(102:23) 기운, 의욕이 가장 왕성하고 활기 있는 때.
쇠하다(102:23) 점점 줄어들어 약해지다.
무궁하다(102:24) 크기나 정도 따위가 끝이 없다.
더디(103:8) 시간의 흐름이나 속도 따위가 느리게.

하시며, 사랑이 그지없
으시다.
9 두고두고 꾸짖지 않으시
며, 노를 끝없이 품지 않
으신다.
10 우리 죄를, 지은 그대로
갚지 않으시고 우리 잘
못을, 저지른 그대로 갚
지 않으신다.
11 하늘이 땅에서 높음같
이, 주님을 두려워하는
사람에게는, 그 사랑도
크시다.
12 동이 서에서부터 먼 것처
럼, 우리의 반역을 우리
에게서 멀리 치우시며,
13 부모가 자식을 가엾게
여기듯이, 주님께서는 주
님을 두려워하는 사람을
가엾게 여기신다.
14 주님께서는 우리가 어떻
게 창조되었음을 알고 계
시기 때문이며, 우리가
한갓 티끌임을 알고 계시
기 때문이다.
15 인생은, 그 날이 풀과 같
고, 피고 지는 들꽃 같아,
16 바람 한 번 지나가면 곧
시들어, 그 있던 자리마
저 알 수 없는 것이다.
17 그러나 주님을 경외하는
사람에게는 주님의 사랑
이 영원에서 영원까지 이
르고, 주님의 의로우심
은 자손 대대에 이를 것
이니,
18 곧 주님의 언약을 지키고
주님의 법도를 기억하여

따르는 사람에게 이를 것
이다.
19 주님은 그 보좌를 하늘
에 든든히 세우시고, 그
의 나라는 만유를 통치
하신다.
20 주님의 모든 천사들아,
주님의 말씀을 듣고 따르
는, 힘찬 용사들아, 주님
을 찬양하여라.
21 주님의 모든 군대들아,
그의 뜻을 이루는 종들
아, 주님을 찬양하여라.
22 주님께 지음 받은 사람
들아, 주님께서 통치하시
는 모든 곳에서 주님을
찬송하여라. 내 영혼아,
주님을 찬송하여라.

104편 세상을 다스리시는 하나님의 위대하심을 찬양하고 있습니다. 천지창조의 흐름대로 모든 과정마다 위대하게 역사하신 하나님을 높입니다. 아울러 그 창조 질서를 파괴하는 악인을 제거하시기를 구합니다.

주님이 피조물을 돌보신다

1 내 영혼아, 주님을 찬송
하여라. 주, 나의 하나님,
주님은 더없이 위대하십
니다. 권위와 위엄을 갖
추셨습니다.
2 주님은 빛을 옷처럼 걸치
시는 분, 하늘을 천막처
럼 펼치신 분,
3 물 위에 누각의 들보를
놓으신 분, 구름으로 병
거를 삼으시며, 바람 날
개를 타고 다니시는 분,

단어
두고두고(103:9) 오랜 시간을 두고 여러 번에 걸쳐서.
반역(103:12) 자신의 국가, 민족, 정의를 배반함.
가엾다(103:13) 딱하고 불쌍하다.
한갓(103:14) 기껏 해 보아야 겨우.
들보(104:3) 칸과 칸 사이의 두 기둥을 건너지르는 나무.

4 바람을 심부름꾼으로 삼
으신 분, 번갯불을 시종
으로 삼으신 분이십니다.
5 주님께서는 땅의 기초를
든든히 놓으셔서, 땅이
영원히 흔들리지 않게
하셨습니다.
6 옷으로 몸을 감싸듯, 깊
은 물로 땅을 덮으시더
니, 물이 높이 솟아서 산
들을 덮었습니다.
7 그러나 주님께서 한 번
꾸짖으시니 물이 도망 치
고, 주님의 천둥소리에
물이 서둘러서 물러갑니
다.
8 물은 산을 넘고, 골짜기
를 타고 내려가서, 주님
께서 정하여 주신 그 자
리로 흘러갑니다.
9 주님은 경계를 정하여 놓
고 물이 거기를 넘지 못
하게 하시며, 물이 되돌
아와서 땅을 덮지 못하게
하십니다.
10 주님은, 골짜기마다 샘물
이 솟아나게 하시어, 산
과 산 사이로 흐르게 하
시니,
11 들짐승이 모두 마시고,
목마른 들나귀들이 갈증
을 풉니다.
12 하늘의 새들도 샘 곁에
깃들며, 우거진 나뭇잎
사이에서 지저귑니다.
13 누각 높은 곳에서 산에
물을 대주시니, 이 땅은
주님께서 내신 열매로 만

족합니다.
14 주님은, 들짐승들이 뜯을
풀이 자라게 하시고, 사
람들이 밭갈이로 채소를
얻게 하시고, 땅에서 먹
거리를 얻게 하셨습니다.
15 사람의 마음을 즐겁게
하는 포도주를 주시고,
얼굴에 윤기가 나게 하
는 기름을 주시고, 사람
의 힘을 북돋아 주는 먹
거리도 주셨습니다.
16 주님께서 심으신 나무들
과 레바논의 백향목들이
물을 양껏 마시니,
17 새들이 거기에 깃들고,
황새도 그 꼭대기에 집을
짓습니다.
18 높은 산은 산양이 사는
곳이며, 바위 틈은 오소
리의 피난처입니다.
19 때를 가늠하도록 달을
지으시고, 해에게는 그
지는 때를 알려 주셨습
니다.
20 주님께서 어둠을 드리우
시니, 밤이 됩니다. 숲 속
의 모든 짐승은 이 때부
터 움직입니다.
21 젊은 사자들은 먹이를
찾으려고 으르렁거리며,
하나님께 먹이를 달라고
울부짖다가,
22 해가 뜨면 물러가서 굴

단어
누각(104:13) 휴식을 취하거나 놀이를 하기 위해, 산이나 언덕, 물가 등에 높이 지은 다락집.
북돋다(104:15) 자극을 주어 사람의 용기나 의욕이 일어나게 하다.
가늠하다(104:19) 일정한 목표나 기준에 맞는지 안 맞는지 헤아려 보다.

에 눕고,
23 사람들은 일을 하러 나
와서, 해가 저물도록 일
합니다.
24 주님, 주님께서 손수 만
드신 것이 어찌 이리도
많습니까? 이 모든 것을
주님께서 지혜로 만드셨
으니, 땅에는 주님이 지
으신 것으로 가득합니다.
25 저 크고 넓은 바다에는,
크고 작은 고기들이 헤아
릴 수 없이 우글거립니다.
26 물 위로는 배들도 오가
며, 주님이 지으신 리워야
단도 그 속에서 놉니다.
27 이 모든 피조물이 주님
만 바라보며, 때를 따라
서 먹이 주시기를 기다립
니다.
28 주님께서 그들에게 먹이
를 주시면, 그들은 받아
먹고, 주님께서 손을 펴
먹을 것을 주시면 그들
은 만족해 합니다.
29 그러나 주님께서 얼굴을
숨기시면 그들은 떨면서
두려워하고, 주님께서 호
흡을 거두어들이시면 그
들은 죽어서 본래의 흙
으로 돌아갑니다.
30 주님께서 주님의 영을 불
어넣으시면, 그들이 다시
창조됩니다. 주님께서는
땅의 모습을 다시 새롭
게 하십니다.
31 주님의 영광은 영원하여
라. 주님은 친히 행하신

일로 기뻐하신다.
32 주님이 굽어보기만 하셔
도 땅은 떨고, 주님이 산
에 닿기만 하셔도 산이
연기를 뿜는다.
33 내가 살아 있는 동안, 나
는 주님을 노래할 것이
다. 숨을 거두는 그 때까
지 나의 하나님께 노래할
것이다.
34 내 묵상을 주님이 기꺼이
받아 주시면 좋으련만! 그
러면 나는 주님의 품 안
에서 즐겁기만 할 것이다.
35 죄인들아, 이 땅에서 사
라져라. 악인들아, 너희
도 영원히 사라져라.
내 영혼아, 주님을 찬송
하여라. 할렐루야.

105편 다윗이 지은 것으로 추측되는 이 시는 아브라함과 맺으신 언약이 이루어지기까지 이집트 탈출과 광야의 여정을 모두 아우르며 하나님께서 인도하신 이스라엘의 역사를 정리하고 있는 역사시입니다.

주님을 신뢰하여라

1 너희는 주님께 감사하면
서, 그의 이름을 불러라.
그가 하신 일을 만민에
게 알려라.
2 그에게 노래하면서, 그를
찬양하면서, 그가 이루신
놀라운 일들을 전하여라.
3 그의 거룩하신 이름을
찬양하여라. 주님을 찾
는 이들은 기뻐하여라.
4 주님을 찾고, 그의 능력

단어

피조물(104:27) 창조주 하나님에 의해 만들어진 것. 사람을 포함한 모든 사물을 가리키는 말.
본래(104:29) 어떤 사물이 전하여 내려온 그 처음.
묵상(104:34) 말하지 않고 마음속으로 하는 기도와 생각.
힘써(105:4) 어려움을 참아 가며 꾸준히 노력하다.

을 힘써 사모하고, 언제
나 그의 얼굴을 찾아 예
배하여라.
5 주님께서 이루신 놀라운
일을 기억하여라. 그 이
적을 기억하고, 내리신
판단을 생각하여라.
6 그의 종, 아브라함의 자
손아, 그가 택하신 야곱
의 자손아!
7 그가 바로 주 우리의 하
나님이시다. 그가 온 세
상을 다스리신다.
8 그는, 맺으신 언약을 영
원히 기억하신다. 그가
허락하신 약속이 자손
수천 대에 이루어지도록
기억하신다.
9 그것은 곧 아브라함과 맺
으신 언약이요, 이삭에
게 하신 맹세요,
10 야곱에게 세워 주신 율
례요, 이스라엘에게 지켜
주실 영원한 언약이다.
11 “내가 이 가나안 땅을 너
희에게 줄 것이다. 이것
은 너희가 대대로 물려
줄 기업이다.” 하고 말씀
하셨다.
12 그 때에 너희의 수효가
극히 적었고, 그 땅에서
나그네로 있었으며,
13 이 민족에게서 저 민족
에게로, 이 나라에서 다
른 나라 백성에게로, 떠
돌아다녔다.
14 그러나 주님께서는, 아무
도 너희를 억누르지 못하

게 하셨고, 너희를 두고
왕들에게 경고하시기를,
15 "내가 기름부어 세운 사
람에게 손을 대지 말며,
나의 예언자들을 해치지
말아라" 하셨다.
16 그 뒤에 주님께서 그 땅
에 기근을 불러들이시
고, 온갖 먹거리를 끊어
버리셨다.
17 그런데 주님은 그들보다
앞서 한 사람을 보내셨으
니, 그는 종으로 팔린 요
셉이다.
18 사람들은 그 발에 차꼬
를 채우고, 그 목에는 쇠
칼을 씌웠다.
19 마침내 그의 예언은 이루
어졌다. 주님의 말씀은 그
의 진실을 증명해 주었다.
20 왕은 사람을 보내어 그
를 석방하였다. 뭇 백성
의 통치자가 그를 자유의
몸이 되게 하였고,
21 그를 세워서 나라의 살
림을 보살피는 재상으로
삼아서, 자기의 모든 소
유를 주관하게 하며,
22 그의 뜻대로 모든 신하
를 다스리게 하며, 원로
들에게 지혜를 가르치게
하였다.
23 그 때에 이스라엘이 이집
트로 내려갔고, 야곱은

단어

수효(105:12) 사물의 낱낱의 수.
기근(105:16) 식량이 모자라서 굶주리는 일.
석방하다(105:20) 교도소나 감옥, 유치장에 수감하고 있는 자를 풀어 주다.
재상(105:21) 예전에, 왕을 보좌하며 모든 관원을 지휘하고 감독하는 일을 맡은 사람.

함의 땅에서 나그네로
살았다.
24 주님께서 자기의 백성을
크게 불어나게 하셔서
그 대적들보다 강하게 하
셨으며,
25 그들의 마음을 변하게
하셔서 자기의 백성을 미
워하게 하시며, 자기의
종들을 교묘하게 속이게
하셨다.
26 그러므로 그가 종 모세와
택하신 아론을 보내셔서,
27 백성에게 그의 표징을 보
이게 하시고 함의 땅에서
기사를 행하게 하셨다.
28 그가 어둠을 보내셔서
캄캄하게 하셨지만, 그들
은 그의 말씀을 거역하
였다.
29 그가 물을 모두 피로 변
하게 하셔서 물고기를 죽
게 하셨으며,
30 땅에는 온통 개구리가
득실거리게 하셔서 왕실
안방까지 우글거리게 하
셨다.
31 그가 말씀하시니, 파리 떼
와 이가 몰려와서, 그들이
사는 온 땅을 덮쳤다.
32 비를 기다릴 때에 우박
을 내리셨고, 그 땅에 화
염을 보내셨다.
33 포도나무와 무화과나무
를 치시고, 그들이 사는
지경 안의 나무를 꺾으
셨다.
34 그가 말씀하시니, 이런 메

뚜기 저런 메뚜기 할 것
없이 수없이 몰려와서.
35 온갖 풀을 갉아먹고 땅
에서 나는 모든 열매를
먹어 치웠다.
36 그가 또 모든 기력의 시
작인 그 땅의 장남을 모
두 치셨다.
37 그들로 은과 금을 가지
고 나오게 하시니, 그 지
파 가운데서 비틀거리는
이가 한 사람도 없었다.
38 이집트 사람은 두려움에
떨고 있었으므로, 그들
이 떠날 때 기뻐하였다.
39 그는 구름을 펼치셔서 덮
개로 삼으시고, 불로 밤
길을 밝혀 주셨다.
40 그들이 먹거리를 찾을 때
에, 그가 메추라기를 몰
아다 주시며, 하늘 양식
으로 배부르게 해주셨다.
41 반석을 갈라서 물이 흐
르게 하셨고, 마른 땅에
강물이 흐르게 하셨다.
42 이것은 그가 그의 종 아
브라함에게 하신 그 거
룩하신 말씀을 기억하셨
기 때문이다.
43 그는 그의 백성을 흥겹
게 나오게 하시며 그가
뽑으신 백성이 기쁜 노
래를 부르며 나오게 하
셨다.

단어
표징(105:27) 밖으로 드러나는 특징이나 상징.
득실거리다(105:30) 무리를 지어 자꾸 수선스럽게 움직이다.
지경(105:33) 땅의 면적.
하늘 양식(105:40) 만나를 가리킨다.
흥겹다(105:43) 매우 즐겁고 마음이 들뜬 상태에 있다.

44 그들에게 여러 나라의
땅을 주셔서, 여러 민족
이 애써서 일군 땅을 물
려받게 하셨다.
45 이것은 그들에게 그의 율
례를 지키고 그의 법을
따르게 하기 위함이었다.
할렐루야.

106편 시인은 이집트 탈출부터 바빌로니아 포로기 때까지의 이스라엘의 역사를 돌아보면서, 이스라엘이 하나님께 죄를 지었음에도 끝까지 용서하시고 은혜를 베푸시는 하나님을 찬양하고 있습니다.

민족이 용서를 빔

1 할렐루야. 주님께 감사하
여라. 그는 선하시며, 그
인자하심이 영원하다.
2 주님의 능력으로 이루신
일을 누가 다 알릴 수 있
으며, 주님께서 마땅히
받으셔야 할 영광을 누가
다 찬양할 수 있으랴?
3 공의를 지키는 이들과 언
제나 정의를 실천하는 이
들은 복이 있다.
4 주님, 주님의 백성에게 은
혜를 베푸실 때에, 나를
기억하여 주십시오. 그들
을 구원하실 때에, 나를
기억하여 주십시오.
5 주님께서 택하신 백성의
번영을 보게 해주시며,
주님 나라에 넘치는 기
쁨을 함께 누리게 해주
시며, 주님의 기업을 자
랑하게 해주십시오.
6 우리도 우리 조상처럼 죄
를 지었으며, 나쁜 길을
걸으며 악행을 저질렀습
니다.

7 우리의 조상이 이집트에
있을 때에, 주님께서 일
으키신 기적들을 깨닫지
못하고, 주님의 그 많은
사랑을 기억하지도 못한
채로, 바다 곧 홍해에서
주님을 거역하였습니다.
8 그러나 주님께서는 주님
의 명성을 위하여, 주님
의 권능을 알리시려고 그
들을 구원해 주셨습니다.
9 주님께서 홍해를 꾸짖어
바다를 말리시고 그들로
깊은 바다를 광야처럼
지나가게 하셨습니다.
10 미워하는 자들의 손에서
그들을 건져내시고, 원수
의 손에서 그들을 속량
해 주셨습니다.
11 물이 대적을 덮으므로,
그 가운데서 한 사람도
살아 남지 못하였습니다.
12 그제서야 그들은 주님의
말씀을 믿었고, 주님께
찬송을 불렀습니다.
13 그러나 그들은, 어느새
주님이 하신 일들을 잊어
버리고, 주님의 가르침을
기다리지 않았습니다.
14 그들은 광야에서 욕심을
크게 내었고 사막에서는
하나님을 시험하기까지
하였습니다.
15 그래서 주님께서는 그들

단어

애쓰다(105:44) 마음과 힘을 다하여 무엇을 이루려고 힘쓰다.
일구다(105:44) 갈아엎어 논밭으로 만들다.
명성(106:8) 평판이 높아서 세상에 널리 알려진 이름.
권능(106:8) 권세와 능력.
파리하다(106:15) 여위고 핏기가 없이 해쓱하다.

이 요구한 것을 주셨지
만, 그 영혼을 파리하게
하셨습니다.
16 그들은 또한, 진 한가운
데서도 모세를 질투하고,
주님의 거룩한 자 아론
을 시기하였습니다.
17 마침내 땅이 입을 벌려
다단을 삼키고, 아비람의
무리를 덮어 버렸습니다.
18 불이 그들의 무리를 불사
르고, 불꽃이 악인들을
삼켜 버렸습니다.
19 그들은 호렙에서 송아지
우상을 만들고, 부어 만
든 우상을 보고 절을 하
였습니다.
20 그들은 자기들의 영광이
되신 분을 풀을 먹는 소
의 형상과 바꾸어 버렸
습니다.
21 그들은 또한, 이집트에서
큰 일을 이룩하신, 자기
들의 구원자 하나님을 잊
어버렸습니다.
22 함의 땅에서 행하신 놀
라운 이적들도, 홍해에서
행하신 두려운 일들도,
그들은 모두 잊어버렸습
니다.
23 그래서 주님께서는, 그들
을 멸망시키겠다고 선언
하셨으나, 주님께서 택하
신 모세가 감히 주님 앞
에 나아가 그 갈라진 틈
에 서서 파멸의 분노를
거두어들이시게 하였습
니다.

24 그들은 주님께서 주신
그 낙토를 천하게 여기
고, 주님의 약속을 믿지
않았습니다.
25 그들은 장막에서 불평만
하면서, 주님의 말씀에
순종하지 않았습니다.
26 그래서 주님께서는 그들
에게 손을 들어 맹세하
시고, 그들을 광야에서
쓰러지게 하셨으며,
27 그 자손을 뭇 나라 앞에
서 거꾸러지게 하시고,
이 나라 저 나라로 흩어
지게 하셨습니다.
28 그들은 또 바알브올과
짝하고, 죽은 자에게 바
친 제사음식을 먹었습니
다.
29 이러한 행실로, 그들은
하나님을 격노하게 하여
서, 재앙이 그들에게 들
이닥쳤습니다.
30 그 때에 비느하스가 일
어나서 심판을 집행하니,
재앙이 그쳤습니다.
31 이 일은 대대로 길이길이
비느하스의 의로 인정되
었습니다.
32 그들이 또 므리바 물 가
에서 주님을 노하시게 하
였으므로 이 일로 모세
까지 화를 입었으니,
33 그들이 모세의 기분을

단어

이룩하다(106:21) 사람이 목적이나 목적의 대상을 이루어 내거나 달성하다.

낙토(106:24) 아무런 걱정이나 부족함이 없이 편안하고 즐겁게 살 수 있는 곳.

집행하다(106:30) 명령, 재판 등의 내용을 실제로 행하다.

상하게 하여 모세가 망
령되이 말을 하였기 때문
입니다.
34 그들은, 주님께서 그들에
게 당부하신 대로 이방 백
성을 전멸했어야 했는데,
35 오히려 이방 나라와 섞
여서, 그들의 행위를 배
우며,
36 그들의 우상들을 섬겼으
니, 이런 일들이 그들에
게 올가미가 되었습니다.
37 그들은 또한 귀신들에게
자기의 아들딸들을 제물
로 바쳐서,
38 무죄한 피를 흘렸으니,
이는 가나안의 우상들에
게 제물로 바친 그들의
아들딸이 흘린 피였습니
다. 그래서 그 땅은 그
피로 더러워졌습니다.
39 그들은 그런 행위로 더러
워지고, 그런 행동으로
음란하게 되었습니다.
40 그래서 주님께서는 주
님의 백성에게 진노하시
고, 주님의 기업을 싫어
하셔서,
41 그들을 뭇 나라의 손에
넘기시니, 그들을 미워하
는 자들이 그들을 다스
리게 되었습니다.
42 원수들이 그들을 억압하
였고, 그들은 그 권세 아
래에 복종하는 신세가
되었습니다.
43 주님께서는 그들을 여
러 번 건져 주셨지만, 그

들은 자신들의 생각대로
계속하여 거역하며, 자신
들의 죄악으로 더욱 비참
하게 되었습니다.
44 그러나 주님께서는 그들
의 부르짖음을 들으실
때마다, 그들이 받는 고
난을 살펴보아 주셨습니
다.
45 그들을 위하여 그들과
맺으신 그 언약을 기억
하셨으며, 주님의 그 크
신 사랑으로 뜻을 돌이
키시어,
46 마침내 주님께서는 그들
을 사로잡아 간 자들이
그들에게 자비를 베풀도
록 하셨습니다.
47 주, 우리의 하나님, 우리
를 구원하여 주십시오.
여러 나라에 흩어진 우
리를 모아 주십시오. 주
님의 거룩한 이름에 감사
하며, 주님을 찬양하며,
주님께 영광을 돌리게 해
주십시오.
48 주, 이스라엘의 하나님,
영원토록 찬송을 받아
주십시오.
온 백성은 "아멘!" 하고
응답하여라.
할렐루야.

단어

당부하다(106:34) 말로써 간곡하게 부탁하다.
전멸하다(106:34) 전투에서 지거나 망하거나 죽거나 하여 모두 완전히 없어지다.
신세(106:42) 일신상에 관련된 처지나 형편.
할렐루야(106:48) 여호와를 찬양하라는 뜻으로, 하나님을 찬송하며 감사와 기쁨을 나타내는 말.

제 5 권

107편 바빌로니아에 포로로 잡혀갔던 자들이 돌아온 이후에 쓴 찬양의 시입니다. 구원을 경험한 이스라엘 백성들에게 하나님의 인자하심과 은혜와 섭리에 감사하는 찬양을 올려드리자고 하는 시입니다.

주님은 당신의 백성을 선대하신다

1 주님께 감사드려라. 그는
선하시며, 그의 인자하심
이 영원하다.
2 주님께 구원받은 사람들
아, 대적의 손에서 구원
받은 사람들아, 모두 주
님께 감사드려라.
3 동서 남북 사방에서, 주
님께서 모아들이신 사람
들아, 모두 주님께 감사
드려라.
4 어떤 이들은 광야의 사
막에서 길을 잃고, 사람
이 사는 성읍으로 가는
길을 찾지 못했으며,
5 배고프고 목이 말라, 기
력이 다 빠지기도 하였다.
6 그러나 그들이 그 고난
가운데서 주님께 부르짖
을 때에, 주님께서는 그
들을 그 고통에서 건지
시고,
7 바른길로 들어서게 하셔
서, 사람이 사는 성읍으
로 들어가게 하셨다.
8 주님의 인자하심을 감사
하여라. 사람들에게 베
푸신 주님의 놀라운 구
원을 감사하여라.
9 주님께서는 목마른 사람

에게 물을 실컷 마시게
하시고, 배고픈 사람에
게 좋은 음식을 마음껏
먹게 해주셨다.
10 사람이 어둡고 캄캄한
곳에서 살며, 고통과 쇠
사슬에 묶이는 것은,
11 그들이 하나님의 말씀을
거역하고, 가장 높으신
분의 뜻을 저버렸기 때
문이다.
12 그러므로 주님께서는 그
들의 마음에 고통을 주
셔서 그들을 낮추셨으니,
그들이 비틀거려도 돕는
사람이 없었다.
13 그러나 그들이 고난 가
운데서 주님께 부르짖을
때에, 그들을 그 곤경에
서 구원해 주셨다.
14 어둡고 캄캄한 데서 건
져 주시고, 그들을 얽어
맨 사슬을 끊어 주셨다.
15 주님의 인자하심을 감사
하여라. 사람에게 베푸
신 주님의 놀라운 구원
을 감사하여라.
16 주님께서 놋대문을 부수
시고, 쇠빗장을 깨뜨리셨
기 때문이다.
17 어리석은 자들은, 반역
의 길을 걷고 죄악을 저
지르다가 고난을 받아
18 밥맛까지 잃었으니, 이미

단어

기력(107:5) 사람이 몸으로 활동할 수 있는 힘.
실컷(107:9) 마음에 하고 싶은 대로 한껏.
거역하다(107:11) 윗사람의 뜻이나 지시, 또는 초월적인 힘 등을 따르지 않다.
곤경(107:13) 곤란한 경우나 처지.
얽어매다(107:14) 마음대로 할 수 없게 구속하다.

죽음의 문턱에까지 이르
렀다.
19 그 때에 그들이 고난 가
운데서 주님께 부르짖으
니, 주님께서 그들을 곤
경에서 구원해 주셨다.
20 단 한 마디 말씀으로 그
들을 고쳐 주셨고, 그들
을 멸망의 구렁에서 끌어
내어 주셨다.
21 주님의 인자하심을 감사
하여라. 사람에게 베푸
신 주님의 놀라운 구원
을 감사하여라.
22 감사의 제물을 드리고, 주
님이 이루신 일을 즐거운
노래로 널리 퍼뜨려라.
23 배를 타고 바다로 내려가
서, 큰 물을 헤쳐 가면서
장사하는 사람들은,
24 주님께서 하신 행사를 보
고, 깊은 바다에서 일으키
신 놀라운 기적을 본다.
25 그는 말씀으로 큰 폭풍
을 일으키시고, 물결을
산더미처럼 쌓으신다.
26 배들은 하늘 높이 떠올
랐다가 깊은 바다로 떨어
진다. 그런 위기에서 그
들은 얼이 빠지고 간담
이 녹는다.
27 그들이 모두 술 취한 사
람처럼 비틀거리며 흔들
리니, 그들의 지혜가 모
두 쓸모 없이 된다.
28 그러나 그들이 고난 가
운데서 주님께 부르짖을
때에, 그들을 곤경에서

벗어나게 해주신다.
29 폭풍이 잠잠해지고, 물
결도 잔잔해진다.
30 사방이 조용해지니 모두
들 기뻐하고, 주님은 그
들이 바라는 항구로 그
들을 인도하여 주신다.
31 주님의 인자하심을 감사
하여라. 사람에게 베푸
신 주님의 놀라운 구원
을 감사하여라.
32 백성이 모인 가운데서 그
분을 기려라. 장로들이
모인 곳에서 그분을 찬
양하여라.
33 주님께서는 강들을 사막
으로 만드시며, 물이 솟
는 샘들을 마른 땅이 되
게 하시며,
34 그 곳에서 사는 사람들
의 죄악 때문에, 옥토를
소금밭이 되게 하신다.
35 그러나 주님께서는 사막
을 연못으로 만드시며,
마른 땅을 물이 솟는 샘
으로 만드시고,
36 굶주린 사람들로 거기에
살게 하시어, 그들이 거
기에다 사람 사는 성읍
을 세우게 하시고,
37 밭에 씨를 뿌리며 포도
원을 일구어서, 풍성한
소출을 거두게 하시며,
38 또 그들에게 복을 주시

단어

간담(107:26) 간과 쓸개를 아울러 이르는 말. 비유적으로 '속마음'을 이른다.

기리다(107:32) 다른 사람의 우수한 점이나 잘하는 일을 추어서 말하다.

옥토(107:34) 농작물이 잘 자랄 수 있는 영양분이 풍부한 땅.

어, 그들이 크게 번성하
게 하시고, 가축이 줄어
들지 않게 하신다.
39 그들이 억압과 고난과 걱
정 근심 때문에 수가 줄
어들고 비천해질 때에,
40 주님께서는 높은 자들에
게 능욕을 부으시고, 그
들을 길 없는 황무지에
서 헤매게 하셨지만,
41 가난한 사람은 그 고달
픔에서 벗어나게 해주시
고, 그 가족을 양 떼처럼
번성하게 하셨다.
42 정직한 사람은 이것을 보
고 즐거워하고, 사악한 사
람은 말문이 막힐 것이다.
43 지혜 있는 사람이 누구
냐? 이 일들을 명심하
고, 주님의 인자하심을
깨달아라.

108편 과거의 승리를 기억하며, 하나님께서 지금도 그의 백성들을 대적의 손에서 구원해 주실 것을 확신하고 기도하는 다윗의 시입니다. 다윗은 우리가 의지할 분은 오직 하나님 한 분뿐임을 노래합니다.

하나님이 우리와 함께 계시면

[다윗의 찬송시]

1 하나님, 나는 내 마음을
정했습니다. 진실로 나는
내 마음을 확실히 정했
습니다. 내가 가락에 맞
추어서 노래를 부르렵니
다. 내 영혼아, 깨어나라.
2 거문고야, 수금아, 깨어
나라. 내가 새벽을 깨우
련다.
3 주님, 내가 만민 가운데
서 주님께 감사드리며, 뭇
나라 가운데서 노래 불

려 주님을 찬양하렵니다.
4 주님의 한결같은 그 사
랑, 하늘보다 더 높고, 주
님의 진실하심, 구름에까
지 닿습니다.
5 하나님, 주님, 하늘보다
더 높이 높임을 받으시
고, 주님의 영광 온 땅
위에 떨치십시오.
6 주님의 오른손을 내미셔
서 주님께서 사랑하시는
사람을 구원하여 주십시
오. 나에게 응답하여 주
십시오.
7 하나님께서 그 성소에서
이렇게 말씀하셨습니다.
"내가 크게 기뻐하련다.
내가 세겜을 나누고, 숙
곳 골짜기를 측량하련다.
8 길르앗도 나의 것이요,
므낫세도 나의 것이다.
에브라임은 나의 머리에
쓰는 투구요, 유다는 나
의 통치 지팡이이다.
9 그러나 모압은 나의 세숫
대야로 삼고, 에돔에는
나의 신을 벗어 던져 그
것이 내 소유임을 밝히련
다. 블레셋을 격파하고
승전가를 부르련다."
10 누가 나를 견고한 성으
로 데리고 가며, 누가 나
를 에돔에까지 인도합니
까?

단어

번성하다(107:38) 우거져 무성하다.
말문(107:42) 말을 하기 위하여 여는 입.
떨치다(108:5) 위세나 명성이 널리 알려지다.
측량하다(108:7) 길이, 넓이, 거리, 높이, 깊이 따위를 재어 헤아리다.
승전가(108:9) 싸움이나 경기에 이기고 부르는 노래.

11 아, 하나님, 우리를 정말
로 내버리신 것입니까?
아, 하나님, 주님께서 우
리 군대와 함께 나아가
지 않으시렵니까?
12 사람의 도움은 헛되니
어서, 우리를 도우셔서,
이 원수들을 물리쳐 주
십시오.
13 하나님이 우리와 함께 하
시면, 우리는 승리를 얻
을 것이다. 그분이 우리의
원수들을 짓밟을 것이다.

109편 평생토록 악인들에게 수많은 욕과 저주를 받으며 심적·육체적 고통을 겪어온 다윗이 거룩한 분노를 토해내고 있습니다. 다윗은 하나님이 그들을 공정하고 의롭게 심판해 주시기를 기도했습니다.

주님의 도움을 비는 기도

[지휘자를 따라 부르는 다윗의 노래]

1 하나님, 내가 주님을 찬
양합니다. 잠잠히 계시지
마십시오.
2 악한 자와 속이는 자가
일제히, 나를 보고 입을
열고, 혀를 놀려서 거짓
말로 나를 비난합니다.
3 미움으로 가득 찬 말을
나에게 퍼붓고, 이유도
없이 나를 맹렬하게 공격
합니다.
4 나는 그들을 사랑하여
그들을 위하여 기도를
올리건만, 그들은 나를
고발합니다.
5 그들은 선을 오히려 악으
로 갚고, 사랑을 미움으
로 갚습니다.
6 "그러므로 악인을 시켜,
그와 맞서게 하십시오.

고소인이 그의 오른쪽에
서서, 그를 고발하게 하
십시오.
7 그가 재판을 받을 때에,
유죄 판결을 받게 하십
시오. 그가 하는 기도는
죄가 되게 하십시오.
8 그가 살 날을 짧게 하시
고 그가 하던 일도 다른
사람이 하게 하십시오.
9 그 자식들은 아버지 없
는 자식이 되게 하고, 그
아내는 과부가 되게 하
십시오.
10 그 자식들은 떠돌아다
니면서 구걸하는 신세가
되고, 폐허가 된 집에서
마저 쫓겨나서 밥을 빌어
먹게 하십시오.
11 빚쟁이가 그 재산을 모
두 가져 가고, 낯선 사람
들이 들이닥쳐서, 재산을
모두 약탈하게 하십시오.
12 그에게 사랑을 베풀 사
람이 없게 하시고, 그 고
아들에게 은혜를 베풀어
줄 자도 없게 하십시오.
13 자손도 끊어지고, 후대에
이르러, 그들의 이름까지
도 지워지게 하십시오.
14 그의 아버지가 지은 죄
를 주님이 기억하시고,
그의 어머니가 지은 죄도
지워지지 않게 하십시오.

단어

일제히(109:2) 여럿이 한꺼번에.
구걸하다(109:10) 남에게 돈이나 먹을 것을 거저 달라고 하다.
빌어먹다(109:10) 음식이나 곡식 따위를 남에게 구걸하여 거저 얻어먹다.
약탈하다(109:11) 폭력을 써서 억지로 빼앗다.

15 그들의 죄가 늘 주님에게
거슬리게 하시고, 세상
사람들이 그를 완전히 잊
게 하여 주십시오.
16 이것은 그가 남에게 사
랑을 베풀 생각은 않고,
도리어 가난하고 빈곤한
자를 괴롭히며, 마음이
상한 자를 못살게 하였
기 때문입니다.
17 그가 저주하기를 좋아하
였으니, 그 저주가 그에
게 내리게 하십시오. 축
복하기를 싫어하였으니,
복이 그에게서 멀어지게
하십시오.
18 저주하기를 옷 입듯 하였
으니, 그 저주가 물처럼
그의 뱃속까지 스며들고,
기름처럼 그 뼛속에까지
배어들게 하십시오.
19 그 저주가 그에게는 언제
나, 입은 옷과 같고, 항상
띠는 띠와 같게 하십시오."
20 주님, 나를 고발하는 자
와, 나에게 이런 악담을
퍼붓는 자들이 오히려
그런 저주를 받게 해주
십시오.
21 주님은 나의 하나님이시
니, 주님의 명성에 어울
리게 나를 도와주십시
오. 주님의 사랑은 그지
없으시니, 나를 건져 주
십시오.
22 나는 가난하고 빈곤합니
다. 내 마음이 깊은 상처
를 받았습니다.

23 나는 석양에 기우는 그
림자처럼 사라져가고, 놀
란 메뚜기 떼처럼 날려
갑니다.
24 금식으로, 나의 두 무릎
은 약해지고, 내 몸에서
는 기름기가 다 빠져서
수척해졌습니다.
25 나는 사람들의 조소거리
가 되고, 그들은 나를 볼
때마다, 머리를 절레절레
흔들면서 멸시합니다.
26 주, 나의 하나님, 나를 도
와주십시오. 주님의 한결
같으신 사랑을 따라, 나
를 구원하여 주십시오.
27 주님, 이것은 주님께서
손수 하신 일이며, 바로
주님이 이 일을 이루셨
음을 그들이 알게 해주
십시오.
28 그들이 나에게 저주를
퍼부어도, 주님은 나에게
복을 주십니다. 그들은
치려고 일어났다가 부끄
러움을 당하여도, 주님
의 종은 언제나 즐거워하
게 해주십시오.
29 나를 고발하는 사람들은
수치를 뒤집어쓰게 해주
시고, 그들이 받을 수모
를 겉옷처럼 걸치고 다니
게 해주십시오.
30 내가 입을 열어서 주님께

단어

악담(109:20) 남을 비방하거나, 남이 잘못되도록 저주하는 말.
명성(109:21) 평판이 높아 세상에 널리 알려진 이름.
금식(109:24) 종교적 이유나 기타의 이유로 한동안 음식을 먹지 않음.
수척하다(109:24) 몹시 야위고 파리하다.

크게 감사드리며, 많은
사람이 모인 가운데서 주
님을 찬양하련다.
31 나를 고발하는 자들에게
서 나를 구원해 주시려
고, 주님께서는 이 가난
한 사람의 오른쪽에 서
계시기 때문이다.

110편 만왕의 왕이요 영원한 대제사장이신 주님이 장차 이 세상에 오심으로써, 사단과 죄악의 세력을 멸망시키시고 새로운 왕국을 세워 통치하실 것을 예언한 다윗의 메시아 예언시입니다.

주님께서 승리를 안겨주심

[다윗의 노래]

1 주님께서 내 주님께 말씀
하시기를 "내가 너의 원
수들을 너의 발판이 되
게 하기까지, 너는 내 오
른쪽에 앉아 있어라" 하
셨습니다.
2 주님께서 임금님의 권능
의 지팡이를 시온에서
하사해 주시니, 임금님께
서는 저 원수들을 통치
하십시오.
3 임금님께서 거룩한 산에
서 군대를 이끌고 전쟁터
로 나가시는 날에, 임금
님의 백성이 즐거이 헌신
하고, 아침 동이 틀 때에
새벽 이슬이 맺히듯이,
젊은이들이 임금님께로
모여들 것입니다.
4 주님께서 맹세하시기를
"너는 멜기세덱을 따른
영원한 제사장이다" 하
셨으니, 그 뜻을 바꾸지
않으실 것입니다.
5 주님께서 임금님의 오른

쪽에 계시니, 그분께서
노하시는 심판의 날에,
그분께서 왕들을 다 쳐
서 흩으실 것입니다.
6 그분께서 뭇 나라를 심
판하실 때에, 그 통치자
들을 치셔서, 그 주검을
이 땅 이곳 저곳에 가득
하게 하실 것입니다.
7 임금님께서는 길가에 있
는 시냇물을 마시고, 머
리를 높이 드실 것입니
다.

111편 이스라엘의 지난 역사 가운데서 '진실'과 '공의'로 모든 일을 행하신 하나님을 높이고 있습니다. 하나님을 경외하는 것이 지혜의 근본이며, 그 계명을 지키는 자는 영원히 영육이 배부를 것입니다.

주님께서 하신 일을 찬양하여라

1 할렐루야. 내가 온 마음
을 다 기울여, 정직한 사
람의 모임과 회중 가운
데서 주님께 감사를 드
리겠다.
2 주님께서 하시는 일들은
참으로 훌륭하시니, 그
일을 보고 기뻐하는 사
람들이 모두 깊이 연구
하는구나.
3 주님이 하신 일은 장엄하
고 영광스러우며, 주님의
의로우심은 영원하다.
4 그 하신 기이한 일들을
사람들에게 기억하게 하
셨으니, 주님은 은혜로
우시며 긍휼이 많으시

단어

하사하다(110:2) 임금이 신하에게, 또는 윗사람이 아랫사람에게 물건을 내려 줌.
멜기세덱(110:4) 아브라함 시대의 살렘 왕을 가리키며, 지극히 높으신 하나님의 제사장이다(창 14:18).
주검(110:6) 죽은 사람의 몸.
장엄하다(111:3) 위엄이 있고 엄숙하다.

다.
5 주님은, 당신을 경외하는
사람들에게는 먹거리를
주시고, 당신이 맺으신
언약은 영원토록 기억하
신다.
6 당신의 백성에게 하신
일, 곧 뭇 민족의 유산을
그들에게 주신 일로 당신
의 능력을 알리셨다.
7 손수 하신 일들은 진실
하고 공의로우며, 주님이
지시하신 법은 모두 든
든하며,
8 영원토록 흔들리는 일이
없으니, 진실과 정직으로
제정되었다.
9 당신의 백성에게 구원을
베푸시고 그 언약을 영원
히 세우셨으니, 그 이름
이 거룩하고 두렵다.
10 주님을 경외하는 것이 지
혜의 근본이다. 주님의
계명을 지키는 사람은 바
른 깨달음을 얻으니, 영
원토록 주님을 찬양할
일이다.

112편 이 시는 하나님을 경외하는 자가 받는 복과 악인의 비참한 종말을 주제로 다룹니다. 인생에서 중요한 것은 하나님을 경외하며 그분에게 순종하는 것임을 가르쳐주는 지혜시입니다.

하나님을 예배하는 이들에게 복을 베푸신다

1 할렐루야. 주님을 경외하
고 주님의 계명을 크게
즐거워하는 사람은, 복이
있다.
2 그의 자손은 이 세상에
서 능력 있는 사람이 되

며, 정직한 사람의 자손
은 복을 받으며.
3 그의 집에는 부귀와 영화
가 있으며, 그의 의로움
은 영원토록 칭찬을 받
을 것이다.
4 정직한 사람에게는 어둠
속에서도 빛이 비칠 것이
다. 그는 은혜로우며, 긍
휼이 많으며, 의로운 사
람이다.
5 은혜를 베풀면서 남에게
꾸어 주는 사람은 모든
일이 잘 될 것이다. 그런
사람은 일을 공평하게 처
리하는 사람이다.
6 그런 사람은 영원히 흔
들리지 않을 것이다. 의
로운 사람은 영원히 기
억된다.
7 그는 나쁜 소식을 두려워
하지 않으니, 주님을 믿
으므로 그의 마음이 굳
건하기 때문이다.
8 그의 마음은 확고하여
두려움이 없으니, 마침내
그는 그의 대적이 망하
는 것을 볼 것이다.
9 그는 가난한 사람들에게
넉넉하게 나누어주니, 그
의 의로움은 영원히 기억
되고, 그는 영광을 받으
며 높아질 것이다.
10 악인은 이것을 보고 화가

단어
손수(111:7) 직접 자기 손으로.
제정되다(111:8) 제도나 법률을 만들어 정하다.
할렐루야(112:1) 여호와를 찬양하라는 뜻으로, 하나님을 찬송하며 감사와 기쁨을 나타내는 말.
굳건하다(112:7) 매우 튼튼하고 실하다.
확고하다(112:8) 흔들림이 없이 확실하며 견고하다.

나서, 이를 갈다가 사라
질 것이다. 악인의 욕망
은 헛되이 꺾일 것이다.

113편 시간과 공간에 매이지 않으시는 하나님은 자신을 스스로 낮추시고 세상을 돌아보십니다. 가난하고 소외된 자들을 일으켜주십니다. 영원토록 경배와 찬양을 받으실 분은 오직 주 하나님뿐이십니다.

주님께서 어려움 당하는 이들을 도우신다

1 할렐루야. 주님의 종들
아, 찬양하여라. 주님의
이름을 찬양하여라.
2 지금부터 영원까지, 주님
의 이름이 찬양을 받을
것이다.
3 해 뜨는 데서부터 해 지
는 데까지, 주님의 이름
이 찬양을 받을 것이다.
4 주님은 모든 나라보다 높
으시며, 그 영광은 하늘
보다 높으시다.
5 주 우리 하나님과 같은
이가 어디에 있으랴? 높
은 곳에 계시지만
6 스스로 낮추셔서, 하늘
과 땅을 두루 살피시고,
7 가난한 사람을 티끌에서
일으키시며 궁핍한 사람
을 거름더미에서 들어올
리셔서,
8 귀한 이들과 한자리에 앉
게 하시며 백성의 귀한
이들과 함께 앉게 하시
고,
9 아이를 낳지 못하는 여
인조차도 한 집에서 떳떳
하게 살게 하시며, 많은
아이들을 거느리고 즐거
워하는 어머니가 되게 하

신다.
할렐루야.

114편 하나님의 전적인 권능으로 이집트를 탈출해서 가나안에 들어올 때까지 이스라엘의 역사를 은유적인 표현을 통해 생동감있게 묘사합니다. 그 가운데 역사하시는 하나님의 능력을 찬양하는 시입니다.

주님께서 놀라운 일을 하신다

1 이스라엘이 이집트에서
나올 때에, 야곱의 집안
이 다른 언어를 쓰는 민
족에게서 떠나올 때에,
2 유다는 주님의 성소가
되고, 이스라엘은 그의
영토가 되었다.
3 바다는 그들을 보고 도
망쳤고, 요단 강은 뒤로
물러났으며,
4 산들은 숫양처럼 뛰놀고
언덕들도 새끼양처럼 뛰
놀았다.
5 바다야, 너는 어찌하여
도망을 쳤느냐? 요단 강
아, 너는 어찌하여 뒤로
물러났느냐?
6 산들아, 너희는 어찌하
여 숫양처럼 뛰놀았느
냐? 언덕들아, 너희는 어
찌하여 새끼양처럼 뛰놀
았느냐?
7 온 땅아, 네 주님 앞에서
떨어라. 야곱의 하나님
앞에서 떨어라.
8 주님은 반석을 웅덩이가
되게 하시며, 바위에서
샘이 솟게 하신다.

단어

티끌(113:7) 공기 속에 섞여 날리거나 물체 위에 쌓이는 매우 잘고 가벼운 물질.
떳떳하다(113:9) 행동이나 생각이 정당하여 굽힐 것 없이 어엿하고 당당하다.
성소(114:2) 제사장이 하나님께 제물을 바치고 의식을 행하던 거룩한 곳.

115편

하나님의 전능하심과 이방 사람이 섬기는 우상의 무능함을 비교함으로써 하나님께 영광을 돌리는 시입니다. 하나님을 경외하고 의지하는 자들이 받을 궁극적인 복을 선언하고 있습니다.

주님은 마땅히 찬양받으실 분이시다

1 주님, 영광을 우리에게
돌리지 마십시오. 우리에
게 돌리지 마시고, 오직
주님의 이름에만 영광을
돌리십시오. 그 영광은
다만 주님의 인자하심과
진실하심에 돌려주십시
오.
2 어찌하여 이방 나라들이
"그들의 하나님이 어디에
있느냐?" 하고 말하게 하
겠습니까?
3 우리 하나님은 하늘에
계셔서, 하고자 하시면
어떤 일이든 이루신다.
4 이방 나라의 우상은 금
과 은으로 된 것이며, 사
람이 손으로 만든 것이
다.
5 입이 있어도 말하지 못
하고, 눈이 있어도 볼 수
없으며,
6 귀가 있어도 듣지 못하
고, 코가 있어도 냄새를
맡지 못하고,
7 손이 있어도 만지지 못하
고, 발이 있어도 걷지 못
하고, 목구멍이 있어도
소리를 내지 못한다.
8 우상을 만드는 사람이나
우상을 의지하는 사람은
모두 우상과 같이 되고
만다.
9 이스라엘아, 주님을 의지

하여라. 주님은, 도움이
되어 주시고, 방패가 되
어 주신다.
10 아론의 집이여, 주님을
의지하여라. 주님은 도움
이 되어 주시고, 방패가
되어 주신다.
11 주님을 경외하는 사람들
아, 주님을 의지하여라.
주님은, 도움이 되어 주시
고, 방패가 되어 주신다.
12 주님께서 우리를 기억하
여 주셔서 복을 주시고,
이스라엘 집에도 복을
주시며, 아론의 집에도
복을 주신다.
13 주님을 경외하는 사람에
게 복을 주시니, 낮은 사
람, 높은 사람, 구별하지
않고 복을 주신다.
14 주님께서 너희를 번창하
게 하여 주시고, 너희의
자손을 번창하게 하여
주시기를 바란다.
15 너희는 하늘과 땅을 지
으신 주님에게서 복을 받
은 사람이다.
16 하늘은 주님의 하늘이라
도, 땅은 사람에게 주셨
다.
17 죽은 사람은 주님을 찬
양하지 못한다. 침묵의
세계로 내려간 사람은 어
느 누구도 주님을 찬양

단어

돌리다(115:1) 어떤 사람이 책임이나 공로를 다른 사람에게 넘기어 그의 몫으로 주장하거나 인정하다.

우상(115:4) 인위적으로 만들어 신처럼 떠받드는 신의 형상.

번창하다(115:14) 일이나 집안, 나라 등이 한참 잘되어 성하게 되다.

하지 못한다.

18 그러나 우리는 이제부터
영원까지 주님을 찬양할
것이다.
할렐루야.

116편 개인적인 구원의 체험을 고백하며 하나님께 영광을 돌리는 찬송시입니다. 사망의 위험과 극한 환난에서 구원하신 주님을 찬양하고, 그때 하나님께 서원했던 것을 반드시 갚겠다고 다짐하고 있습니다.

주님께서 나를 죽음에서 구하실 때

1 주님, 주님께서 나의 간
구를 들어주시기에, 내가
주님을 사랑합니다.
2 나에게 귀를 기울여 주
시니, 내가 평생토록 기
도하겠습니다.
3 죽음의 올가미가 나를
얽어 매고, 스올의 고통
이 나를 엄습하여서, 고
난과 고통이 나를 덮쳐
올 때에,
4 나는 주님의 이름을 부르
며 "주님, 간구합니다. 이
목숨을 구하여 주십시
오" 하였습니다.
5 주님은 은혜로우시고 의
로우시며, 우리의 하나님
은 긍휼이 많으신 분이
시다.
6 주님은 순박한 사람을
지켜 주신다. 내가 가련
하게 되었을 때에, 나를
구원하여 주셨다.
7 내 영혼아, 주님이 너를
너그럽게 대해 주셨으니
너는 마음을 편히 가져라.
8 주님, 주님께서 내 영혼을
죽음에서 건져 주시고,
내 눈에서 눈물을 거두어

주시고, 내 발이 비틀거리
지 않게 하여 주셨으니,
9 내가 살아 있는 동안 주님
보시는 앞에서 살렵니다.
10 "내 인생이 왜 이렇게 고
통스러우냐?" 하고 생각
할 때에도, 나의 믿음은
흔들리지 않았습니다.
11 나는 한때, 몹시 두려워,
"믿을 사람 아무도 없
다" 하고 말하곤 하였습
니다.
12 주님께서 나에게 베푸신
모든 은혜를, 내가 무엇
으로 다 갚을 수 있겠습
니까?
13 내가 구원의 잔을 들고,
주님의 이름을 부르겠습
니다.
14 주님께 서원한 것은 모든
백성이 보는 앞에서 다
이루겠습니다.
15 성도들의 죽음조차도 주
님께서는 소중히 여기신
다.
16 주님, 진실로, 나는 주님
의 종입니다. 나는 주님
의 종, 주님의 여종의 아
들입니다. 주님께서 나의
결박을 풀어 주셨습니다.
17 내가 주님께 감사제사를
드리고, 주님의 이름을
부르겠습니다.
18 주님께 서원한 것은 모든

단어

엄습하다(116:3) 감각이나 감정이 갑자기 밀려오다.
순박하다(116:6) 사람이나 그 마음이 순수하고 꾸밈이 없다.
서원하다(116:14) 하나님께 은혜를 구하고, 그 보답으로 어떤 선행을 하겠다고 맹세하다.
결박(116:16) 몸이나 손을 움직이지 못하게 묶음.

백성이 보는 앞에서 다
이루겠습니다.
19 예루살렘아, 네 한가운
데서 주님의 성전 뜰 안
에서, 주님께 서원한 것
들을 모두 이루겠다.
할렐루야.

117편 이스라엘을 향한 하나님의 크신 사랑과 지속적인 성실하심을 찬양하며, 모든 나라와 백성들도 이 찬양에 동참할 것을 권면하고 있습니다. 시편 전체에서 가장 짧은 시입니다.

와서 주님을 찬송하여라

1 너희 모든 나라들아, 주
님을 찬송하며, 너희 모
든 백성들아, 그를 칭송
하여라.
2 우리에게 향하신 주님의
인자하심이 크고 주님의
진실하심은 영원하다.
할렐루야.

118편 수많은 적으로 인해 절체절명의 어려움 가운데 있는 자신을 구원해 주시고, 전쟁에서 승리하게 하신 하나님께 감사하면서 함께 하나님의 선함과 인자하심을 찬양할 것을 권하고 있습니다.

주님은 늘 자비하시다

1 주님께 감사하여라. 그는
선하시며, 그의 인자하심
이 영원하다.
2 이스라엘아, "그의 인자하
심이 영원하다" 하여라.
3 아론의 집아, "그의 인자
하심이 영원하다" 하여라.
4 주님을 경외하는 사람들
아, "그의 인자하심이 영
원하다" 하여라.
5 내가 고난을 받을 때에
부르짖었더니, 주님께서
나에게 응답하여 주시
고, 주님께서 나를 넓은
곳에 세우셨다.

6 주님은 내 편이시므로,
나는 두렵지 않다. 사람
이 나에게 무슨 해를 끼
칠 수 있으랴?
7 주님께서 내 편이 되셔서
나를 도와주시니, 나를
미워하는 사람이 망하는
것을 내가 볼 것이다.
8 주님께 몸을 피하는 것
이, 사람을 의지하는 것
보다 낫다.
9 주님께 몸을 피하는 것
이, 높은 사람을 의지하
는 것보다 낫다.
10 뭇 나라가 나를 에워쌌지
만, 나는 주님의 이름을 힘
입어서 그들을 물리쳤다.
11 그들이 나를 겹겹이 에
워쌌으나, 나는 주님의
이름을 힘입어서 그들을
물리쳤다.
12 그들이 나를 벌떼처럼 에
워싸고, 가시덤불에 붙
은 불처럼 나를 삼키려고
하였지만, 나는 주님의
이름을 힘입어서 그들을
물리쳤다.
13 네가 나를 밀어서 넘어뜨
리려고 하였어도, 주님께
서 나를 도우셨다.
14 주님은 나의 능력, 나의
노래, 나를 구원하여 주
시는 분이시다.
15 의인의 장막에서 환호하

단어

칭송하다(117:1) 어떠한 것에 대해 훌륭하다고 칭찬하다.
해(118:6) 사람이나 사물에 끼치는 나쁜 영향.
에워싸다(118:10) 사방을 둘러서 싸다.
힘입다(118:11) 남에게 어떤 배려나 도움을 받다.
환호하다(118:15) 기뻐서 부르짖다.

는 소리, 승리의 함성이
들린다. "주님의 오른손
이 힘차시다.
16 주님의 오른손이 높이
들렸다. 주님의 오른손이
힘차시다."
17 내가 죽지 않고 살아서,
주님께서 하신 일을 선포
하겠다.
18 주님께서는 엄히 징계하
셔도, 나를 죽게 버려 두
지는 않으신다.
19 구원의 문들을 열어라.
내가 그 문들로 들어가서
주님께 감사를 드리겠다.
20 이것이 주님의 문이다. 의
인들이 그리로 들어갈 것
이다.
21 주님께서 나에게 응답하
시고, 나에게 구원을 베
푸셨으니, 내가 주님께
감사를 드립니다.
22 집 짓는 사람들이 내버
린 돌이, 집 모퉁이의 머
릿돌이 되었다.
23 이것은 주님께서 하신 일
이니, 우리의 눈에는 기
이한 일이 아니랴?
24 이 날은 주님이 구별해
주신 날, 우리 모두 이 날
에 기뻐하고 즐거워하자.
25 주님, 간구합니다. 우리
를 구원하여 주십시오.
주님, 간구합니다. 우리
를 형통하게 해주십시오.
26 주님의 이름으로 오는 이
에게는 복이 있다. 주님
의 집에서 우리가 너희를

축복하였다.
27 주님은 하나님이시니, 우
리에게 빛을 비추어 주
셨다. 나뭇가지로 축제의
단을 장식하고, 제단의
뿔도 꾸며라.
28 주님은 나의 하나님이시
니, 내가 주님께 감사드립
니다. 내 하나님, 내가 주
님을 높이 기리겠습니다.
29 주님께 감사하여라. 그는
선하시며, 그의 인자하심
이 영원하다.

119편 시편 중 가장 긴 시입니다. 176절 중에 4구절을 제외한 모든 절에서 말씀·율법·규례·법도·율례·계명 등의 표현이 등장합니다. 하나님의 말씀을 삶의 푯대로 삼아 거룩하고 정직하게 살아야 한다는 교훈을 주고 있습니다.

주님의 법을 찬양함

1 그 행실이 온전하고 주님
의 법대로 사는 사람은,
복이 있다.
2 주님의 증거를 지키며 온
마음을 기울여서 주님을
찾는 사람은, 복이 있다.
3 진실로 이런 사람들은
불의를 행하지 않고, 주
님께서 가르치신 길을 따
라 사는 사람이다.
4 주님, 주님께서는 우리에
게 주님의 법도를 주시
고, 성실하게 지키라고
명령하셨습니다.
5 내가 주님의 율례들을
성실하게 지킬 수 있도
록, 내 길을 탄탄하게 하

단어
엄히(118:18) 규율, 단속이 매우 딱딱하고 냉정하게.
머릿돌(118:22) 건물의 기초 공사를 마친 후, 본격적인 공사의 시작을 기념하며, 연월일 따위를 새겨서 일정한 자리에 놓는 돌.
제단(118:27) 제사를 지내기 위하여 흙이나 돌을 쌓아 만든 단.

셔서 흔들리는 일이 없게
해주십시오.
6 내가 주님의 모든 계명들
을 낱낱이 마음에 새기
면, 내가 부끄러움을 당
할 일이 없을 것입니다.
7 내가 주님의 의로운 판단
을 배울 때에, 정직한 마
음으로 주님께 감사하겠
습니다.
8 주님의 율례들을 지킬 것
이니, 나를 아주 버리지
말아 주십시오.
9 젊은이가 어떻게 해야 그
인생을 깨끗하게 살 수
있겠습니까? 주님의 말
씀을 지키는 길, 그 길뿐
입니다.
10 내가 온 마음을 다하여
주님을 찾습니다. 주님의
계명에서 벗어나지 않게
하여 주십시오.
11 내가 주님께 범죄하지 않
으려고, 주님의 말씀을
내 마음 속에 깊이 간직
합니다.
12 찬송을 받으실 주님, 주
님의 율례를 나에게 가
르쳐 주십시오.
13 주님의 입으로 말씀하신
그 모든 규례들을, 내 입
술이 큰소리로 반복하겠
습니다.
14 주님의 교훈을 따르는 이
기쁨은, 큰 재산을 가지
는 것보다 더 큽니다.
15 나는 주님의 법을 묵상
하며, 주님의 길을 따라

가겠습니다.
16 주님의 율례를 기뻐하며,
주님의 말씀을 잊지 않겠
습니다.
17 주님의 종을 너그럽게 대
해 주십시오. 그래야 내
가 활력이 넘치게 살며,
주님의 말씀을 지킬 수
있습니다.
18 내 눈을 열어 주십시오.
그래야 내가 주님의 법
안에 있는 놀라운 진리
를 볼 것입니다.
19 나는 땅 위를 잠시 동안
떠도는 나그네입니다. 주
님의 계명을 나에게서 감
추지 마십시오.

20 내 영혼이 주님의 율례
들을 늘 사모하다가 쇠약
해졌습니다.
21 주님께서는 오만한 자들
을 책망하십니다. 그 저
주 받은 자들은 주님의
계명에서 이탈하는 자들
입니다.
22 그들이 나를 멸시하지
못하게 해주십시오. 그들
이 나를 비웃지 못하게
해주십시오. 나는 주님의
교훈을 잘 지켰습니다.
23 고관들이 모여 앉아서,
나를 해롭게 할 음모를
꾸밉니다. 그러나 주님의
종은 오직 주님의 율례

단어

낱낱이(119:6) 하나하나 빠짐없이.
묵상하다(119:15) 묵묵히 마음속으로 생각하다.
활력(119:17) 살아 움직이는 힘.
책망하다(119:21) 나무라거나 꾸짖으며 못마땅하게 여기다.
이탈하다(119:21) 벗어나 따로 떨어져 나가다.

를 묵상하겠습니다.
24 주님의 증거가 나에게 기
쁨을 주며, 주님의 교훈
이 나의 스승이 됩니다.
25 내 영혼이 진토 속에서
뒹구니, 주님께서 약속하
신 대로, 나에게 새 힘을
주십시오.
26 내가 걸어온 길을 주님께
말씀드렸고, 주님께서도
나에게 응답하여 주셨으
니, 주님의 율례를 내게
가르쳐 주십시오.
27 나를 도우셔서, 주님의
법도를 따르는 길을 깨닫
게 해주십시오. 주님께서
이루신 기적들을 묵상하
겠습니다.
28 내 영혼이 깊은 슬픔에
빠졌으니, 주님께서 약속
하신 대로, 나에게 힘을
주십시오.
29 그릇된 길로 가지 않도
록, 나를 지켜 주십시오.
주님의 은혜로, 주님의
법을 나에게 가르쳐 주
십시오.
30 내가 성실한 길을 선택하
고 내가 주님의 규례들
을 언제나 명심하고 있습
니다.
31 주님, 내가 주님의 증거
를 따랐으니, 내가 수치
를 당하는 일이 없도록
하여 주십시오.
32 주님께서 나에게 큰 깨
달음을 주시면, 내가 주
님의 계명들이 인도하는

길로 달려가겠습니다.
33 주님, 주님의 율례들이
제시하는 길을 내게 가
르쳐 주십시오. 내가 언
제까지든지 그것을 지키
겠습니다.
34 나를 깨우쳐 주십시오.
내가 주님의 법을 살펴보
면서, 온 마음을 기울여
서 지키겠습니다.
35 내가, 주님의 계명들이 가
리키는 길을 걷게 하여
주십시오. 내가 기쁨을
누릴 길은 이 길뿐입니다.
36 내 마음이 주님의 증거에
만 몰두하게 하시고, 내
마음이 탐욕으로 치닫지
않게 해주십시오.
37 내 눈이 헛된 것을 보지
않게 해주시고, 주님의
길을 활기차게 걷게 해주
십시오.
38 주님을 경외하는 사람과
맺으신 약속, 주님의 종
에게 꼭 지켜 주십시오.
39 주님의 규례는 선합니다.
내가 무서워하는 비난에
서 나를 건져 주십시오.
40 내가 주님의 법도를 사모
합니다. 주님의 의로 내
게 새 힘을 주십시오.
41 주님, 주님께서 말씀하신
그대로, 주님의 인자하심
과 구원을 내게 베풀어

단어
진토(119:25) 티끌과 흙을 아울러 이르는 말.
수치(119:31) 다른 사람들을 볼 낯이 없거나 스스로 떳떳하지 못함. 또는 그런 일.
몰두하다(119:36) 온 정신이나 관심을 기울여 열중하다.
치닫다(119:36) 생각이나 감정이 치밀어 오르다.

주십시오.
42 그 때에 나는 주님의 말
씀을 의지하고, 나를 비
난하는 사람에게 응수하
겠습니다.
43 내가 주님의 규례들을
간절히 바라니, 진리의
말씀이 내 입에서 잠시도
떠나지 않게 해주십시오.
44 내가 주님의 율법을 늘
지키고, 영원토록 지키겠
습니다.
45 내가 주님의 법도를 열심
히 지키니, 이제부터 이
넓은 세상을 거침없이 다
니게 해주십시오.
46 왕들 앞에서 거침없이
주님의 증거들을 말하
고, 부끄러워하지 않겠습
니다.
47 주님의 계명들을 내가
사랑하기에 그것이 나의
기쁨이 됩니다.
48 주님의 계명들을 내가 사
랑하기에, 두 손을 들어
서 환영하고, 주님의 율
례들을 깊이 묵상합니다.
49 주님의 종에게 하신 말
씀을 기억해 주십시오.
주님께서는 말씀으로 내
게 희망을 주셨습니다.
50 주님의 말씀이 나를 살
려 주었으니, 내가 고난
을 받을 때에, 그 말씀이
나에게 큰 위로가 되었
습니다.
51 교만한 자들이 언제나
나를 혹독하게 조롱하여

도, 나는 그 법을 떠나지
않았습니다.
52 주님, 옛부터 내려온 주
님의 규례들을 기억합니
다. 그 규례가 나에게 큰
위로가 됩니다.
53 악인들이 주님의 율법을
무시하는 것을 볼 때마
다, 내 마음 속에서 분노
가 끓어오릅니다.
54 덧없는 세상살이에서 나
그네처럼 사는 동안, 주
님의 율례가 나의 노래입
니다.
55 주님, 내가 밤에도 주님
의 이름을 기억하고, 주
님의 법을 지킵니다.

56 주님의 법도를 따라서 사
는 삶에서 내 행복을 찾
습니다.
57 주님, 주님은 나의 분깃,
내가 주님의 말씀을 지키
겠습니다.
58 내가 온 마음을 다하여
서 주님께 간구하니, 주
님께서 약속하신 대로,
내게 은혜를 베풀어 주
십시오.
59 내가 발걸음을 돌려 주님
의 증거를 따라 갑니다.
60 내가 주저하지 않고, 서
둘러 주님의 계명을 지키
겠습니다.
61 악인들이 나를 줄로 얽

단어

응수하다(119:42) 대응하는 말이나 행동을 하다.
거침없다(119:45) 아무 거리낌이 없다.
혹독하다(119:51) 정도가 몹시 심하다.
덧없다(119:54) 보람이나 가치가 없이 헛되고 부질없다.
분깃(119:57) 재산의 한몫을 유산으로 나누어주는 일.
주저하다(119:60) 선뜻 결정하지 않고 망설이다.

어 매어도, 나는 주님의
법을 잊지 않습니다.
62 한밤중에라도, 주님의 의
로운 규례들이 생각나
면, 벌떡 일어나서 주님
께 감사를 드립니다.
63 주님을 경외하는 사람이
면 누구에게나, 나는 친
구가 됩니다. 주님의 법
도를 지키는 사람이면
누구에게나, 나는 친구가
됩니다.
64 주님, 주님의 인자하심이
온 땅에 가득합니다. 주
님의 율례를 나에게 가
르쳐 주십시오.
65 주님, 주님께서 약속하신
대로, 주님께서는 주님의
종인 나를 잘 대해 주셨
습니다.
66 내가 주님의 계명을 따르
니, 올바른 통찰력과 지
식을 주십시오.
67 내가 고난을 당하기 전까
지는 잘못된 길을 걸었으
나, 이제는 주님의 말씀
을 지킵니다.
68 선하신 주님, 너그러우신
주님, 주님의 율례들을
내게 가르쳐 주십시오.
69 오만한 자들이 거짓으로
내 명예를 훼손하였지만,
나는 온 정성을 기울여
서, 주님의 법도를 지키
겠습니다.
70 그들의 마음은 무뎌 분별
력을 잃었으나, 나는 주님
의 법을 즐거워합니다.

71 고난을 당한 것이, 내게
는 오히려 유익하게 되었
습니다. 그 고난 때문에,
나는 주님의 율례를 배
웠습니다.
72 주님께서 나에게 친히 일
러주신 그 법이, 천만 금
은보다 더 귀합니다.
73 주님께서 손으로 몸소
나를 창조하시고, 나를
세우셨으니, 주님의 계명
을 배울 수 있는 총명도
주십시오.
74 내가 주님의 말씀에 희망
을 걸고 살아가기에, 주
님을 경외하는 사람들이
나를 보면, 기뻐할 것입
니다.
75 주님, 주님의 판단이 옳
은 줄을, 나는 압니다.
주님께서 나에게 고난을
주신 것도, 주님께서 진
실하시기 때문이라는 것
을, 나는 압니다.
76 주님의 종에게 약속하신
말씀대로, 주님의 인자하
심을 베풀어 주셔서, 나
를 위로해 주십시오.
77 주님의 법이 나의 기쁨이
니, 주님의 긍휼을 나에
게 베풀어 주십시오. 그
러면 내가 새 힘을 얻어
살 것입니다.
78 이유도 없이 나를 괴롭

단어

너그럽다(119:68) 사람이나 그 마음이 넓어 감싸 받아들이는 성질이 있다.
훼손하다(119:69) 명예나 체면, 품위를 손상시키다.
친히(119:72) 높은 사람이 자기 몸으로 직접.
몸소(119:73) 높은 사람이나 존경하는 사람이 자기 몸으로 직접.

히는 저 오만한 자들은,
수치를 당하게 해주십시
오. 나는 주님의 법도만
을 생각하겠습니다.
79 주님을 경외하는 사람들
이 내게로 돌아오게 해
주십시오. 그들은 주님의
증거를 아는 사람들입니
다.
80 내 마음이 주님의 율례
들을 완전히 지켜서, 내
가 수치를 당하지 않게
해주십시오.
81 내 영혼이 지치도록 주님
의 구원을 사모하며, 내
희망을 모두 주님의 말씀
에 걸어 두었습니다.
82 '주님께서 나를 언제 위
로해 주실까' 하면서 주
님의 말씀을 기다리다가,
시력조차 잃었습니다.
83 내가 비록 연기에 그을린
가죽부대처럼 되었어도,
주님의 율례들만은 잊지
않습니다.
84 주님의 종이 살 수 있는
날이 이제 얼마 남지 않
았습니다. 나를 핍박하
는 자를 언제 심판하시
겠습니까?
85 주님의 법대로 살지 않는
저 교만한 자들이, 나를
빠뜨리려고 구덩이를 팠
습니다.
86 주님의 계명들은 모두 진
실합니다. 사람들이 무고
하게 나를 핍박하니, 나
를 도와주십시오.

87 이 세상에서, 그들이 나
를 거의 다 죽여 놓았지
만, 주님의 법도를 나는
잊지 않았습니다.
88 주님의 인자하심으로 나
를 살려 주십시오. 그러
면 주님께서 친히 명하신
증거를 지키겠습니다.
89 주님, 주님의 말씀은 영
원히 살아 있으며, 하늘
에 굳건히 자리 잡고 있
습니다.
90 주님의 성실하심은 대대
에 이릅니다. 땅의 기초
도 주님께서 놓으신 것이
기에, 언제나 흔들림이
없습니다.
91 만물이 모두 주님의 종
들이기에, 만물이 오늘
날까지도 주님의 규례대
로 흔들림이 없이 서 있
습니다.
92 주님의 법을 내 기쁨으로
삼지 아니하였더라면, 나
는 고난을 이기지 못하고
망하고 말았을 것입니다.
93 주님께서 주님의 법도로
나를 살려 주셨으니, 나
는 영원토록 그 법도를
잊지 않겠습니다.
94 나는 주님의 것이니, 나
를 구원하여 주십시오.
나는 열심히 주님의 법도
를 따랐습니다.

단어

사모하다(119:81) 마음에 두고 애틋하게 생각하다.
그을리다(119:83) 불이나 연기에 조금 타거나 쏘여 빛깔이 검게 되다.
핍박하다(119:84) 바싹 죄어서 몹시 괴롭게 굴거나 쫓다.
무고하다(119:86) 죄가 될 만한 허물이 없다.
만물(119:91) 세상에 있는 갖가지 모든 것.

95 악인들은, 내가 망하기를
간절히 바라지만, 나는
주님의 교훈만을 깊이깊
이 명심하겠습니다.
96 아무리 완전한 것이라도,
모두 한계가 있다는 것을
알았습니다. 그러나 주님
의 계명은 완전합니다.
97 내가 주님의 법을 얼마나
사랑하는지, 온종일 그
것만을 깊이 생각합니다.
98 주님의 계명이 언제나 나
와 함께 있으므로, 그 계
명으로 주님께서는 나를
내 원수들보다 더 지혜롭
게 해주십니다.
99 내가 주님의 증거를 늘
생각하므로, 내가 내 스
승들보다도 더 지혜롭게
되었습니다.
100 내가 주님의 법도를 따르
므로, 노인들보다도 더
슬기로워졌습니다.
101 주님의 말씀을 지키려고,
나쁜 길에서 내 발길을
돌렸습니다.
102 주님께서 나를 가르치셨
으므로, 나는 주님의 규
례들에서 어긋나지 않았
습니다.
103 주님의 말씀의 맛이 내게
어찌 그리도 단지요? 내
입에는 꿀보다 더 답니다.
104 주님의 법도로 내가 슬기
로워지니, 거짓된 길은 어
떤 길이든지 미워합니다.
105 주님의 말씀은 내 발의
등불이요, 내 길의 빛입

니다.
106 주님의 의로운 규례들을
지키려고, 나는 맹세하고
또 다짐합니다.
107 주님, 내가 받는 고난이
너무 심하니, 주님께서
약속하신 대로 나를 살
려 주십시오.
108 주님, 내가 기쁨으로 드
리는 감사의 기도를 즐거
이 받아 주시고, 주님의
규례를 내게 가르쳐 주
십시오.
109 내 생명은 언제나 위기에
처해 있습니다만, 내가
주님의 법을 잊지는 않습
니다.

110 악인들은 내 앞에다가
올무를 놓지만, 나는 주
님의 법도를 벗어나지 않
습니다.
111 주님의 증거는 내 마음의
기쁨이요, 그 증거는 내
영원한 기업입니다.
112 내 마지막 순간까지, 변함
없이 주님의 율례를 지키
기로 결심하였습니다.
113 나는, 두 마음을 품은
자를 미워하지만, 주님의
법은 사랑합니다.
114 주님은 나의 은신처요,
방패이시니, 주님께서 하
신 약속에 내 희망을 겁
니다.

단어

명심하다(119:95) 마음속에 깊이 새겨 두다.
슬기롭다(119:100) 사물의 이치를 바르게 분별하고 일을 정확하게 처리할 방도를 생각해내는 재능이 있다.
올무(119:110) 올가미나 덫 같은 사냥 기구. 여기서는 사람을 얽어매기 위해 꾸민 잔꾀를 말한다.
은신처(119:114) 몸을 숨기는 곳.

115 악한 일을 하는 자들아,
내게서 떠나가거라. 나는
내 하나님의 계명을 지키
겠다.
116 주님께서 약속하신 대로,
나를 붙들어 살려 주시
고, 내 소망을 무색하게
만들지 말아 주십시오.
117 나를 붙들어 주십시오.
그러면 내가 구원을 얻
고, 주님의 율례들을 항
상 살피겠습니다.
118 주님의 율례들에서 떠나
는 자를 주님께서 다 멸
시하셨으니, 그들의 속임
수는 다 헛것입니다.
119 세상의 모든 악인을 찌꺼
기처럼 버리시니, 내가 주
님의 증거를 사랑합니다.
120 이 몸은 주님이 두려워서
떨고, 주님의 판단이 두
려워서 또 떱니다.
121 나는 공의와 정의를 행하
였으니, 억압하는 자들
에게 나를 내주지 마십
시오.
122 주님의 종을 돕겠다고
약속하여 주시고, 오만
한 자들이 나를 억압하
지 못하게 해주십시오.
123 내 눈이 주님의 구원을
기다리다가 피곤해지고,
주님의 의로운 말씀을 기
다리다가 지쳤습니다.
124 주님의 인자하심을 따라
나를 맞아 주시고, 주님
의 율례들을 내게 가르
쳐 주십시오.

125 나는 주님의 종이니, 주님
의 증거를 알 수 있도록
나를 깨우쳐 주십시오.
126 그들이 주님의 법을 짓밟
아 버렸으니, 지금은 주님
께서 일어나실 때입니다.
127 그러므로 내가 주님의 계
명들을, 금보다, 순금보
다 더 사랑합니다.
128 그러므로 내가 매사에
주님의 모든 법도를 어김
없이 지키고, 모든 거짓
행위를 미워합니다.
129 주님의 증거가 너무 놀라
워서, 내가 그것을 지킵
니다.
130 주님의 말씀을 열면, 거
기에서 빛이 비치어 우
둔한 사람도 깨닫게 합
니다.
131 내가 주님의 계명을 사모
하므로, 입을 벌리고 헐
떡입니다.
132 주님의 이름을 사랑하는
사람에게 하시듯이 주님
의 얼굴을 내게로 돌리
셔서, 나에게 은혜를 베
풀어 주십시오.
133 내 걸음걸이를 주님의 말
씀에 굳게 세우시고, 어
떠한 불의도 나를 지배하
지 못하게 해주십시오.
134 사람들의 억압에서 나를
건져 주십시오. 그러시면

단어

무색하다(119:116) 본래의 특색을 드러내지 못하거나 잃어 보잘것없다.
멸시하다(119:118) 어떤 사람이 다른 사람을 업신여겨 무시하다.
오만하다(119:122) 방자하고 잘난 체하여 건방지다.
매사(119:128) 낱낱의 모든 일.

내가 주님의 법도를 지키
겠습니다.
135 주님의 종에게 주님의 밝
은 얼굴을 보여 주시고,
주님의 율례들을 내게
가르쳐 주십시오.
136 사람들이 주님의 법을 지
키지 않으니, 내 눈에서
눈물이 시냇물처럼 흘러
내립니다.
137 주님, 주님은 의로우시
고, 주님의 판단은 올바
르십니다.
138 주님께서 세우신 증거는
의로우시며, 참으로 진실
하십니다.
139 내 원수들이 주님의 말
씀을 잊어버리니, 내 열
정이 나를 불사릅니다.
140 주님의 말씀은 정련되어
참으로 순수하므로, 주
님의 종이 그 말씀을 사
랑합니다.
141 내가 미천하여 멸시는 당
하지만, 주님의 법도만은
잊지 않았습니다.
142 주님의 의는 영원하고,
주님의 법은 진실합니다.
143 재난과 고통이 내게 닥쳐
도, 주님의 계명은 내 기
쁨입니다.
144 주님의 증거는 언제나 의
로우시니, 그것으로 나를
깨우쳐 주시고 이 몸이
활력을 얻게 해주십시오.
145 온 마음을 다하여 부르
짖으니, 주님, 나에게 응
답하여 주십시오. 내가

주님의 율례들을 굳게 지
키겠습니다.
146 내가 주님을 불렀으니,
나를 구원하여 주십시
오. 내가 주님의 증거를
지키겠습니다.
147 주님의 말씀을 갈망하여
날이 밝기도 전에 일어나
서 울부짖으며,
148 주님의 말씀 묵상하다
가, 뜬눈으로 밤을 지새
웁니다.
149 주님, 주님의 인자하심을
따라 내 간구를 들어주
십시오. 주님, 주님의 규
례를 따라 나를 살려 주
십시오.
150 악을 따르는 자가 가까
이 왔습니다. 그들은 주
님의 법과 거리가 먼 자
들입니다.
151 그러나 주님, 주님께서
나에게 가까이 계시니,
주님의 계명은 모두 다
진실합니다.
152 주님께서 영원한 증거를
주셨습니다. 나는 그 증
거를 오래 전부터 잘 알
고 있었습니다.
153 내가 주님의 법을 어기지
않았으니, 내 고난을 보시
고, 나를 건져 주십시오.
154 내 변호인이 되셔서, 나
를 변호해 주시고, 주님

단어

정련되다(119:140) 정제되어 순도 높은 금속으로 되다.
미천하다(119:141) 보잘것없고 천하다.
활력(119:144) 살아 움직이는 힘.
갈망하다(119:147) 간절하고 애타게 바라다.
뜬눈(119:148) 주로 '뜬눈으로' 꼴로 쓰여, 밤에 잠을 이루지 못하고 새울 때의 눈을 이르는 말.

께서 약속하신 말씀대
로, 나를 살려 주십시오.
155 악인은 주님의 율례를 따
르지 않으니, 구원은 그
들과는 거리가 멉니다.
156 주님, 주님은 긍휼이 많으
신 분이시니, 주님의 규례
로 나를 살려 주십시오.
157 나를 핍박하는 자들과
나를 대적하는 자들이
많으나, 나는 주님의 증거
에서 떠나지 않았습니다.
158 주님의 말씀을 지키지 아
니하는 저 배신자들을
보고, 나는 참으로 역겨
웠습니다.
159 주님의 법도를 따르기를
내가 얼마나 좋아하였는
지를, 살펴보아 주십시
오. 주님, 주님의 인자하
심을 따라 나를 살려 주
십시오.
160 주님의 말씀은 모두 진리
이며, 주님의 의로운 규
례들은 모두 영원합니다.
161 권력자는 이유 없이 나
를 핍박하지만, 내 마음
이 두려워하는 것은 주님
의 말씀 뿐입니다.
162 많은 전리품을 들고 나
오는 자들이 즐거워하듯
이, 나는 주님의 말씀을
즐거워합니다.
163 나는 거짓은 미워하고 싫
어하지만, 주님의 법은
사랑합니다.
164 주님의 공의로운 규례들
을 생각하면서, 내가 하

루에도 일곱 번씩 주님을
찬양합니다.
165 주님의 법을 사랑하는 사
람에게는 언제나 평안이
깃들고, 그들에게는 아무
런 장애물이 없습니다.
166 주님, 내가 주님의 구원
을 기다리며, 주님의 계
명들을 따릅니다.
167 내가 주님의 증거를 지키
고, 그 증거를 매우 사랑
합니다.
168 내가 가는 길을 주님께
서 모두 아시니, 내가 주
님의 증거와 법도를 지킵
니다.
169 주님, 나의 부르짖음이
주님 앞에 이르게 해주
시고, 주님의 말씀으로
나를 깨우쳐 주십시오.
170 나의 애원이 주님께 이르
게 해주시고, 주님께서
약속하신 말씀대로 나를
건져 주십시오.
171 주님께서 주님의 율례들
을 나에게 가르치시니,
내 입술에서는 찬양이
쏟아져 나옵니다.
172 주님의 계명들은 모두 의
로우니, 내 혀로 주님께
서 주신 말씀을 노래하
겠습니다.
173 내가 주님의 법도를 택
하였으니, 주님께서 손수

단어

역겹다(119:158) 속이 메슥메슥하고 구역질이 날 만큼 거슬리는 듯하다.
전리품(119:162) 전쟁에서 얻은 이득으로서, 적에게서 빼앗은 물품.
깃들다(119:165) 감정, 생각, 노력이 어리거나 스미다.
애원(119:170) 애처롭게 사정하며 간절히 바람.

나를 돕는 분이 되어 주
십시오.
174 주님, 내가 주님의 구원
을 간절히 기다리니, 주님
의 법이 나의 기쁨입니다.
175 나를 살려 주셔서, 주님
을 찬양하게 해주시고,
주님의 규례로 나를 도
와주십시오.
176 나는 길을 잃은 양처럼
방황하고 있습니다. 오셔
서, 주님의 종을 찾아 주
십시오. 나는 주님의 계명
을 잊은 적이 없습니다.

120편 120-134편은 포로 생활에서 해방된 이스라엘 백성들이 성전에 올라가면서 부른 찬송시입니다. 이 시에서 시인은 이방인들에게 괴롭힘을 당할 때 하나님이 구원해 주실 것을 간절히 바라고 있습니다.

주님의 도움을 구하는 기도

[성전에 올라가는 순례자의 노래]

1 내가 고난을 받을 때에
주님께 부르짖었더니, 주
님께서 나에게 응답하여
주셨다.
2 주님, 사기꾼들과 기만자
들에게서 내 생명을 구
하여 주십시오.
3 너희, 사기꾼들아, 하나
님이 너희에게 어떻게 하
시겠느냐? 주님이 너희를
어떻게 벌하시겠느냐?
4 용사의 날카로운 화살과
싸리나무 숯불로 벌하실
것이다!
5 괴롭구나! 너희와 함께
사는 것이 메섹 사람의
손에서 나그네로 사는 것
이나 다름없구나. 게달 사
람의 천막에서 더부살이

하는 것이나 다름없구나.
6 내가 지금까지 너무나도
오랫동안, 평화를 싫어하
는 사람들과 더불어 살
아왔구나.
7 나는 평화를 사랑하는
사람이다. 그러나 내가
평화를 말할 때에, 그들
은 전쟁을 생각한다.

121편 '내 도움이 어디에서 오는가' 질문을 던지고, 그에 대한 대답을 하는 형식으로 하나님께서 어떻게 이스라엘과 그의 백성들을 도우시는지 찬양하고 있습니다. 하나님은 언제나 우리를 지키십니다.

주님께서 백성을 보호하심

[성전에 올라가는 순례자의 노래]

1 내가 눈을 들어 산을 본
다. 내 도움이 어디에서
오는가?
2 내 도움은 하늘과 땅을
만드신 주님에게서 온다.
3 주님께서는, 네가 헛발을
디디지 않게 지켜 주신
다. 너를 지키시느라 졸
지도 않으신다.
4 이스라엘을 지키시는 분
은, 졸지도 않으시고, 주
무시지도 않으신다.
5 주님은 너를 지키시는
분, 주님은 네 오른쪽에
서서, 너를 보호하는 그
늘이 되어 주시니,
6 낮의 햇빛도 너를 해치지
못하며, 밤의 달빛도 너
를 해치지 못할 것이다.
7 주님께서 너를 모든 재난

단어
기만자(120:2) 남을 그럴듯하게 속이는 사람.
다름없다(120:5) 비교해보아 다른 점이 없다.
더부살이(120:5) 어떤 사람이 다른 사람의 집에 의지하여 붙어살다.
헛발(121:3) 어디를 잘못 디디거나 어디로 잘못 내찬 발.
재난(121:7) 뜻하지 않게 생긴 불행한 변고.

에서 지켜 주시며, 네 생
명을 지켜 주실 것이다.
8 주님께서는, 네가 나갈
때나 들어올 때나, 이제
부터 영원까지 지켜 주실
것이다.

122편

예루살렘으로 올라가는 절기에 불렀던 기쁨과 축복의 찬양입니다. 하나님의 성전이 있는 예루살렘을 찬양하며, 그곳에 사는 자들에게 하나님의 평화와 형통함이 있기를 간절히 바라는 시입니다.

찬양의 노래

[성전에 올라가는 순례자의 노래, 다윗의 시]

1 사람들이 나를 보고 "주
님의 집으로 올라가자"
할 때에 나는 기뻤다.
2 예루살렘아, 우리의 발이
네 성문 안에 들어서 있다.
3 예루살렘아, 너는 모든 것
이 치밀하게 갖추어진 성
읍처럼, 잘도 세워졌구나.
4 모든 지파들, 주님의 지
파들이, 주님의 이름을
찬양하려고 이스라엘의
전례에 따라 그리로 올라
가는구나.
5 거기에 다스리는 보좌가
놓여 있으니, 다윗 가문
의 보좌로구나.
6 예루살렘에 평화가 깃들
도록 기도하여라. "예루살
렘아, 너를 사랑하는 사
람들에게 평화가 있기를.
7 네 성벽 안에 평화가 깃
들기를, 네 궁궐 안에 평
화가 깃들기를 빈다" 하
여라.
8 내 친척과 이웃에게도
"평화가 너에게 깃들기를
빈다" 하고 축복하겠다.

9 주 우리 하나님의 집에
복이 깃들기를 빈다.

123편 하나님의 백성이 부유하고 교만하게 살아가는 원수들에게 큰 수모를 겪고, 멸시당하고 있음을 안타까워하면서, 하나님이 개입하셔서 돌보아 주시기를 간절히 바라고 있습니다.

자비를 비는 기도

[성전에 올라가는 순례자의 노래]

1 하늘 보좌에서 다스리시
는 주님, 내가 눈을 들어
주님을 우러러봅니다.
2 상전의 손을 살피는 종
의 눈처럼, 여주인의 손
을 살피는 몸종의 눈처
럼, 우리의 눈도, 주님께
서 우리에게 자비를 베푸
시길 원하여 주 우리 하
나님을 우러러봅니다.
3 주님, 우리에게 자비를
베풀어 주십시오. 우리에
게 자비를 베풀어 주십
시오. 너무나도 많은 멸
시를 받았습니다.
4 평안하게 사는 자들의
조롱과 오만한 자들의
멸시가 우리의 심령에 차
고 넘칩니다.

124편 이스라엘의 편에서 싸우며 도와주신 하나님의 보호하심으로 원수와 적들의 손에서 구원받은 이스라엘이 마치 사냥꾼에게 풀려난 새처럼 구원과 승리를 얻었음을 노래하고 있습니다.

승리를 주신 주님께 감사

[다윗의 시, 성전에 올라가는 순례자의 노래]

1 이스라엘아, 대답해 보아
라. 주님께서 우리 편이
아니셨다면, 우리가 어떠

단어

치밀하다(122:3) 자세하고 꼼꼼하다.
전례(122:4) 이전부터 있었던 사례.
우러러보다(123:1) 마음속으로 받들어 공경하다.
멸시(123:3) 다른 사람이나 사물을 교만하게 깔보거나 하찮게 여김.
조롱(123:4) 남을 비웃거나 얕보고 놀림.

하였겠느냐?
2 "주님께서 우리 편이 아
니셨다면, 원수들이 우리
를 치러 일어났을 때에,
3 원수들이 우리에게 큰 분
노를 터뜨려서, 우리를 산
채로 집어삼켰을 것이며,
4 물이 우리를 덮어, 홍수
가 우리를 휩쓸어 갔을
것이며,
5 넘치는 물결이 우리의 영
혼을 삼키고 말았을 것
이다."
6 우리를 원수의 이에 찢길
먹이가 되지 않게 하신
주님을 찬송하여라.
7 새가 사냥꾼의 그물에서
벗어남같이 우리는 목숨
을 건졌다. 그물은 찢어
지고, 우리는 풀려났다.
8 천지를 지으신 주님이 우
리를 도우신다.

125편 대적들이 예루살렘을 에워쌌으나, 하나님의 보호로 감히 예루살렘을 넘볼 수 없음을 확신하며 노래합니다. 진정한 신앙인은 하나님의 성전이 있는 시온 산처럼 어떠한 어려움에도 요동치 않습니다.

주님의 백성은 안전하다

[성전에 올라가는 순례자의 노래]

1 주님을 의지하는 사람은
시온 산과 같아서, 흔들
리는 일이 없이 영원히
서 있다.
2 산들이 예루살렘을 감싸
고 있듯이, 주님께서도
당신의 백성을 지금부터
영원토록 감싸 주신다.
3 의인이 불의한 일에 손대
지 못하게 하려면, 의인이
분깃으로 받은 그 땅에서

악인이 그 권세를 부리지
못하게 하여야 한다.
4 주님, 선한 사람과 그 마
음이 정직한 사람에게 은
혜를 베풀어 주십시오.
5 주님, 비틀거리면서 굽은
길을 가는 자를 벌하실 때
에, 악한 일을 하는 자도
함께 벌받게 해주십시오.
이스라엘에 평화가 깃들
기를!

126편 전능하신 하나님께서 이스라엘 민족을 포로 생활에서 해방시켜, 예루살렘으로 돌아오게 하신 일을 기쁨과 감격으로 찬양합니다. 또한 남은 자들의 귀환을 간구하고 있습니다.

수확을 기뻐함

[성전에 올라가는 순례자의 노래]

1 주님께서 시온에서 잡혀
간 포로를 시온으로 돌려
보내실 때에, 우리는 꿈
을 꾸는 사람들 같았다.
2 그 때에 우리의 입은 웃
음으로 가득 찼고, 우리
의 혀는 찬양의 함성으
로 가득 찼다. 그 때에
다른 나라 백성들도 말
하였다. "주님께서 그들
의 편이 되셔서 큰 일을
하셨다."
3 주님께서 우리 편이 되시
어 큰 일을 하셨을 때에,
우리는 얼마나 기뻤던가!
4 주님, 네겝의 시내들에
다시 물이 흐르듯이 포
로로 잡혀간 자들을 돌

단어
원수(124:2) 자기나 자기 집안에 해를 입혀 원한이 맺히게 된 사람이나 집단.
분깃(125:3) 재산의 한몫을 유산으로 나누어주는 일.
권세(125:3) 권력과 세력을 아울러 이르는 말.
포로(126:1) 전쟁에서 사로잡힌 적군.
함성(126:2) 여럿이 함께 지르는 고함소리.

려 보내 주십시오.
5 눈물을 흘리며 씨를 뿌
리는 사람은 기쁨으로
거둔다.
6 울며 씨를 뿌리러 나가
는 사람은 기쁨으로 단
을 가지고 돌아온다.

127편 솔로몬의 지혜시로서 스스로 노력하는 힘을 의지하지 말고, 우리의 주인이신 하나님을 인식하고, 모든 삶을 인도하시는 하나님께 순종하는 자만이 참된 평안을 누릴 수 있다는 교훈을 주는 시입니다.

주님만이 가정에 복을 주신다

[성전에 올라가는 순례자의 노래, 솔로몬의 노래]

1 주님께서 집을 세우지 아
니하시면 집을 세우는
사람의 수고가 헛되며,
주님께서 성을 지키지 아
니하시면 파수꾼의 깨어
있음이 헛된 일이다.
2 일찍 일어나고 늦게 눕는
것, 먹고 살려고 애써 수
고하는 모든 일이 헛된
일이다. 진실로 주님께서
는, 사랑하시는 사람에
게는 그가 잠을 자는 동
안에도 복을 주신다.
3 자식은 주님께서 주신
선물이요, 태 안에 들어
있는 열매는, 주님이 주
신 상급이다.
4 젊어서 낳은 자식은 용사
의 손에 쥐어 있는 화살
과도 같으니,
5 그런 화살이 화살통에
가득한 용사에게는 복이
있다. 그들은 성문에서
원수들과 담판할 때에,
부끄러움을 당하지 아니
할 것이다.

128편 하나님을 경외하는 자들이 받을 가정적인 축복과 그들이 모여 사는 공동체가 함께 누리는 행복을 노래하고 있습니다. 의인은 하나님 안에서 풍성한 열매를 맺는 포도나무와 같습니다.

주님은 신실한 백성에게 상을 주신다

[성전에 올라가는 순례자의 노래]

1 주님을 경외하며, 주님의
명에 따라 사는 사람은,
그 어느 누구나 복을 받
는다.
2 네 손으로 일한 만큼 네
가 먹으니, 이것이 복이
요, 은혜이다.
3 네 집 안방에 있는 네 아
내는 열매를 많이 맺는
포도나무와 같고, 네 상
에 둘러앉은 네 아이들
은 올리브 나무의 묘목
과도 같다.
4 주님을 경외하는 사람은
이와 같이 복을 받는다.
5 주님께서 시온에서 너에
게 복을 내리시기를 빈
다. 평생토록 너는, 예루
살렘이 받은 은총을 보
면서 살게 될 것이다.
6 아들딸 손자손녀 보면서
오래오래 살 것이다.
이스라엘에 평화가 깃들
기를!

129편 과거에 경험한 수많은 괴롭힘과 고난 중에서도 하나님께서 지켜 주셨던 일들을 기억하면서, 앞으로도 시온을 미워하고 대적하여 일어난 원수들을 무너뜨리실 하나님을 기대합니다.

보호를 구하는 기도

[성전에 올라가는 순례자의 노래]

단어

파수꾼(127:1) 일정한 곳에서 경계를 하며 지키는 일을 하는 사람.
상급(127:3) 잘한 일에 대한 대가나 상으로 줌.
담판하다(127:5) 어떤 사람이 다른 사람과 문제를 서로 의논하여 시비를 가리다.
묘목(128:3) 옮겨 심는 어린나무.

1 이스라엘아, 이렇게 고백
하여라. "내가 어릴 때부
터, 나의 원수들이 여러 번
나를 잔인하게 박해했다.
2 비록 내가 어릴 때부터,
내 원수들이 여러 번 나
를 잔인하게 박해했으나,
그들은 나를 이겨 내지
를 못했다.
3 밭을 가는 사람이 밭을
갈아엎듯 그들이 나의
등을 갈아서, 거기에다가
고랑을 길게 냈으나,
4 의로우신 주님께서 악인
의 사슬을 끊으시고, 나
를 풀어 주셨다."
5 시온을 미워하는 사람은
그 어느 누구나, 수치를
당하고 물러가고 만다.
6 그들은 지붕 위의 풀같
이 되어, 자라기도 전에
말라 버리고 만다.
7 베는 사람의 품에도 차
지 않고, 묶는 사람의 품
에도 차지 않아
8 지나가는 사람 가운데
어느 누구도 "주님께서
너희에게 복을 베푸시기
를 빈다" 하지 아니하며,
"주님의 이름으로 너희에
게 축복한다" 하지도 아
니할 것이다.

130편 고난 중에 자신의 죄를 깨달은 시인은 죄를 회개하며 하나님의 용서와 구원을 간절히 구합니다. 시인의 이런 모습은 하나님의 사랑과 구원을 신뢰하는 확고한 믿음을 보여줍니다.

환난 때에 주님을 신뢰함

[성전에 올라가는 순례자의 노래]

1 주님, 내가 깊은 물 속에

서 주님을 불렀습니다.
2 주님, 내 소리를 들어 주
십시오. 나의 애원하는
소리에 귀를 기울여 주
십시오.
3 주님, 주님께서 죄를 지
켜 보고 계시면, 주님 앞
에 누가 감히 맞설 수 있
겠습니까?
4 용서는 주님만이 하실
수 있는 것이므로, 우리
가 주님만을 경외합니다.
5 내가 주님을 기다린다.
내 영혼이 주님을 기다리
며 내가 주님의 말씀만
을 바란다.
6 내 영혼이 주님을 기다림
이 파수꾼이 아침을 기
다림보다 더 간절하다.
진실로 파수꾼이 아침을
기다림보다 더 간절하다.
7 이스라엘아, 주님만을 의
지하여라. 주님께만 인자
하심이 있고, 속량하시는
큰 능력은 그에게만 있다.
8 오직, 주님만이 이스라엘
을 모든 죄에서 속량하
신다.

131편 하나님을 의지하는 자가 누리는 마음의 평안을 노래하는 다윗의 시입니다. 자신을 겸손히 낮추고, 오직 피난처 되신 하나님을 신뢰하고 전심으로 의지할 때 참 평안을 가질 수 있습니다.

주님을 신뢰하여라

[다윗의 시, 성전에 올라가는 순례자의 노래]

1 주님, 이제 내가 교만한

단어
박해하다(129:1) 약한 처지의 개인이나 세력을 억누르거나 괴롭혀 해를 끼치다.
사슬(129:4) 심한 억압이나 압제를 비유하는 말.
속량하다(130:7) 값을 대신 지불해 주는 일. 예수님께서 우리를 대신해 십자가에 못박혀 죽음으로 우리 죄를 대속하신 것을 생각할 수 있다.

마음을 버렸습니다. 오만
한 길에서 돌아섰습니다.
너무 큰 것을 가지려고
나서지 않으며, 분에 넘
치는 놀라운 일을 이루
려고도 하지 않습니다.
2 오히려, 내 마음은 고요
하고 평온합니다. 젖뗀
아이가 어머니 품에 안
겨 있듯이, 내 영혼도 젖
뗀 아이와 같습니다.
3 이스라엘아, 이제부터 영
원히 오직 주님만을 의지
하여라.

132편 다윗은 하나님의 법궤를 예루살렘으로 옮기고 싶었습니다. 이 시는 그 소망이 이루어지는 과정과 함께 하나님께서 자신과 맺은 언약을 언급하며 그 언약을 지키시는 하나님을 찬양하고 있습니다.

주님은 늘 백성과 함께 계심

[성전에 올라가는 순례자의 노래]

1 주님, 다윗을 기억하여
주십시오. 그가 겪은 그
모든 역경을 기억하여 주
십시오.
2 다윗이 주님께 맹세하고,
야곱의 전능하신 분께
서약하기를
3 "내가 내 집 장막에 들어
가지 아니하며, 내 침상
에도 오르지 아니하며
4 눈을 붙이고, 깊은 잠에
빠지지도 아니할 것이며,
눈꺼풀에 얕은 잠도 들
지 못하게 하겠습니다.
5 주님께서 계실 장막을 마
련할 때까지, 야곱의 전
능하신 분이 계실 곳을
찾아낼 때까지 그렇게 하
겠습니다" 하였습니다.

6 법궤가 있다는 말을 에브
라다에서 듣고, 야알의
들에서 그것을 찾았다.
7 "그분 계신 곳으로 가자.
그 발 아래에 엎드려 경
배하자."
8 주님, 일어나셔서 주님께
서 쉬실 그 곳으로 드십
시오. 주님의 권능 깃들
인 법궤와 함께 그 곳으
로 드십시오.
9 주님의 제사장들이 의로
운 일을 하게 해주시고, 주
님의 성도들도 기쁨의 함
성을 높이게 해주십시오.
10 주님의 종 다윗을 보시
고, 주님께서 기름부어서
세우신 그 종을 물리치
지 말아 주십시오.
11 주님께서 다윗에게 맹세
하셨으니, 그 맹세는 진
실하여 변하지 않을 것이
다. "네 몸에서 난 자손
가운데서, 한 사람을 왕
으로 삼을 것이니, 그가
보좌에 앉아 네 뒤를 이
을 것이다.
12 만일 네 자손이 나와 더
불어 맺은 언약을 지키고,
내가 가르친 그 법도를 지
키면, 그들의 자손이 대대
로 네 뒤를 이어서 네 보
좌에 앉을 것이다."
13 주님께서 시온을 택하시

단어

분(131:1) 자기의 신분이나 처지에 알맞은 한도.
고요하다(131:2) 잠잠하고 조용하다.
역경(132:1) 일이 순조롭게 되지 않는 불행한 경우나 환경.
서약하다(132:2) 맹세하고 약속하다.
권능(132:8) 권세와 능력.

고, 그 곳을 당신이 계실
곳으로 삼으시기를 원하
셔서, 이렇게 말씀하셨다.
14 "이 곳은 영원히 내가 쉴
곳, 이 곳을 내가 원하니,
나는 여기에서 살겠다.
15 이 성읍에 먹거리를 가득
하게 채워 주고, 이 성읍
의 가난한 사람들에게 먹
거리를 넉넉하게 주겠다.
16 제사장들로 의로운 일을
하게 하고, 성도들은 기
쁨의 함성을 지르게 하
겠다.
17 여기에서 나는, 다윗의
자손 가운데서 한 사람
을 뽑아서 큰 왕이 되게
하고, 내가 기름부어 세
운 왕의 통치가 지속되게
하겠다.
18 그의 원수들은 수치를
당하게 하지만, 그의 면
류관만은 그의 머리 위
에서 빛나게 해주겠다."

133편 이스라엘이 함께 살며 하나님을 경외하는 것이 얼마나 아름다운지를 노래하는 시입니다. 이스라엘 모든 지파가 다윗을 왕으로 세운 후 또는 법궤를 예루살렘으로 옮긴 후 쓴 것으로 추측합니다.

함께 평화를 누림

[다윗의 시, 성전에 올라가는 순례자의 노래]

1 그 얼마나 아름답고 즐거
운가! 형제자매가 어울려
서 함께 사는 모습!
2 머리 위에 부은 보배로운
기름이 수염 곧 아론의
수염을 타고 흘러서 그
옷깃까지 흘러내림 같고,
3 헤르몬의 이슬이 시온
산에 내림과 같구나. 주

님께서 그곳에서 복을 약속하셨으니, 그 복은 곧 영생이다.

134편 성전에서 봉사하는 레위 사람과 성전을 찾아온 순례자들이 서로 주고받는 형식으로, 하나님을 찬양할 것을 외칩니다. 120편부터 시작된 '성전에 올라가는 순례자의 노래'는 본 시편에서 끝납니다.

밤에 주님을 찬양함

[성전에 올라가는 순례자의 노래]

1 밤에 주님의 집에 서 있는 주님의 모든 종들아, 주님을 송축하여라.

2 성소를 바라보면서, 너희의 손을 들고 주님을 송축하여라.

3 하늘과 땅을 지으신 주님께서 시온에서 너희에게 복을 내려 주시기를!

135편 '할렐루야'로 시작해서 '할렐루야'로 끝나는 시입니다. 세상을 창조하고 다스리시며, 택한 백성인 이스라엘의 역사 속에서 그들을 불쌍히 여기셔서 늘 도우신 하나님을 찬양할 것을 요청하는 찬양시입니다.

주님의 자비를 찬양함

1 할렐루야. 주님의 이름을 찬송하여라. 주님의 종들아, 찬송하여라.

2 주님의 집 안에, 우리 하나님의 집 뜰 안에 서 있는 사람들아,

3 주님은 선하시니, 주님을 찬송하여라. 그가 은혜를 베푸시니, 그의 이름 찬송하여라.

4 주님께서는 야곱을 당신의 것으로 택하시며, 이스라엘을 가장 소중한

단어

면류관(132:18) 영예의 의미로 높은 위치의 성직자나 운동 경기의 승리자들에게 주었던 관을 가리킨다.

보배롭다(133:2) 보배와 같이 귀중하고 가치가 있을 만하다.

성소(134:2) 제사장이 하나님께 제물을 바치고 의식을 행하던 거룩한 곳.

보물로 택하셨다.
5 나는 알고 있다. 주님은
위대하신 분이며, 어느
신보다 더 위대하신 분이
시다.
6 주님은, 하늘에서도 땅
에서도, 바다에서도 바
다 밑 깊고 깊은 곳에서
도, 어디에서나, 뜻하시
는 것이면 무엇이든, 다
하시는 분이다.
7 땅 끝에서 안개를 일으키
시고, 비를 내리시려 번개
를 치시고, 바람을 창고에
서 끌어내기도 하신다.
8 이집트에서 태어난 맏이
는 사람이든지 짐승이든
지, 모두 치셨다.
9 이집트야, 주님께서 표적
과 기사를 너희에게 나타
내셨다. 바로의 모든 신
하에게 나타내 보이셨다.
10 주님께서 많은 나라를
치시고 힘이 있는 왕들
을 죽이셨으니,
11 아모리 왕 시혼, 바산 왕
옥, 가나안의 모든 왕들
을 죽이셨다.
12 주님께서 땅을 당신의 백
성에게 유산으로 주셨으
니, 당신의 백성 이스라
엘에게 그 땅을 주셨다.
13 주님, 주님의 이름이 영
원히 빛날 것입니다. 주
님, 주님을 기념하는 일
이 대대로 계속될 것입
니다.
14 주님께서 당신의 백성을

변호해 주시고, 당신의
종들을 위로하여 주신다.
15 이방 나라의 우상들은
은덩이나 금덩이일 뿐,
사람이 손으로 만든 것
이므로,
16 입이 있어도 말을 못하
고, 눈이 있어도 볼 수
없고,
17 귀가 있어도 듣지 못하
고, 입으로 숨도 쉴 수
없으니,
18 우상을 만든 자들과 우
상을 의지하는 자들은
누구나 우상과 같이 될
것이다.
19 이스라엘 가문아, 주님을
송축하여라. 아론 가문
아, 주님을 송축하여라.
20 레위 가문아, 주님을 송
축하여라. 주님을 경외하
는 사람들아, 주님을 송
축하여라.
21 예루살렘에 계시는 주님,
시온에서 드리는 찬송을
받아 주십시오.
할렐루야.

136편 하나님의 창조와 이스라엘의 역사를 언급하며 '그 인자하심이 영원하다'라는 구절을 반복하며 찬양합니다. 성전에서 예배할 때, 찬양 인도자와 순례자들이 서로 주고받으며 찬양한 시로 추측합니다.

하나님의 인자하심 영원하다

1 주님께 감사하여라. 그는
선하시며 그 인자하심이
영원하다.

단어

표적(135:9) 구약에서는 어떤 사건의 진행이 자신의 백성을 위한 하나님의 사역임을 입증하기 위하여 나타나는 일, 기적을 뜻한다.

우상(135:15) 인위적으로 만들어 신처럼 떠받드는 신의 형상.

송축하다(135:19) 기리고 축하하다.

2 모든 신들 가운데 가장
크신 하나님께 감사하여
라. 그 인자하심이 영원
하다.
3 모든 주 가운데 가장 크
신 주님께 감사하여라.
그 인자하심이 영원하다.
4 홀로 큰 기적을 일으키신
분께 감사하여라. 그 인
자하심이 영원하다.
5 지혜로 하늘을 만드신
분께 감사하여라. 그 인
자하심이 영원하다.
6 물 위에 땅을 펴 놓으신
분께 감사하여라. 그 인
자하심이 영원하다.
7 큰 빛들을 지으신 분께
감사하여라. 그 인자하심
이 영원하다.

8 낮을 다스릴 해를 지으
신 분께 감사하여라. 그
인자하심이 영원하다.
9 밤을 다스릴 달과 별을
지으신 분께 감사하여라.
그 인자하심이 영원하다.
10 이집트의 맏아들을 치신
분께 감사하여라. 그 인
자하심이 영원하다.
11 이스라엘을 그들 가운데
서 이끌어 내신 분께 감
사하여라. 그 인자하심이
영원하다.
12 이스라엘을 강한 손과
펴신 팔로 이끌어내신 분
께 감사하여라. 그 인자
하심이 영원하다.
13 홍해를 두 동강으로 가
르신 분께 감사하여라.

그 인자하심이 영원하다.
14 이스라엘을 그 가운데로
지나가게 하신 분께 감사
하여라. 그 인자하심이
영원하다.
15 바로와 그의 군대를 뒤
흔들어서 홍해에 쓸어
버리신 분께 감사하여라.
그 인자하심이 영원하다.
16 자기 백성을 광야에서
인도하여 주신 분께 감
사하여라. 그 인자하심이
영원하다.
17 위대한 왕들을 치신 분
께 감사하여라. 그 인자
하심이 영원하다.
18 힘센 왕들을 죽이신 분
께 감사하여라. 그 인자
하심이 영원하다.
19 아모리 왕 시혼을 죽이
신 분께 감사하여라. 그
인자하심이 영원하다.
20 바산 왕 옥을 죽이신 분
께 감사하여라. 그 인자
하심이 영원하다.
21 그들의 땅을 유산으로
주신 분께 감사하여라.
그 인자하심이 영원하다.
22 그들의 땅을 당신의 종
이스라엘에게 기업으로
주신 분께 감사하여라.
그 인자하심이 영원하다.
23 우리가 낮아졌을 때에,
우리를 기억하여 주신 분

단어

인자하다(136:2) 어질고 자애롭다.
홀로(136:4) 다른 사람의 도움 없이 혼자의 힘으로.
동강(136:13) 짤막하고 작은 토막을 세는 단위를 나타내는 말.
광야(136:16) 거칠고 황량한 너른 들 또는 사막.
기업(136:22) 대대로 계승되는 사업과 재산.

께 감사하여라. 그 인자
하심이 영원하다.
24 우리를 우리의 원수들에
게서 건져 주신 분께 감
사하여라. 그 인자하심이
영원하다.
25 육신을 가진 모든 사람
에게 먹거리를 주시는 분
께 감사하여라. 그 인자
하심이 영원하다.
26 하늘에 계시는 하나님께
감사하여라. 그 인자하심
이 영원하다.

137편 이스라엘이 바벨론에 포로로 잡혀 가 겪은 슬픔과 모욕, 신앙적인 고통을 고백하고 있습니다. 또한 이스라엘이 고난당하는 것을 기뻐하고 조롱하는 원수에 대해 저주를 외치고 있습니다.

복수를 구하는 기도

1 우리가 바빌론의 강변
곳곳에 앉아서, 시온을
생각하면서 울었다.
2 그 강변 버드나무 가지에
우리의 수금을 걸어 두었
더니,
3 우리를 사로잡아 온 자
들이 거기에서 우리에
게 노래를 청하고, 우리
를 짓밟아 끌고 온 자들
이 저희들 흥을 돋우어
주기를 요구하며, 시온의
노래 한 가락을 저희들
을 위해 불러 보라고 하
는구나.
4 우리가 어찌 이방 땅에서
주님의 노래를 부를 수
있으랴.
5 예루살렘아, 내가 너를 잊
는다면, 내 오른손아, 너
는 말라비틀어져 버려라.

6 내가 너를 기억하지 않는
다면, 내가 너 예루살렘
을 내가 가장 기뻐하는
것보다도 더 기뻐하지 않
는다면, 내 혀야, 너는 내
입천장에 붙어 버려라.
7 주님, 예루살렘이 무너
지던 그 날에, 에돔 사람
이 하던 말, "헐어 버려
라, 헐어 버려라. 그 기초
가 드러나도록 헐어 버려
라" 하던 그 말을 기억하
여 주십시오.
8 멸망할 바빌론 도성아, 네
가 우리에게 입힌 해를 그
대로 너에게 되갚는 사람
에게, 복이 있을 것이다.
9 네 어린 아이들을 바위
에다가 메어치는 사람에
게 복이 있을 것이다.

138편 하나님의 도우심으로 어려움을 이겨 낸 다윗이 하나님의 은혜에 감사하는 찬송시입니다. 또한 다윗은 하나님의 말씀이 널리 알려져서 세상의 모든 왕들도 하나님을 찬양하기를 소망하고 있습니다.

온 마음으로 주님께 찬양 드리어라

[다윗의 노래]

1 주님, 온 마음을 기울여
서 주님께 감사를 드립니
다. 신들 앞에서, 내가 주
님께 찬양을 드리렵니다.
2 내가 주님의 성전을 바라
보면서 경배하고, 주님의
인자하심과 주님의 진실
하심을 생각하면서 주님
의 이름에 감사를 드립니

단어
짓밟다(137:3) 함부로 짓이기어 마구 밟다.
흥(137:3) 재미나 즐거움이 일어나는 감정.
가락(137:3) 소리의 높낮이가 길이나 리듬과 서로 어울려 이루어지는 음의 흐름.
메어치다(137:9) 어깨 너머로 들어올렸다가 바닥에 힘껏 내리치다.

다. 주님은 주님의 이름
과 말씀을 온갖 것보다
더 높이셨습니다.
3 내가 부르짖었을 때에, 주
님께서는 나에게 응답해
주셨고, 나에게 힘을 한
껏 북돋우어 주셨습니다.
4 주님, 주님께서 친히 하
신 말씀을 들은 모든 왕
들이 주님께 감사를 드립
니다.
5 주님의 영광이 참으로 크
시므로, 주님께서 하신
일을 그들이 노래합니다.
6 주님께서는 높은 분이시
지만, 낮은 자를 굽어보
시며, 멀리서도 오만한
자를 다 알아보십니다.
7 내가 고난의 길 한복판
을 걷는다고 하여도, 주
님께서 나에게 새 힘 주
시고, 손을 내미셔서, 내
원수들의 분노를 가라앉
혀 주시며, 주님의 오른
손으로 나를 구원하여
주십니다.
8 주님께서 나를 위해 그
들에게 갚아주시니, 주
님, 주님의 인자하심은
영원합니다. 주님께서 손
수 지으신 이 모든 것을
버리지 말아 주십시오.

139편 인생의 모든 어려움을 경험하고 노인이 된 다윗이 새롭게 깨닫게 된 하나님을 고백하는 시입니다. 다윗은 무소부재하신 하나님의 전능하심과 연약한 인간을 사랑하시고 인도하심을 찬양하고 있습니다.

주님은 늘 가까이 계심

[지휘자를 따라 부르는 다윗의 노래]

1 주님, 주님께서 나를 살

살이 살펴보셨으니, 나를
환히 알고 계십니다.
2 내가 앉아 있거나 서 있
거나 주님께서는 다 아십
니다. 멀리서도 내 생각
을 다 알고 계십니다.
3 내가 길을 가거나 누워
있거나, 주님께서는 다 살
피고 계시니, 내 모든 행
실을 다 알고 계십니다.
4 내가 혀를 놀려 아무 말
하지 않아도 주님께서는
내가 하려는 말을 이미
다 알고 계십니다.
5 주님께서 나의 앞뒤를
두루 감싸 주시고, 내게
주님의 손을 얹어 주셨
습니다.
6 이 깨달음이 내게는 너
무 놀랍고 너무 높아서,
내가 감히 측량할 수조
차 없습니다.
7 내가 주님의 영을 피해서
어디로 가며, 주님의 얼
굴을 피해서 어디로 도망
치겠습니까?
8 내가 하늘로 올라가더라
도 주님께서는 거기에 계
시고, 스올에다 자리를
펴더라도 주님은 거기에
도 계십니다.
9 내가 저 동녘 너머로 날
아가거나, 바다 끝 서쪽
으로 가서 거기에 머무를

단어

굽어보다(138:6) 돌보아 주려고 사정을 살피다.
가라앉히다(138:7) 통증이나 흥분을 평상의 상태로 잦아들게 하다.
측량하다(139:6) 생각하여 헤아리다.
스올(139:8) 죽어서 가는 장소. 음부, 무덤, 지옥으로 번역되기도 한다.

지라도,
10 거기에서도 주님의 손이
나를 인도하여 주시고,
주님의 오른손이 나를
힘있게 붙들어 주십니다.
11 내가 말하기를 "아, 어둠
이 와락 나에게 달려들
어서, 나를 비추던 빛이
밤처럼 되어라" 해도,
12 주님 앞에서는 어둠도 어
둠이 아니며, 밤도 대낮
처럼 밝으니, 주님 앞에
서는 어둠과 빛이 다 같
습니다.
13 주님께서 내 장기를 창조
하시고, 내 모태에서 나
를 짜 맞추셨습니다.
14 내가 이렇게 빚어진 것이
오묘하고 주님께서 하신
일이 놀라워, 이 모든 일
로 내가 주님께 감사를 드
립니다. 내 영혼은 이 사
실을 너무도 잘 압니다.
15 은밀한 곳에서 나를 지
으셨고, 땅 속 깊은 곳
같은 저 모태에서 나를
조립하셨으니 내 뼈 하나
하나도, 주님 앞에서는
숨길 수 없습니다.
16 나의 형질이 갖추어지기
도 전부터, 주님께서는
나를 보고 계셨으며, 나
에게 정하여진 날들이
아직 시작되기도 전에 이
미 주님의 책에 다 기록
되었습니다.
17 하나님, 주님의 생각이
어찌 그리도 심오한지요?

그 수가 어찌 그렇게도 많은지요?

18 내가 세려고 하면 모래보다 더 많습니다. 깨어나 보면 나는 여전히 주님과 함께 있습니다.

19 하나님, 오, 주님께서 악인을 죽여만 주신다면…! "피 흘리게 하기를 좋아하는 자들아, 내게서 물러가거라."

20 그들은 주님을 모욕하는 말을 하며, 주님의 이름을 거슬러 악한 말을 합니다.

21 주님, 주님을 미워하는 자들을 내가 어찌 미워하지 않으며, 주님께 대항하면서 일어나는 자들을 내가 어찌 미워하지 않겠습니까?

22 나는 그들을 너무나도 미워합니다. 그들이 바로 나의 원수들이기 때문입니다.

23 하나님, 나를 샅샅이 살펴보시고, 내 마음을 알아주십시오. 나를 철저히 시험해 보시고, 내가 걱정하는 바를 알아주십시오.

24 내가 나쁜 길을 가지나 않는지 나를 살펴보시고, 영원한 길로 나를 인도하여 주십시오.

단어

모태(139:13) 어머니의 태 안.
형질(139:16) 생물을 종류에 따라 나눌 때 그 기준이 되는 모든 형태적 특징.
심오하다(139:17) 사상이나 이론이 매우 깊고 오묘하다.
대항하다(139:21) 맞서서 버티거나 항거하다.
철저히(139:23) 깊은 구석구석까지 빈틈이 없이.

140편 다윗이 하나님께 포악한 원수들의 손에서 구원해주시기를 간절히 기도하는 시입니다. 다윗은 하나님께서 반드시 의인을 보호하신다는 사실을 확신하며, 하나님을 의지하는 것이 최고라고 말합니다.

도움을 구하는 기도

[지휘자를 따라 부르는 다윗의 노래]

1 주님, 악인에게서 나를
건져 주시고, 포악한 자
에게서 나를 보호하여
주십시오.
2 그들은 속으로 악을 계
획하고, 날마다 전쟁을
준비하러 모입니다.
3 뱀처럼 날카롭게 혀를 벼
린 그들은, 입술 아래에
는 독사의 독을 품고 있
습니다. (셀라)
4 주님, 악인에게서 나를 지
켜 주시고, 포악한 자에
게서 나를 보호하여 주십
시오. 그들이 나를 밀어
서 넘어뜨리려 합니다.
5 오만한 사람들이 나를 해
치려고 몰래 덫과 올가미
를 놓고, 길목에는 그물을
치고, 나를 빠뜨리려고
함정을 팠습니다. (셀라)
6 그러나 나는 주님께 아뢰
기를 "주님은 나의 하나
님이십니다. 주님, 나의
애원하는 소리에 귀를 기
울여 주십시오" 하고 말
하였습니다.
7 내 구원의 힘이신 주 하나
님, 전쟁을 하는 날에 주
님께서 내 머리에 투구를
씌워 보호해 주셨습니다.
8 주님, 악인의 욕망을 이
루어 주지 마시고, 그들

이 우쭐대지 못하도록, 그
들의 계획이 성공하지 못
하게 해주십시오. (셀라)
9 나를 에워싸고 있는 자들
이 승리하지 못하게 해주
십시오. 그들이 남들에게
퍼붓는 재앙을 다시 그들
에게 되덮어 주십시오.
10 뜨거운 숯불이 그들 위
에 쏟아지게 하시고, 그
들이 불구덩이나 수렁에
빠져서 다시는 일어나지
못하게 해주십시오.
11 혀를 놀려 남을 모함하
는 사람은, 이 땅에서 버
젓이 살지 못하게 해주십
시오. 폭력을 놀이 삼는
자들에게는 큰 재앙이 늘
따라다니게 해주십시오.
12 주님이 고난받는 사람을
변호해 주시고, 가난한
사람에게 공의를 베푸시
는 분임을, 나는 알고 있
습니다.
13 분명히 의인은 주님의 이
름에 찬양을 돌리고, 정
직한 사람은 주님 앞에
서 살 것입니다.

141편

영혼의 소리와 육신의 욕심 사이에서 갈등하는 다윗은 하나님이 자신을 구원해 주시기를 간절히 바라고 있습니다. 자신을 죽이려던 사울을 너그러이 대했던 때나 압살롬이 반역을 했을 때 쓴 시로 추측합니다.

주님의 보호를 구하는 기도

[다윗의 노래]

1 주님, 내가 주님을 부르

단어

포악하다(140:1) 사납고 악독하다.

벼리다(140:3) 가다듬거나 긴장시키다.

셀라(140:3) 정확한 뜻은 알 수 없지만, '높임', '중지'라는 뜻의 히브리어 '살랄'에서 유래한 것으로 추측되는 음악 용어.

모함하다(140:11) 나쁜 꾀를 써서 어려움에 빠뜨리다.

니. 내게로 어서 와 주십
시오. 주님께 부르짖는
내 음성에 귀를 기울여
주십시오.
2 내 기도를 주님께 드리
는 분향으로 받아 주시
고, 손을 위로 들고서 드
리는 기도는 저녁 제물로
받아 주십시오.
3 주님, 내 입술 언저리에
파수꾼을 세우시고, 내
입 앞에는 문지기를 세
워 주십시오.
4 내 마음이 악한 일에 기
울어지지 않게 해주십시
오. 악한 일을 하는 자들
과 어울려서, 악한 일을
하지 않게 도와주십시
오. 그들의 진수성찬을
먹지 않게 해주십시오.
5 의인이 사랑의 매로 나
를 쳐서, 나를 꾸짖게 해
주시고 악인들에게 대접
을 받는 일이 없게 해주
십시오. 나는 언제나 그
들의 악행을 고발하는
기도를 드리겠습니다.
6 그들의 통치자들이 돌부
리에 걸려서 넘어지면,
그제서야 백성은 내 말이
옳았음을 알고서, 내게
귀를 기울일 것입니다.
7 맷돌이 땅에 부딪쳐서 깨
지듯이 그들의 해골이
부서져서, 스올 어귀에
흩어질 것입니다.
8 주 하나님, 내 눈이 주님
을 우러러보며, 주님께로

내가 피하니, 내 영혼을
벌거벗겨서 내쫓지는 말
아 주십시오.
9 내 원수들이 나를 잡으려
고 쳐 놓은 덫에서 나를
지켜 주시고, 악한 일을
저지르는 사람들의 함정
에서 나를 건져 주십시오.
10 악인들은, 자기가 친 덫
에 걸려서 넘어지게 해주
시고, 나만은 안전하게,
빠져 나가게 해주십시오.

142편 다윗이 의지하고 도움을 구할 사람도 없고, 피할 곳도 없는 외롭고 절망적인 상태에서 지은 시입니다. 다윗은 원수들의 괴롭힘으로 고통받는 자신을 구원해 주시기를 하나님께 기도하고 있습니다.

도움을 구하는 기도

[다윗이 굴에 있을 때에 지은 마스길, 기도]

1 나는 소리를 높여서 주님
께 부르짖는다. 나는 소
리를 높여서 주님께 애원
한다.
2 내 억울함을 주님께 호
소하고, 내 고통을 주님
께 아뢴다.
3 내 영혼이 연약할 때에
주님은 내 갈 길을 아십
니다.
사람들은 나를 잡으려고
내가 가는 길에 덫을 놓
았습니다.
4 아무리 둘러보아도 나를
도울 사람이 없고, 내가
피할 곳이 없고, 나를 지
켜 줄 사람이 없습니다.

단어
언저리(141:3) 둘레를 이룬 가나 그 가까이.
진수성찬(141:4) 푸짐하게 잘 차린 맛있는 음식.
어귀(141:7) 드나드는 목의 첫머리.
애원하다(142:1) 애처롭게 사정하며 간절히 바라다.
호소하다(142:2) 남에게 강한 주장이나 표현으로 하소연하다.

5 주님, 내가 주님께 부르짖습니다. "주님은 나의 피난처, 사람 사는 세상에서 내가 받은 분깃은 주님뿐"이라고 하였습니다.

6 나는 너무 비참하게 되었습니다. 내가 이렇게 부르짖으니, 내게 귀를 기울여 주십시오. 나를 핍박하는 자들에게서, 나를 건져 주십시오. 그들이 나보다 강합니다.

7 내 영혼을 감옥에서 끌어내 주셔서, 주님의 이름을 찬양하게 해주십시오.

주님께서 내게 넘치는 은혜를 베푸시니, 의인들이 나를 감싸 줄 것입니다.

143편 다윗은 자신이 고통 가운데 있게 된 것이 자신의 죄악 때문임을 깨닫고 하나님의 긍휼을 구하며 회개했습니다. 또한 한결같은 사랑을 주시는 하나님께 긍휼을 베풀어 주실 것을 간절히 기도드립니다.

위험 속에서 드리는 기도

[다윗의 노래]

1 주님, 내 기도를 들어 주십시오. 애원하는 내 소리에 귀를 기울여 주십시오. 주님의 진실하심과 주님의 의로우심으로 나에게 대답해 주십시오.

2 살아 있는 어느 누구도 주님 앞에서는 의롭지 못하니, 주님의 종을 심판하지 말아 주십시오.

3 원수들이 내 목숨을 노리고 뒤쫓아와서, 내 생명을 땅에 짓이겨서, 죽은 지 오래된 사람처럼

흑암 속에서 묻혀 살게
하였습니다.
4 내 기력은 약해지고, 놀
란 심장은 박동조차 멎
어 버렸습니다.
5 내가 옛날을 기억하고,
주님의 그 모든 행적을
돌이켜보며, 주님께서 손
수 이루신 일들을 깊이
깊이 생각합니다.
6 내가 주님을 바라보며,
내 두 손을 펴 들고 기도
합니다. 메마른 땅처럼
목마른 내 영혼이 주님
을 그리워합니다. (셀라)
7 주님, 나에게 속히 대답
해 주십시오. 숨이 끊어
질 지경입니다. 주님의
얼굴을 나에게 숨기지
말아 주십시오. 내가 무
덤으로 내려가는 자들처
럼 될까 두렵습니다.
8 내가 주님을 의지하니, 아
침마다 주님의 변함없는
사랑의 말씀을 듣게 해주
십시오. 내 영혼이 주님께
의지하니, 내가 가야 할
길을 알려 주십시오.
9 주님, 내가 주님께로 몸
을 피하니, 내 원수들에
게서 건져 주십시오.
10 주님은 나의 하나님이시
니, 주님의 뜻을 따라 사
는 길을 가르쳐 주십시오.

단어

비참하다(142:6) 상황이나 모습이 매우 슬프고 끔찍하다.

짓이기다(143:3) 함부로 몹시 잘게 이기다.

박동(143:4) 심장이 일정한 간격으로 오므라들었다 늘어났다 함.

행적(143:5) 행위의 확실한 흔적이나 자취.

주님의 선하신 영으로 나
를 이끄셔서, 평탄한 길로
나를 인도하여 주십시오.
11 주님, 주님의 이름을 위
하여 나를 살리시고, 주
님의 의로우심으로 내가
받는 모든 고난에서 내
영혼을 건져 주십시오.
12 주님은 한결같이 나를
사랑하시니, 내 원수들
을 없애 주십시오. 나를
억압하는 자들을 멸하여
주십시오. 나는 주님의
종입니다.

144편 다윗이 골리앗과 싸운 때에 지은 것으로 추측합니다. 이전의 구원을 기억하며 지금도 그 구원을 간구합니다. 하나님의 주권을 인정하며 그분을 의지하는 자들이 얻게 될 축복을 언급합니다.

국가를 위한 기도

[다윗의 시]

1 나의 반석이신 주님을 내
가 찬송하련다. 주님은
내 손을 훈련시켜 전쟁에
익숙하게 하셨고, 내 손
가락을 단련시켜 전투에
도 익숙하게 하셨다.
2 주님은 나의 반석, 나의
요새, 나의 산성, 나의 구
원자, 나의 방패, 나의 피
난처, 뭇 백성을 나의 발
아래에 굴복하게 하신다.
3 주님, 사람이 무엇이기에
그렇게 생각하여 주십니
까? 인생이 무엇이기에
이토록 생각하여 주십니
까?
4 사람은 한날 숨결과 같
고, 그의 일생은 사라지
는 그림자와 같습니다.

5 주님, 하늘을 낮게 드리우
시고, 내려오시며, 산들
을 만지시어 산마다 연기
를 뿜어 내게 하십시오.
6 번개를 번쩍여서 원수들
을 흩으시고, 화살을 쏘
셔서 그들을 혼란에 빠
뜨려 주십시오.
7 높은 곳에서 주님의 손
을 내미셔서 거센 물결에
서 나를 끌어내시고, 외
적의 손에서 나를 건져
주십시오.
8 그들의 입은 헛된 것을
말하며, 그들이 맹세하
는 오른손은 거짓으로
속이는 손입니다.

9 하나님, 내가 하나님께 새
노래를 불러 드리며, 열
줄 거문고를 타면서 하나
님을 찬양하겠습니다.
10 왕들에게 승리를 안겨
주신 주님, 주님의 종 다
윗을 무서운 칼에서 건
져 주신 주님,
11 외적의 손에서 나를 끌
어내셔서 건져 주십시
오. 그들의 입은 헛된 것
을 말하며, 그들이 맹세
하는 오른손은 거짓으로
속이는 손입니다.
12 우리의 아들들은 어릴
때부터 나무처럼 튼튼하
게 잘 자라고, 우리의 딸

단어

한결같다(143:12) 처음부터 끝까지 변함이 없이 같다.
단련시키다(144:1) 여러 번 반복하여 익숙하게 되도록 하다.
굴복하다(144:2) 다른 사람이나 힘에 눌려서 주장이나 뜻을 굽히고 복종하다.
한낱(144:4) 기껏해야 하나의.

들은 궁전 모퉁이를 장
식한 우아한 돌기둥처럼
잘 다듬어지고,
13 우리의 곳간에는 온갖
곡식이 가득하고, 우리
가 기르는 양 떼는 넓은
들판에서 수천 배, 수만
배나 늘어나며,
14 우리가 먹이는 소들은
살이 찌고, 낙태하는 일
도 없고, 잃어버리는 일
도 없으며, 우리의 거리
에는 울부짖는 소리가
전혀 없을 것이다.
15 이와 같은 백성은 복을
받은 백성이다. 주님을
자기의 하나님으로 섬기
는 백성은 복을 받은 백
성이다.

145편 임금님이신 하나님의 능력을 찬양하는 시입니다. 하나님이 어떤 분이신지를 알았던 다윗은 은혜롭고 자비로우신 그 하나님을 찬양하며, 다른 사람들에게도 찬양하라고 권하고 있습니다.

주님은 자비하시다

[다윗의 찬양시]

1 나의 임금님이신 하나님,
내가 주님을 높이며, 주
님의 이름을 영원토록
송축하렵니다.
2 내가 날마다 주님을 송
축하며, 영원토록 주님의
이름을 송축하렵니다.
3 주님은 위대하시니, 그지
없이 찬양받으실 분이시
다. 그 위대하심은 측량
할 길이 없다.
4 주님께서 하신 일을 우리
가 대대로 칭송하고, 주
님의 위대한 행적을 세세

에 선포하렵니다.
5 주님의 찬란하고 영광스
러운 위엄과 주님의 놀라
운 기적을, 내가 가슴 깊
이 새기렵니다.
6 사람들은 주님의 두려운
권능을 말하며, 나는 주
님의 위대하심을 선포하
렵니다.
7 사람들은 한량없는 주님
의 은혜를 기념하면서,
주님의 의를 노래할 것입
니다.
8 주님은 은혜롭고 자비로
우시며, 노하기를 더디하
시며, 인자하심이 크시다.
9 주님은 모든 만물을 은
혜로 맞아 주시며, 지으
신 모든 피조물에게 긍
휼을 베푸신다.
10 주님, 주님께서 지으신
모든 피조물이 주님께 감
사 찬송을 드리며, 주님
의 성도들이 주님을 찬
송합니다.
11 성도들이 주님의 나라의
영광을 말하며, 주님의
위대하신 행적을 말하는
것은,
12 주님의 위대하신 위엄과,
주님의 나라의 찬란한
영광을, 사람들에게 알리
려 함입니다.
13 주님의 나라는 영원한

단어

그지없다(145:3) 이루 다 말할 수 없다.
측량하다(145:3) 생각하여 헤아리다.
찬란하다(145:5) 훌륭하고 화려하다.
한량없다(145:7) 정해진 분량이나 끝이 없다.
더디다(145:8) 걸리는 시간이 오래다.
긍휼(145:9) 불쌍하고 가엾게 여겨서 도와줌.

나라이며, 주님의 다스
리심은 영원무궁 합니다.
(주님이 하시는 말씀은
모두 다 진실하고, 그 모
든 업적에는 사랑이 담
겨 있다.)
14 주님은 넘어지는 사람은
누구든지 붙들어 주시
며, 짓눌린 사람은 누구
든지 일으켜 세우신다.
15 만물이 모두 주님만을
바라보며 기다리니, 주님
께서 때를 따라 그들에
게 먹거리를 주신다.
16 주님께서는 손을 펴시어
서, 살아 있는 피조물의
온갖 소원을 만족스럽게
이루어 주십니다.
17 주님이 하시는 그 모든 일
은 의롭다. 주님은 모든
일을 사랑으로 하신다.
18 주님은, 주님을 부르는
모든 사람에게 가까이
계시고, 진심으로 부르는
모든 사람에게 가까이
계신다.
19 주님은, 당신을 경외하는
사람의 소원을 이루어
주시고, 그들의 부르짖는
소리를 듣고 구원해 주
신다.
20 주님은, 당신을 사랑하
는 사람은 누구나 지켜
주시며, 악한 사람은 누
구든지 다 멸하신다.
21 나는 내 입으로 주님을
찬양하련다. 육체를 가
진 사람이면, 누구나, 주

님의 거룩한 이름을 영원
히 찬송하여라.

146편 마지막 다섯 편의 시는 '할렐루야'로 시작하고 끝나는 시입니다. 소외되고 약한 자를 돌보시는 주님을 높이며, 사람이 믿고 의지할 수 있는 유일한 분은 하나님 한 분뿐임을 강조하고 있습니다.

주님을 찬양하여라

1 할렐루야. 내 영혼아, 주
님을 찬양하여라.
2 내가 평생토록 주님을 찬
양하며 내가 살아 있는
한, 내 하나님을 찬양하
겠다.
3 너희는 힘있는 고관을 의
지하지 말며, 구원할 능
력이 없는 사람을 의지하
지 말아라.
4 사람은 숨 한 번 끊어지
면 흙으로 돌아가니, 그가
세운 모든 계획이 바로 그
날로 다 사라지고 만다.
5 야곱의 하나님을 자기의
도움으로 삼고 자기의 하
나님이신 주님께 희망을
거는 사람은, 복이 있다.
6 주님은, 하늘과 땅과 바
다 속에 있는 모든 것을
지으시며, 영원히 신의를
지키시며,
7 억눌린 사람을 위해 공
의로 재판하시며, 굶주린
사람에게 먹을 것을 주
시며,
감옥에 갇힌 죄수를 석
방시켜 주시며

단어
영원무궁(145:13) 영원하여 끝없이 길고 오램.
업적(145:13) 일이나 사업에서 이룬 성과.
짓눌리다(145:14) 함부로 또는 마구 눌려지다.
경외하다(145:19) 두려워하는 마음으로 공경하다.
멸하다(145:20) 완전히 다 사라지다.
신의(146:6) 믿음과 의리를 아울러 이르는 말.

8 눈먼 사람에게 눈을 뜨
게 해주시고, 낮은 곳에
있는 사람을 일으켜 세
우시는 분이시다.
주님은 의인을 사랑하시
고,
9 나그네를 지켜 주시고,
고아와 과부를 도와주시
지만 악인의 길은 멸망으
로 이끄신다.
10 시온아, 주님께서 영원히
다스리신다! 나의 하나님
께서 대대로 다스리신다!
할렐루야.

147편 무한한 능력과 지혜로 이스라엘을 포로 생활에서 해방시켜 다시 이스라엘로 돌아오게 하시고, 예루살렘을 다시 세우신 하나님을 찬송합니다. 또한 만물을 다스리고 사랑을 베푸시는 하나님을 찬양합니다.

주님을 노래하고 찬양하여라

1 할렐루야.
우리의 하나님께 찬양함
이 얼마나 좋은 일이며,
하나님께 찬송함이 그
얼마나 아름답고 마땅한
일인가!
2 주님은 예루살렘을 세우
시고, 흩어진 이스라엘
백성을 모으신다.
3 마음이 상한 사람을 고
치시고, 그 아픈 곳을 싸
매어 주신다.
4 별들의 수효를 헤아리시
고, 그 하나하나에 이름
을 붙여 주신다.
5 우리 주님은 위대하시며
능력이 많으시니, 그의
슬기는 헤아릴 수 없다.
6 주님은 불쌍한 사람을 도
와주시며, 악인을 땅 바

닥까지 낮추시는 분이다.
7 주님께 감사의 노래를 불
러드려라. 우리의 하나님
께 수금을 타면서 노래
불러드려라.
8 주님은 하늘을 구름으로
덮으시고, 땅에 내릴 비
를 준비하시어, 산에 풀
이 돋게 하시며,
9 들짐승과, 우는 까마귀
새끼에게 먹이를 주신다.
10 주님은 힘센 준마를 좋
아하지 않으시고, 빨리
달리는 힘센 다리를 가
진 사람도 반기지 아니하
신다.
11 주님은 오직 당신을 경외
하는 사람과 당신의 한
결 같은 사랑을 기다리
는 사람을 좋아하신다.
12 예루살렘아, 주님께 영광
을 돌려라. 시온아, 네 하
나님을 찬양하여라.
13 주님이 네 문빗장을 단단
히 잠그시고, 그 안에 있
는 네 자녀에게 복을 내
리셨다.
14 네가 사는 땅에 평화를
주시고, 가장 좋은 밀로
만든 음식으로 너를 배
불리신다.
15 주님이 이 땅에 명령만
내리시면, 그 말씀이 순
식간에 퍼져 나간다.

단어

싸매다(147:3) 풀어지지 않게 싸서 꼭 묶다.
수효(147:4) 사물의 낱낱의 수.
준마(147:10) 썩 잘 달리는 좋은 말.
서리(147:16) 맑고 바람 없는 밤에 기온이 영하로 내려갈 때, 공기 중의 수증기가 지면이나 땅 위의 물체 표면에 닿아서 잔얼음으로 부옇게 엉긴 것.

16 양털 같은 눈을 내리시
며, 재를 뿌리듯 서리도
내리시며,
17 빵 부스러기같이 우박을
쏟으시는데, 누가 감히
그 추위 앞에 버티어 설
수 있겠느냐?
18 그러나 주님은 말씀을 보
내셔서 그것들을 녹이시
고, 바람을 불게 하시니,
얼음이 녹아서, 물이 되
어 흐른다.
19 주님은 말씀을 야곱에게
전하시고, 주님의 규례와
법도를 이스라엘에게 알
려 주신다.
20 어느 다른 민족에게도
그와 같이 하신 일이 없
으시니, 그들은 아무도
그 법도를 알지 못한다.
할렐루야.

148편 하나님을 높이는 우주적인 대찬양입니다. 하나님이 지으신 모든 피조물에게 하나님을 찬양하라고 명령하고 있습니다. 지위와 남녀노소를 막론하고 모든 사람에게 하나님을 찬양하라고 초청합니다.

와서 주님을 찬양하여라

1 할렐루야.
하늘에서 주님을 찬양하
여라. 높은 곳에서 주님
을 찬양하여라.
2 주님의 모든 천사들아,
주님을 찬양하여라. 주님
의 모든 군대야, 주님을
찬양하여라.
3 해와 달아, 주님을 찬양
하여라. 빛나는 별들아,
모두 다 주님을 찬양하
여라.
4 하늘 위의 하늘아, 주님

을 찬양하여라. 하늘 위
에 있는 물아, 주님을 찬
양하여라.
5 너희가 주님의 명을 따라
서 창조되었으니, 너희는
그 이름을 찬양하여라.
6 너희가 앉을 영원한 자리
를 정하여 주시고, 지켜
야 할 법칙을 주셨다.
7 온 땅아, 주님을 찬양하
여라. 바다의 괴물들과
바다의 심연아,
8 불과 우박, 눈과 서리, 그
분이 명하신 대로 따르
는 세찬 바람아,
9 모든 산과 언덕들, 모든
과일나무와 백향목들아,
10 모든 들짐승과 가축들,
기어다니는 것과 날아다
니는 새들아,
11 세상의 모든 임금과 백성
들, 세상의 모든 고관과
재판관들아,
12 총각과 처녀, 노인과 아
이들아,
13 모두 주님의 이름을 찬양
하여라. 그 이름만이 홀
로 높고 높다. 그 위엄이
땅과 하늘에 가득하다.
14 주님이 그의 백성을 강하
게 하셨으니, 찬양은 주
님의 모든 성도들과, 주님
을 가까이 모시는 백성들
과, 이스라엘 백성이, 마

단어

감히(147:17) 두려움이나 송구함을 무릅쓰고. 말이나 행동이 자신의 신분이나 능력 따위를 넘어서서 주제넘게.

위엄(148:13) 위세가 있어 의젓하고 엄숙한 태도나 기세.

마땅히(148:14) 그렇게 하는 것이 당연하게.

땅히 드려야 할 일이다.
할렐루야.

149편 택한 백성 이스라엘을 보호하시고 통치하시는 하나님을 높여 드립니다. 하나님의 백성을 대적하는 원수들을 심판하시고 이스라엘을 영화롭게 해주심을 믿고 찬양하고 있습니다.

새 노래로 찬양하여라

1 할렐루야.
새 노래로 주님께 노래하
며, 성도의 회중 앞에서
찬양하여라.
2 이스라엘아, 창조주를 모
시고 기뻐하여라. 시온의
주민아, 너희의 임금님을
모시고 큰소리로 즐거워
하여라.
3 춤을 추면서 그 이름을
찬양하여라. 소구 치고 수
금을 타면서 노래하여라.
4 주님께서 당신의 백성을
보시고 기뻐하신다. 눌림
받는 약한 사람에게 승리
의 영광을 안겨 주신다.
5 성도들아, 이 영광을 크
게 기뻐하여라. 잠자리에
들어서도 기뻐하며 노래
하여라.
6 성도들의 입에는 하나님
께 드릴 찬양이 가득하
고, 그 손에는 두 날을
가진 칼이 들려 있어,
7 뭇 나라에게 복수하고,
뭇 민족을 철저히 심판
한다.
8 그들의 왕들을 족쇄로
채우고, 고관들을 쇠사
슬로 묶어서,
9 기록된 판결문대로 처형
할 것이니, 이 영광은 모

든 성도들의 것이다.
할렐루야.

150편 시편 전체를 정리하는 할렐루야 시로서, 하나님이 어디에서, 왜, 누구에게 찬양을 받으셔야 하는지를 잘 말해 주고 있습니다. 시인은 숨쉬는 모든 사람들이 하나님을 찬양할 것을 강조하고 있습니다.

주님을 찬양하여라

1 할렐루야.
주님의 성소에서 하나님을 찬양하여라. 하늘 웅장한 창공에서 찬양하여라.
2 주님이 위대한 일을 하셨으니, 주님을 찬양하여라. 주님은 더없이 위대하시니, 주님을 찬양하여라.
3 나팔 소리를 울리면서 주님을 찬양하고, 거문고와 수금을 타면서 주님을 찬양하여라.
4 소구 치며 춤추면서 주님을 찬양하고, 현금을 뜯고 피리 불면서 주님을 찬양하여라.
5 오묘한 소리 나는 제금을 치면서 주님을 찬양하고, 큰소리 나는 제금을 치면서 주님을 찬양하여라.
6 숨쉬는 사람마다 주님을 찬양하여라.
할렐루야.

단어

할렐루야(149:1) 여호와를 찬양하라는 뜻으로, 하나님을 찬송하며 감사와 기쁨을 나타내는 말.
회중(149:1) 많이 모인 사람들.
뭇(149:7) 하나가 아닌 여러.
웅장하다(150:1) 규모가 우람하고 으리으리하다.
창공(150:1) 푸른 하늘.

새번역 시편 따라쓰기

초판 1쇄 2021년 3월 15일

엮은이 아가페출판사 편집부

펴낸이 곽성종
펴낸곳 (주)아가페출판사
등록 제21-754호(1995년 4월 12일)
책임편집 손정민
내지디자인 윤지은
표지디자인 권영은

주소 (06698) 서울시 서초구 효령로 8길 5(방배동)
전화 584-4835(본사), 522-5148(편집부)
팩스 586-3078(본사), 586-3088(편집부)
홈페이지 www.iagape.co.kr

ISBN 978-89-537-9640-9 (04230)
978-89-537-9632-4 (세트)

아가페 출판사

필사&쓰기성경® 전용펜 장점

1. 잉크의 뭉침(볼펜 똥)이나 이물질이 없어 깨끗하게 쓸 수 있습니다.
2. 쓸수록 종이가 부풀어 오르는 것을 방지합니다.
3. 오랫동안 보관 시에도 종이가 서로 붙지 않습니다.
4. 물기로부터 글자가 훼손되는 것을 막아줍니다.

* 예수님 말씀은 빨간색 펜을 사용하세요.

일반용

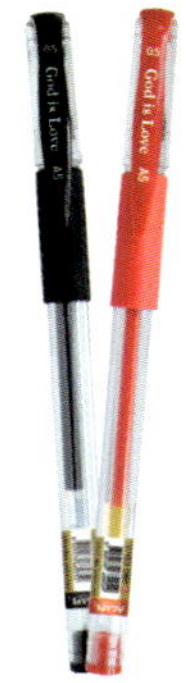

일반 필사&쓰기성경 전용펜 A5(검정/빨강) ········ **800원**

일반 필사&쓰기성경 전용펜 A5(검정/빨강) (1박스/12개) ········ **9,600원**

중용량

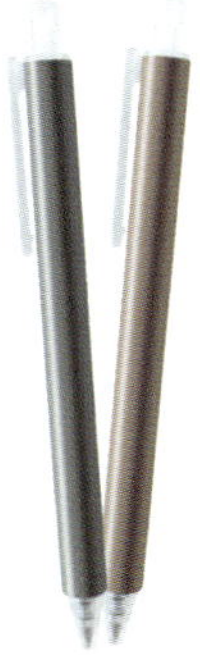

오피스펜 200 PLUS (검정) (그레이/골드) ········ **1,500원**

오피스펜 200 PLUS (검정) (그레이/골드)(1박스/10개) ········ **15,000원**

중용량

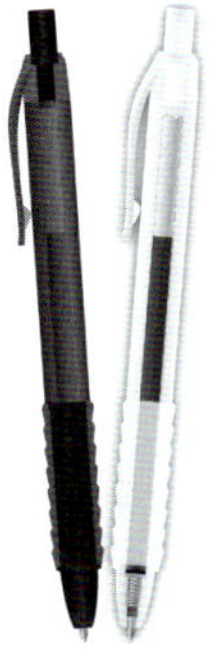

필사&쓰기 전용펜 (고급) (블랙/투명) ········ **1,600원**

필사&쓰기 전용펜 (고급) (블랙/투명)(1박스/12개) ········ **19,200원**

대용량

대용량 필사&쓰기성경전용 오피스펜 300 (그레이/골드) ········ **1,800원**

대용량 필사&쓰기성경전용 오피스펜 300 (그레이/골드)(1박스/10개) ········ **18,000원**

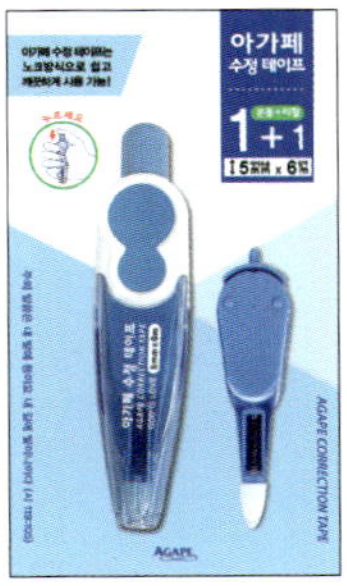

아가페 수정 테이프 (본품+리필) (블루) ········ **3,000원**

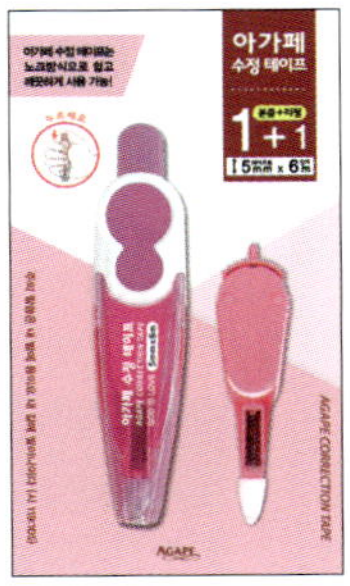

아가페 수정 테이프 (본품+리필) (핑크) ········ **3,000원**

* 쓰기성경 전용펜과 수정 테이프를 같이 사용하시면 좋습니다.

* 가격은 변동될 수 있습니다.

AGAPE
[주]아가페출판사

새번역 밑글씨 쓰기성경®

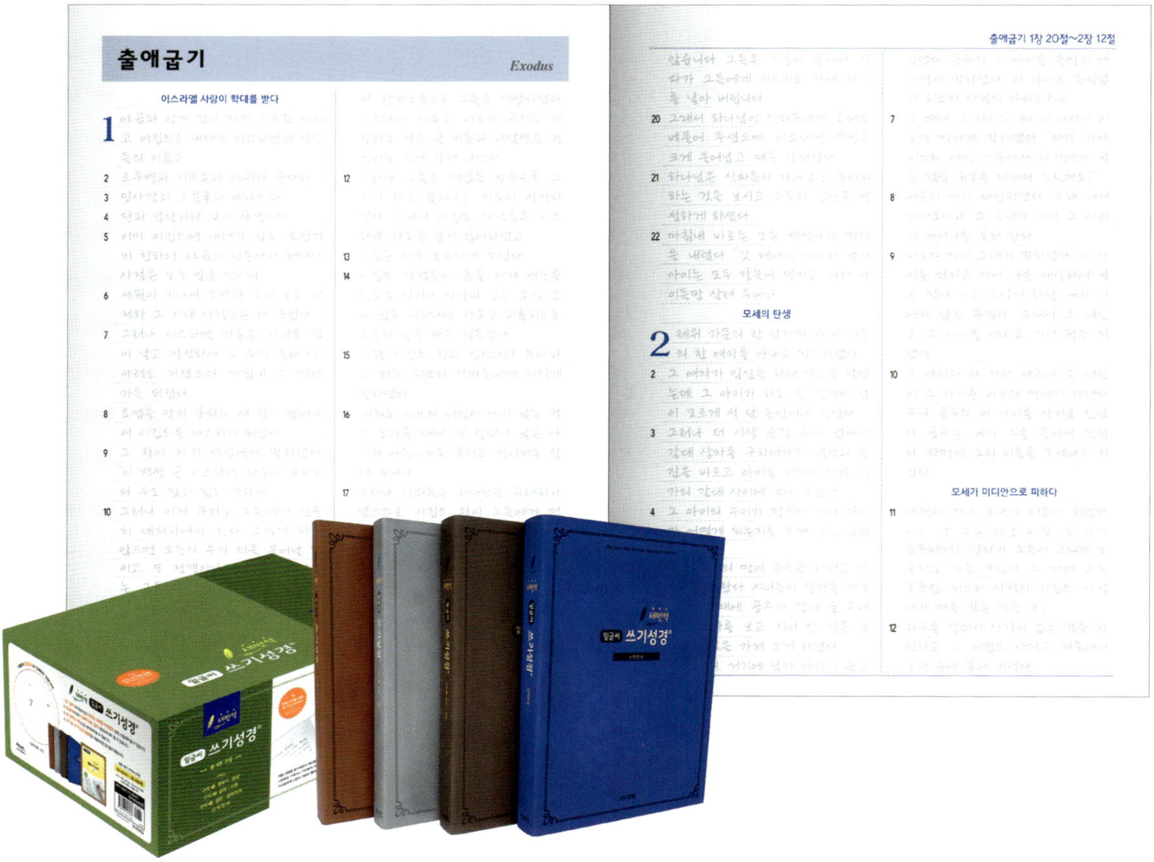

세트 정가 (구약+신약) : ~~100,000원~~ → 95,000원

낱권 정가	구약 ❶, ❷, ❸권	각 권 25,000원
	신약	

※교회 단체 구매도 가능합니다.

※ 인터넷 서점 및 전국 기독교 서점에서 구매하실 수 있습니다.